建设工程法律问题
与应对策略

金 磊 著

中国商务出版社
·北京·

图书在版编目（CIP）数据

建设工程法律问题与应对策略 / 金磊著 . -- 北京：
中国商务出版社 , 2024. 7. -- ISBN 978–7–5103–5276–8

Ⅰ . D922.297

中国国家版本馆 CIP 数据核字第 2024VH3050 号

建设工程法律问题与应对策略

金磊 著

出版发行：中国商务出版社有限公司

地　　址：北京市东城区安定门外大街东后巷 28 号　　邮　　编：100710

网　　址：http://www.cctpress.com

联系电话：010-64515150（发行部）　　　010-64212247（总编室）
　　　　　010-64515210（事业部）　　　010-64248236（印制部）

责任编辑：吕伟

排　　版：北京嘉年华文图文制作有限责任公司

印　　刷：北京印匠彩色印刷有限公司

开　　本：710 毫米 × 1000 毫米　1/16

印　　张：16.5　　　　　　　　　　字　　数：254 千字

版　　次：2024 年 7 月第 1 版　　　　印　　次：2024 年 7 月第 1 次印刷

书　　号：ISBN 978–7–5103–5276–8

定　　价：79.00 元

前　言

在当今快速发展的社会背景下，建设工程作为推动经济增长和社会进步的重要力量，其规模、复杂性和影响力日益增强。然而，与此同时，建设工程领域面临的法律问题也愈发凸显，成为制约其健康发展的不可忽视的因素。从合同的签订与履行，到工程质量的控制与验收，再到工程款项的支付与结算，每一个环节都可能潜藏着法律风险的暗流。因此，深入探讨建设工程法律问题，并提出切实可行的应对策略，对保障建设工程的顺利进行，维护各方主体的合法权益，促进建设行业的可持续发展，具有十分重要的现实意义和深远的历史意义。

建设工程法律问题之所以复杂多变，主要源于其涉及的法律关系广泛而深入。一方面，建设工程通常涉及多方主体，包括建设单位、施工单位、设计单位、监理单位等，各方之间的权利和义务关系错综复杂，需要通过合同等法律手段进行明确和规范。另一方面，建设工程受到众多法律法规的约束和监管，如建筑法、招标投标法、合同法、质量管理条例等，这些法律法规的更新和变动，都会对建设工程产生直接或间接的影响。

在法律问题的应对上，建设工程领域同样面临着诸多挑战。一方面，由于法律知识的专业性和复杂性，许多建设工程从业者对法律问题的认识和处理能力有限，往往难以有效防范和应对法律风险。另一方面，即使具备了相应的法律知识，但在实际操作中，如何将这些知识转化为具体的应对策略，如何在法律框架内寻求最优化的解决方案，也是一项极具挑战性的任务。

因此，对建设工程法律问题及其应对策略的研究，不仅需要从理论层面进行深入剖析，还需要从实践层面进行积极探索。本书旨在全面系统地探讨建设工程法律问题及其应对策略，深入剖析建设工程领域常见的法律问题。我们相信，通过本书的学习和应用，建设工程从业者将能够更加有效地防范和应对法律风险，保障建设工程的顺利进行和自身权益的最大化。

目　录

第一章　建设工程合同法律问题
与应对策略

第一节　合同订立与效力认定

一、建设工程合同订立程序与要素

建设工程合同是确保工程项目顺利进行、保障各方权益的重要法律文件。建设工程合同的订立过程不仅需遵循严格的法律程序，还包含多个关键要素，以确保合同的合法性、有效性和全面性。以下是对建设工程合同订立程序与要素的详细阐述。

（一）建设工程合同订立程序

1.招标与投标阶段

（1）申请招标与编制文件

建设工程合同的订立通常始于招标阶段。招标人需向建设行政主管部门办理申请招标手续，并编制招标有关文件，包括招标文件、工程量清单、施工图纸、技术规范等。这些文件是投标人准备投标文件、参与竞标的重要依据。

（2）发布招标公告与资格预审

招标人通过媒体或专业平台发布招标公告，明确招标项目的基本情况、投标人的资格要求、投标文件的编制要求及提交时间等。同时，进行资格预审，对潜在投标人的资质、业绩、信誉等进行审查，筛选出符合条件的投标人。

（3）组织现场考察与交底会议

招标人组织投标人自费进行现场考察，了解项目现场情况、周边环境等。同时，召开交底会议，对招标文件的有关内容进行解释说明，确保投标人准确理解招标要求。

（4）开标、评标与定标

首先，按照招标文件规定的时间和地点进行开标，公开宣读投标人的报价、工期、质量等投标信息。其次，评标委员会根据招标文件规定的评标标准和方法进行评标，确定中标候选人。最后，招标人确定中标人，并向其发出中标通知书。

2.合同谈判与签订阶段

（1）接受中标通知书

中标人收到中标通知书后，应在规定时间内确认接受中标结果，并准备与招标人签订建设工程合同。

（2）组成谈判小组

招标人和中标人分别组成包括项目经理在内的谈判小组，就合同条款进行协商。谈判小组需具备相应的专业知识和谈判技巧，以确保合同内容的合法性和合理性。

（3）草拟合同专用条件

在谈判过程中，双方可根据项目实际情况和谈判结果草拟合同专用条件，对通用合同条款进行补充和修改。合同专用条件应明确双方的权利和义务、工程范围、工期、质量、造价等关键要素。

（4）谈判与签订合同

双方就合同专用条件进行谈判，达成一致意见后签订书面建设工程合同。合同应明确约定双方的违约责任、争议解决方式等条款，确保合同的有效性和可执行性。

（5）合同备案与缴纳印花税

合同签订后，双方需在合同管理部门进行备案，并缴纳相应的印花税。备案和缴税是合同生效的必要条件之一，也是保障合同合法性的重要环节。

（二）建设工程合同关键要素

工程范围是建设工程合同的核心要素之一，包括工程名称、地点、建筑物的栋数、结构、层数、面积等具体内容。明确工程范围有助于界定合同双方的权利和义务范围，避免后续产生争议。

建设工期是指施工人完成施工工程的时间或期限。在合同中应明确约定开工日期、竣工日期以及可能的工期顺延条件等。建设工期的合理确定有助于保障工程项目的按时完成和交付使用。工程质量是建设工程合同的重要内容之一，涉及工程项目的安全、适用、经济、美观等各项特性要求。合同中应明确约定工程质量标准、检验方法、验收程序等内容，确保工程质量的可控性和可追溯性。工程造价是指建筑安装某项工程所花费的全部投资，包括直接费用、间接费用和独立费用等部分。在合同中应明确约定工程造价的构成、计算依据、支付方式等内容，确保工程价款的合法性和合理性。

技术资料的提供是施工合同履行的基础和前提。合同中应明确约定技术资料的交付时间、内容、格式等要求，确保施工单位能够按时获得必要的技术支持和指导。工程价款的支付是建设工程合同的重要内容之一。合同中应明确约定拨款的时间、比例、方式以及结算的程序和要求等。合理的拨款与结算机制有助于保障施工单位的资金需求和工程项目的顺利进行。竣工验收是建设工程合同的重要环节之一，涉及隐蔽工程竣工验收和工程竣工验收等内容。合同中应明确约定竣工验收的标准、程序、时间等要求。同时，合同中还应约定质量保修范围和质量保证期等条款，确保工程质量的持续性和稳定性。另外，在建设工程合同中，双方相互协作事项也是不可忽视的要素之一。合同中应明确约定双方的权利和义务、协作方式、沟通机制等内容，确保合同双方能够相互支持、相互配合，共同推进工程项目的顺利进行。

二、建设工程合同效力认定的法律依据

建设工程合同效力的认定，是确保工程项目顺利进行、维护各方权益的重要环节。在法律框架内，对建设工程合同效力进行认定，需要依据相

关的法律法规和司法解释。以下是对建设工程合同效力认定法律依据的详细阐述。

（一）法律依据概述

建设工程合同效力的认定，主要依据《中华人民共和国民法典》（以下简称《民法典》）的相关规定，特别是关于民事法律行为有效条件、合同无效情形等方面的条款。此外，《最高人民法院关于审理建设工程施工合同纠纷案件适用法律问题的解释（一）》（以下简称《解释（一）》）等司法解释，也为建设工程合同效力的认定提供了具体指导。

（二）民事法律行为有效条件

根据《民法典》第一百四十三条，民事法律行为有效的条件包括：在建设工程合同中，承包人和发包人都应具备相应的民事行为能力，即能够独立进行民事活动，对自己的行为负责。合同双方应基于真实、自愿的意思表示订立合同，不存在欺诈、胁迫等情形。建设工程合同的内容必须符合法律、行政法规的规定，不得损害社会公共利益和公共道德。

（三）建设工程合同特殊要求

除上述一般性的民事法律行为有效条件外，建设工程合同还有其特殊要求：

承包人取得建筑业企业资质：根据《民法典》第七百八十八条及《解释（一）》第一条的规定，承包人必须具备相应的建筑业企业资质，否则合同将被认定为无效。这是因为建设工程涉及公共安全和社会利益，对承包人的专业能力和技术水平有较高要求。

合同内容合法、明确：建设工程合同应明确约定工程范围、建设工期、工程质量、工程造价等关键要素，确保合同内容的合法性和明确性。

（四）合同无效情形

根据《民法典》第一百五十三条及《解释（一）》的相关规定，建设工程合同存在以下情形之一的，将被认定为无效：

承包人未取得建筑业企业资质或者超越资质等级的：这是因为承包人缺乏必要的专业能力和技术水平，难以保证工程质量和安全。没有资质的实际施工人借用有资质的建筑施工企业名义的行为属于"挂靠"行为，严重扰乱市场秩序，损害社会公共利益。

建设工程必须进行招标而未招标或者中标无效的：招标投标是确保工程项目公开、公平、公正的重要手段，未进行招标或中标无效的合同将损害其他潜在投标人的合法权益。

当事人以虚假的意思表示订立合同：如双方通谋虚伪表示、隐藏真实意思等情形，将导致合同无效。其他违反法律、行政法规强制性规定的情形，如违反国家关于土地、规划、环保等方面的强制性规定等。

（五）合同效力认定的法律后果

建设工程合同被认定为无效后，将产生以下法律后果：

返还财产：双方应相互返还因合同取得的财产；不能返还或者没有必要返还的，应当折价补偿。

赔偿损失：有过错的一方应当赔偿对方因此所受到的损失；双方都有过错的，应当各自承担相应的责任。

工程质量问题处理：建设工程施工合同无效，但建设工程经验收合格的，可以参照合同关于工程价款的约定折价补偿承包人。建设工程施工合同无效，且建设工程经验收不合格的，按照以下情形分别处理：修复后的建设工程经验收合格的，发包人可以请求承包人承担修复费用；修复后的建设工程经验收不合格的，承包人无权请求参照合同关于工程价款的约定折价补偿。

三、建设工程无效合同的判断与处理

在建设工程领域，合同是保障项目顺利进行、明确各方权责的关键法律文件。然而，由于多种原因，建设工程合同可能因违反法律、行政法规的强制性规定或其他法定情形而被认定为无效。

（一）建设工程无效合同的判断标准

1.违反法律法规的强制性规定

根据《民法典》第一百五十三条的规定，违反法律、行政法规的强制性规定的民事法律行为无效。在建设工程领域，这主要包括但不限于以下几种情形。

承包人未取得相应资质或超越资质等级：建设工程涉及公共安全和社会利益，对承包人的专业能力和技术水平有严格要求。若承包人未取得相应资质或超越资质等级承接工程，将严重影响工程质量和安全，因此此类合同无效。

违反招投标法规：对于依法必须进行招标的建设工程，若未进行招标或招标程序违法（如串通投标、虚假招标等），则中标无效，进而可能导致整个建设工程合同无效。

违反土地、规划、环保等法律法规：建设工程必须遵守国家关于土地、规划、环保等方面的法律法规。若合同内容违反这些规定，如未经批准擅自改变土地用途、未取得规划许可证即开工建设等，则合同无效。

2.恶意串通损害他人利益

根据《民法典》第一百五十四条的规定，行为人与相对人恶意串通，损害他人合法权益的民事法律行为无效。在建设工程领域，这主要表现为发包人与承包人或其他相关方串通一气，通过签订虚假合同、高价采购等方式损害国家利益、集体利益或第三人利益。

3.以虚假的意思表示订立合同

《民法典》第一百四十六条规定，行为人与相对人以虚假的意思表示实施的民事法律行为无效。在建设工程领域，这可能表现为双方为达到某种非法目的（如逃避监管、转移资产等）而签订形式上合法，但实际上并无真实交易内容的合同。

4.其他违反公序良俗的情形

根据《民法典》第八条和第一百五十三条的规定，民事主体从事民事活动不得违反法律、不得违背公序良俗。在建设工程领域，若合同内容违背社会公共利益或公共道德（如建设违法建筑、进行非法排污等），则合同无效。

（二）建设工程无效合同的处理方式

根据《民法典》第一百五十七条的规定，民事法律行为无效后，行为人因该行为取得的财产应当予以返还；不能返还或者没有必要返还的应当折价补偿。在建设工程领域，这通常意味着承包人应将已完成的工程成果返还给发包人（如拆除违法建筑、恢复原状等），并返还已收取的工程价款；发包人则应返还已支付的预付款、进度款等款项。然而，在实践中由于建设工程的特殊性（如工程成果已部分或全部融入土地、建筑物等不动产中），往往难以实现完全的返还与恢复原状。因此，在处理无效合同时，应根据实际情况采取合理的补救措施（如折价补偿、修复完善等）。根据《民法典》第一百五十七条的规定，有过错的一方应当赔偿对方由此所受到的损失；各方都有过错的应当各自承担相应的责任。在建设工程无效合同的处理中，赔偿损失是常见的救济方式之一。赔偿范围通常包括直接损失（如材料费、人工费等）和间接损失（如预期利润、违约金等）。但需要注意的是，由于无效合同自始无效，因此不能适用合同中关于违约金的约定来主张赔偿，而应根据过错程度和实际损失情况来确定赔偿数额。

对于因违法违规行为导致建设工程合同无效的行为人（如伪造资质证书、串通投标等），若其行为构成犯罪的还应依法追究刑事责任。这体现出法律对违法行为的严厉打击和对社会公共利益的维护。

除了民事责任和刑事责任，相关行政主管部门还可以对违法违规行为进行行政处罚（如罚款、吊销资质证书等），并采取必要的监管措施（如责令停工整改、限制市场准入等）以维护市场秩序和公共利益。

四、建设工程合同订立中的法律风险与防范

建设工程合同作为工程项目顺利实施的法律基础，其在订立过程中蕴含着诸多法律风险。这些风险不仅影响合同的法律效力，还可能对项目的进度、质量和成本产生影响。因此，深入理解和防范这些法律风险对保障建设工程的顺利进行具有重要意义。

（一）招投标过程中的法律风险与防范

1.法律风险

资信审查不足：投标前对建设单位和项目的基本情况审查不全面，可能导致中标后项目无法顺利推进。

违法投标行为：如串通投标、以他人名义投标、弄虚作假等，不仅影响公平竞争，投标人还可能面临法律制裁。

工程造价预测不准确：投标报价缺乏合理预测和控制，可能导致项目成本超支，影响企业利润。

2.防范措施

加强资信审查：投标前应全面、细致地对项目和建设单位进行审查，包括查询招标备案情况、检索住建部门官方网站信息、了解建设单位经营资格和信用状况等。

依法依规投标：严格遵守招投标法律规范，不参与任何违法投标行为，发现不法行为及时向主管部门反映。

合理预测工程造价：由专业人员开展工程造价预算，充分考虑各种影响施工的成本因素，避免盲目低价中标。

（二）合同签订过程中的法律风险与防范

1.法律风险

合同条款不清晰或不完善：合同条款的不清晰或不完善可能导致争议产生，甚至造成损失。

合同主体资格问题：如分公司或包工头未经授权擅自签订合同，可能使合同无效，损害合同双方的合法权益。

计价方式约定不当：计价方式的选择应根据项目特点合理确定，否则可能导致双方利益失衡。

2.防范措施

明确合同条款：签订合同时应全面磋商合同条款，明确合同要素及性质，避免条款内容产生歧义或矛盾。

严格审查合同主体资格：确保合同双方具备合法主体资格，避免与无资质或信誉不佳的单位签订合同。

合理选择计价方式：根据项目特点合理选择计价方式，确保合同双方利益均衡。

（三）合同履行过程中的法律风险与防范

1.法律风险

自身守约及规范意识不足：如不按约履行、管理不到位等，可能导致工程质量问题和安全事故。

合同变更不符合法律规定：如变更内容超出原合同约定范围，未依法履行相关手续等，可能导致合同无效。

付款条款不明确：付款条款不明确可能导致工程款支付延误或争议。

2.防范措施

加强履约管理：严格履行合同约定，加大施工现场管理力度，确保工程质量和安全。

规范合同变更：合同变更应依法进行，确保变更内容符合法律法规和合同约定。

明确付款条款：在合同中明确付款条件、时间和方式，确保工程款按时支付。

（四）其他法律风险与防范

1.技术与环境风险

地质地基条件：施工前应对地质地基条件进行详细勘探，避免施工过程中遇到意外情况。

水文气象条件：关注天气变化，做好应对恶劣天气的准备。

施工准备不足：确保施工现场具备施工条件，避免因准备不足影响工程进度。

2.要素市场价格波动

材料设备供应风险：确保材料设备供应及时、质量合格，避免因供应问题影响工程进度和质量。

国家政策调整：密切关注国家政策变化，及时调整经营策略。

3.进城务工人员工资支付风险

规范工资支付：严格按照法律法规和合同约定支付进城务工人员工资，防止因工资支付问题引发纠纷。

完善监管机制：建立健全进城务工人员工资保证金及支付专用账户监

管机制，确保工资支付安全。

第二节　合同履行中的法律问题

一、建设工程合同履行过程中的权利与义务

在建设工程领域，合同的履行是确保项目按时、按质、按量完成的关键环节。这一过程不仅涉及复杂的工程技术问题，还涉及复杂的法律关系和权利与义务的分配。

（一）发包人的权利与义务

1.发包人的权利

发包人有权对承包人的施工进度、质量、安全等方面进行监督与检查，确保工程符合合同约定的标准和要求。这一权利是保障工程质量和安全的重要手段。在合同约定的范围内，发包人虽有权根据工程实际需要变更工程内容、调整工程量或设计方案等，但需要注意的是，任何变更或调整都应遵循法定程序，并经过双方协商一致。

工程竣工后，发包人有权按照合同约定的标准和程序进行验收。验收合格后，发包人有权接收工程并支付剩余的工程款项。如果承包人违反合同约定，如延误工期、质量不达标等，发包人就有权依据合同条款向承包人提出索赔要求，包括要求赔偿损失、支付违约金等。

2.发包人的义务

发包人应按照合同约定提供必要的施工条件，包括施工现场的平整、水电供应、道路畅通等。这些条件的提供是承包人顺利施工的前提。发包人应按照合同约定的时间和方式支付工程款项。支付工程款项是发包人履行合同的主要义务之一，也是承包人获得报酬的保障。

在合同履行过程中，发包人应积极配合承包人的工作，提供必要的协助和支持。例如，协助办理施工许可、提供施工图纸和资料等。如果合同中涉及商业秘密或技术秘密等敏感信息，发包人就有义务保守这些信息的

秘密性，不得擅自泄露给第三方。

（二）承包人的权利与义务

1.承包人的权利

承包人在施工过程中享有自主施工的权利，即有权根据施工图纸和技术规范进行施工，并根据实际情况进行必要的调整和优化。但是，这一权利应受到合同约定的限制和发包人的合理监督。承包人有权按照合同约定的价格和方式获得工程款项。这是承包人在履行施工义务后应得的报酬和补偿。

在特定情况下，如发包人未按时支付工程款项、施工图纸或资料不齐全等，承包人有权暂停施工，并要求发包人采取相应措施。暂停施工权是承包人保护自己权益的重要手段。如果发包人违反合同约定或发生其他可归责于发包人的原因，导致承包人遭受损失或增加费用的，承包人就有权依据合同条款向发包人提出索赔要求。

2.承包人的义务

承包人应按照施工图纸和技术规范进行施工，确保工程质量符合合同约定的标准和要求。在施工过程中，承包人应严格遵守施工规范和安全操作规程，确保施工安全。承包人应按照合同约定的工期完成施工任务。例如，因特殊原因需要延长工期的，应提前向发包人提出申请并说明理由，但延长工期应经过双方协商一致并签订书面协议。

工程竣工后，承包人应配合发包人进行验收工作。在验收过程中，承包人应提供必要的资料和证明文件，并对验收过程中提出的问题进行整改和完善。在合同约定的保修期内，承包人应对工程承担保修责任。例如，工程出现质量问题或存在缺陷等，承包人应及时采取维修和更换等补救措施，使工程恢复原状或达到合同约定的标准。

（三）权利与义务的平衡和协调

在建设工程合同履行过程中，发包人和承包人的权利与义务是相互依存、相互制约的。为了确保合同的顺利履行和项目的成功实施，双方应积极平衡和协调各自的权利与义务。具体来说：

双方应建立有效的沟通机制和信息交流渠道，对施工过程中的问题及时进行沟通，并共同协商解决。通过加强沟通与协作可以增进双方的理解和信任，从而降低合同履行的风险。双方应严格遵守合同条款和法律规定，履行各自的义务。任何一方既不得擅自变更或解除合同条款，也不得违反法律规定或损害对方利益。只有遵守合同约定，才能确保合同的合法性和有效性，从而保障项目的顺利进行。

在合同履行过程中，不可避免地会遇到各种风险和不确定性因素。双方应根据实际情况合理分担风险、共同应对挑战。例如，可以通过购买保险、设置保证金、明确责任划分等方式来降低和分担风险。这种合理的风险分担机制有助于增强双方的合作信心，促进项目的平稳推进。诚信是商业活动的基本原则，也是建设工程合同履行过程中不可或缺的重要元素。双方应秉持诚信原则，诚实履行各自的责任和义务，不隐瞒重要信息，不欺诈对方。在发生争议时，双方应本着友好协商的态度寻求解决方案，避免采取过激或不当的行为损害对方利益。

在合同履行过程中，双方难免会出现一些争议或纠纷。双方应建立有效的争议解决机制，及时响应对方的合理诉求，通过协商、调解、仲裁或诉讼等方式妥善解决争议。及时响应与解决争议有助于维护双方的合法权益，减少损失，保障项目的顺利进行。建设工程合同的履行是一个持续的过程，需要双方不断总结经验教训，持续改进和提升自身的管理水平和业务能力。通过不断学习新知识、新技术和新方法，提高施工效率和质量，降低成本和风险。同时，双方还应加强合作与交流，共同推动项目的创新与发展。

二、建设工程合同履行中的变更与调整

在建设工程领域，合同的履行是一个复杂且动态变化的过程，涉及多个参与方、多种资源以及不断变化的市场和技术环境。因此，在合同执行过程中，由于各种虽不可预见或可预见但难以避免的因素，合同的变更与调整成为一种常态。

（一）变更与调整的原因

设计阶段是建设工程的基础，但由于设计深度不足、业主需求变化、

政策法规更新等原因，设计方案往往需要调整，从而引发合同变更。地质勘探结果不准确、气候条件恶劣、现场环境复杂等不可预见的施工条件变化，可能导致施工方案调整，影响合同执行。国家和地方政策法规的变动，如环保要求提高、安全标准升级等，可能要求建设项目进行相应的调整，以满足新的合规要求。对于商业地产、工业厂房等项目，市场需求的快速变化可能导致调整项目定位、功能布局等，进而导致合同内容的改变。

随着建筑技术的发展，新材料、新工艺、新技术不断涌现，为实现提高项目品质、降低成本、缩短工期等目标，可能需要引入新的施工方法或材料，进而导致合同变更。原材料价格波动、劳动力成本上升等经济因素也可能影响项目的预算和成本，需要双方协商调整合同条款。

（二）变更与调整的类型

工程范围变更：涉及项目规模、功能、内容等方面的调整，如增加或减少工程量、改变工程性质等。

技术方案变更：包括施工方法、工艺流程、材料选用等方面的变化，旨在提高工程质量、降低成本或满足新的技术要求。

合同价格调整：由于工程量增减、单价变动、额外费用产生等原因，需要对合同价格进行重新计算和调整。

工期调整：由于设计变更、施工条件变化、天气变化等原因，可能需要延长或缩短工期。

支付条款调整：根据工程进展、合同条款变更等情况，调整工程款的支付方式和时间。

责任与义务调整：在特定情况下，需要重新划分或明确合同双方的权利与义务范围。

（三）变更与调整的处理流程

当任一方发现需要变更合同内容时，应向对方提出书面变更申请，说明变更原因、范围、影响及建议的处理方案。收到变更申请后，双方应组织专业人员对变更内容进行评估，分析其对项目成本、质量、进度等方面的影响，并报请相关方审批。在评估审批的基础上，双方就变更的具体内容、价格调整、工期变化等方面进行协商谈判，达成一致意见后形成书面协议。

将协商达成的变更内容以补充协议的形式固化下来，作为原合同的补充协议，具有同等法律效力。按照补充协议的要求执行变更内容，并加强监督管理，确保变更后的工程质量和进度符合要求。根据变更后的工程量、单价及支付条款进行结算和支付工作。

（四）变更与调整的影响

变更往往伴随着成本的增加或减少，如工程量增加会导致成本上升；采用新技术虽可能降低成本但也可能产生额外费用。变更可能导致工期延长或缩短，影响项目的整体进度计划。

变更后的施工方案、材料选用等可能影响工程质量标准和验收标准。变更可能增加项目的复杂性和不确定性，进而增加风险。频繁的合同内容变更可能损害合同双方的信任关系，增加合作难度。

（五）应对策略

加强前期规划与设计管理：提高设计深度和准确性，减少设计变更的发生；加强前期市场调研和需求分析，确保项目定位和功能布局符合市场需求。

完善合同管理机制：制定详细的合同条款和变更管理流程，明确变更的提出、评估、审批、执行等环节的责任和程序；建立合同变更档案管理制度，确保变更信息的完整性和可追溯性。

加强沟通与协作：建立有效的沟通机制，确保双方及时、准确地传递变更信息；加强团队协作和跨部门协作能力培训，提高应对变更的效率和质量。

引入风险管理机制：对可能发生的变更进行风险评估和预测；制定应对措施和应急预案；加强风险监控和预警机制建设。

强化监理与审计监督：加强工程监理和审计监督力度；确保变更内容的真实性和合理性，防止不合理变更导致的成本浪费和进度延误。

灵活应对市场与技术变化：保持对市场动态和技术进步的敏锐洞察力，及时调整项目策略，采用适宜的技术方案，以适应市场和技术变化带来的挑战。例如，当新材料或新技术出现时，应及时评估其可行性和经济效益，如果有利于项目质量和成本控制，就应积极引入并调整合同条款。

强化成本控制与预算管理：建立健全的成本控制和预算管理体系，对合同变更进行严格的成本效益分析。在变更申请阶段，应评估其对项目总成本的影响，确保变更后的成本仍在可控范围内。同时，加强预算执行的监控和审计，防止超支现象的发生。

建立激励机制与责任追究制度：为鼓励各方积极参与变更管理，提高变更处理效率和质量，可以建立相应的激励机制，如奖励在合同内容变更管理中表现突出的个人或团队。同时，对于因故意或过失导致不合理变更、延误工期或增加成本的行为，应建立责任追究制度，明确责任主体和追究程序，以维护合同的严肃性和权威性。

加强合同法律意识：提高合同双方的法律意识，确保合同内容在变更处理过程中遵守法律法规和合同约定。对于涉及重大利益调整的变更事项，应咨询法律专业人士的意见，确保变更的合法性和合规性。

利用信息化手段提升管理效率：借助建筑信息模型（BIM）、项目管理软件等信息化手段，提高合同管理、变更管理、成本控制等方面的效率和准确性。通过信息化平台，实现变更信息的快速传递、共享和处理，减少人为错误和沟通成本。

三、建设工程合同履行中的证据保全与举证责任

在建设工程合同的履行过程中，由于涉及多方利益、复杂的技术规范和较长的施工周期，争议和纠纷难以避免。为了有效维护合同双方的合法权益，确保争议能够得到公正、合理的解决，证据保全与举证责任成为至关重要的一环。

（一）证据保全的必要性

建设工程合同履行过程中，往往存在大量施工记录、技术资料、财务凭证等证据材料。这些材料是判断合同履行情况、解决争议的重要依据。通过证据保全，可以确保这些材料在争议发生时依然完整、真实，可以为查清事实提供有力支持。在争议解决过程中，任何一方都有可能因证据

缺失或损毁而处于不利地位。证据保全有助于防止证据被篡改、销毁或遗失，从而保护当事人的合法权益不受侵害。

充分的证据能够缩短争议解决的时间，降低解决成本。通过证据保全，可以确保争议双方能够迅速、准确地提交相关证据，使争议解决机构能够更快地做出裁决或判决。证据保全不仅是对争议解决的支持，也是对合同履行过程的监督。通过定期或不定期的证据保全，可以及时发现合同履行中存在的问题，督促各方按照合同约定履行义务，减少争议的发生。

（二）证据保全的方法

合同双方可以在合同履行过程中自行收集、整理并保存相关证据。这包括施工日志、会议纪要、工程照片、检验报告、付款凭证等。自行保全的优点是灵活性强，但需注意证据的合法性和真实性。公证机构作为第三方中立机构，可以对证据进行保全。公证保全具有法律效力，能够有效防止证据被篡改或销毁。在建设工程合同履行中，对于重要合同文件、现场勘查记录等关键证据，可以考虑进行公证保全。

在争议已经发生或即将发生时，当事人可以向法院申请证据保全。法院会根据申请人的请求和案件的具体情况，决定是否采取保全措施。法院保全具有强制执行力，能够确保证据在争议解决过程中的完整性和可用性。随着科技的发展，电子数据、云计算等技术手段在证据保全中得到了广泛应用。通过技术手段对电子数据进行备份、加密、存储等操作，可以确保电子证据的安全性和完整性。在建设工程合同履行中，应充分利用技术手段进行证据保全。

（三）举证责任的分配原则

"谁主张，谁举证"：这是民事诉讼中的基本原则，也适用于建设工程合同纠纷，即当事人对自己提出的主张有责任提供证据加以证明。如果无法提供证据或证据不足以证明其主张的，将承担不利的法律后果。

举证责任倒置原则：在某些特殊情况下，为了平衡双方当事人的利益，法律规定由特定一方承担举证责任。例如，在建设工程合同纠纷中，如果发包人主张工程质量不合格且拒绝支付工程款，而承包人已经提供初步证据证明其已按照合同约定完成工程并经验收合格的，发包人就应当承担证明工程质量不合格的具体举证责任。

公平合理原则：在举证责任分配过程中，应遵循公平合理原则，即根据案件的具体情况、当事人的举证能力等因素综合考虑，合理分配举证责任。对于难以收集或难以保存的证据，可以适当减轻当事人的举证责任。

（四）面临的挑战与应对策略

证据收集难度大：建设工程合同履行过程中产生的证据种类繁多、数量庞大且分布广泛。这增加了证据收集的难度和成本。为了应对这一挑战，当事人应建立完善的证据收集和管理制度，及时、全面地收集并保存相关证据。

证据真实性难以判断：在争议解决过程中，证据的真实性往往成为争议的焦点。为了确保证据的真实性，当事人应尽可能提供原始证据或经过公证、鉴定的证据。同时，争议解决机构也应加强对证据真实性的审查和判断。

举证责任分配争议：在举证责任分配问题上，双方当事人往往存在争议。为了解决这一问题，争议解决机构应根据案件的具体情况和法律规定合理分配举证责任。同时，加强相关法律法规的宣传和普及工作，提高当事人的法律意识和举证能力。

技术证据应用不足：随着科技的发展和应用领域的拓展，技术证据在建设工程合同纠纷解决中的作用日益凸显，然而目前技术证据的应用仍不够广泛和深入。为了充分发挥技术证据的作用和价值，应加强对技术证据的收集、鉴定和应用等方面的研究和推广工作。

四、建设工程合同履行中的法律风险与应对策略

在建设工程领域，合同的履行是项目成功的基础，它涉及复杂的法律关系、多方的利益博弈以及长周期的执行过程。因此，合同履行过程中不可避免地会遇到各种法律风险，这些风险如果得不到有效的识别、评估与应对，将对项目的顺利推进造成重大影响，甚至可能导致项目失败。

（一）建设工程合同履行中的法律风险

1.合同条款风险

合同条款若表述不清或存在歧义，易导致双方对权利与义务的理解产生偏差，进而引发争议。合同可能未涵盖所有重要事项或存在逻辑漏洞，导致双方在特定情况下无法找到明确的法律依据，增加了法律风险。一方利用优势地位制定不公平条款，损害对方利益，虽在法律上可能有效，但易引发道德争议和信任危机。

2.合同履行过程中的风险

项目执行过程中常因设计变更、现场条件变化等原因需进行合同变更，若变更程序不规范或未经双方同意，将产生法律纠纷。工程质量不符合标准或发生安全事故，不仅影响项目进度，还可能引发法律诉讼和赔偿责任。由于天气、材料供应、劳动力短缺等原因导致的工期延误，可能引发违约赔偿问题。

3.资金与财务风险

发包方未按时支付工程款，或承包方未提供合格工程验收证明而要求支付，均可能引发资金支付纠纷。项目实际成本超出预算，会影响项目盈利，甚至导致资金链断裂。缺乏有效的财务管理制度和风险控制机制，会导致项目财务风险增加。

4.法律与政策环境风险

国家法律法规的修订或新政策的出台，可能影响项目合同的合法性和有效性。政府部门对项目实施的干预或限制，可能影响项目进度和成本。不同地区的执法环境差异，可能影响争议解决的效率和结果。

（二）应对策略

1.完善合同条款，确保明确性与公平性

在合同签订前，应聘请专业法律顾问对合同条款进行审查，确保条款明确、无歧义且公平合理，对工程范围、质量标准、工期要求、付款方式等关键条款进行细化，力求减少争议。在合同中合理设置风险分担条款，明确各方在特定风险发生时分别应承担的责任和义务。

2.加强合同履行过程中的风险管理

明确变更的提出、评估、审批和执行程序，确保变更内容明确、程序规范、双方协商一致。建立健全质量管理体系和安全生产责任制，加强施工现场监管和隐患排查治理。提前识别可能导致工期延误的因素，制定应对措施，如增加资源投入、调整施工计划等。

3.优化资金与财务管理

设立专户管理工程款，确保资金专款专用，防止挪用和侵占。制订详细的成本预算和控制计划，定期进行成本分析，及时发现并纠正成本超支问题。建立健全财务管理制度和内部控制体系，确保财务信息的真实性和完整性。

4.关注法律与政策环境变化，灵活应对

定期组织法律法规培训和学习活动，提高项目团队的法律意识和政策敏感度。密切关注国家法律法规和政策变化，建立预警机制，及时评估法律政策风险对项目的影响。根据法律政策的变化，灵活调整合同内容，如调整合同条款、变更合同主体等。

5.加强沟通与协作，建立信任关系

项目团队内部应建立有效的沟通机制，确保信息畅通无阻，减少误解和冲突。与发包方保持良好的合作关系，加强沟通和协作，共同解决在合同履行过程中遇到的问题。在出现复杂争议时，可考虑引入第三方协调机构或专家进行调解和仲裁，以减少诉讼成本和时间。

6.加强风险意识培养与提高风险管理能力

定期对项目团队成员进行风险教育和培训，增强风险意识和风险管理能力。建立健全风险管理体系和流程，确保风险识别、评估、监控和应对的有效性和系统性。

7.利用技术手段提高风险管理效率

引入项目管理软件或 ERP 系统，实现合同履行的信息化管理，包括进度跟踪、质量监控、成本分析等，提高管理效率和准确性。利用大数据技术对历史项目数据进行挖掘和分析，发现潜在的风险因素和规律，为当前项目提供决策支持。在施工现场引入智能监控设备，如无人机、传感器等，实时监控工程质量和安全状况，及时发现并处理潜在问题。

8.建立多元化争议解决机制

在争议发生时，首先通过友好协商和谈判解决分歧，减少诉讼成本和时间。其次，若协商无果，可考虑通过第三方调解或仲裁机构进行争议解决，以更加灵活和高效的方式处理纠纷。最后，当其他争议解决方式均无法达成满意结果时，可通过法律诉讼途径维护自身权益。但需注意，法律诉讼过程复杂且耗时较长，应谨慎选择。

9.持续监控与评估

在项目执行过程中，定期进行风险评估，识别新的风险因素并评估其影响程度，及时调整风险管理策略。项目结束后，进行项目后评价，总结经验教训，提炼成功经验和汇总失败案例，为未来的项目提供借鉴和参考。

10.强化合规意识与企业文化建设

定期对项目团队成员进行合规培训，确保他们了解并遵守相关法律法规和公司内部规章制度。将合规意识融入企业文化中，形成全员参与、共同维护的合规氛围。通过树立合规榜样、表彰合规行为等方式，激励员工自觉遵守法律法规和规章制度。

第三节　合同变更与解除的法律规定

一、建设工程合同变更的条件与程序

在建设工程领域，合同的变更是一项常见且重要的法律活动，它直接关系到项目的顺利实施、成本控制以及各方权益的保障。由于建设工程项目通常具有投资大、周期长、涉及面广等特点，因此在合同履行过程中，由于各种原因（如设计调整、施工条件变化、政策和法规变动等），往往需要对原合同进行变更。

（一）建设工程合同变更的条件

首先，建设工程合同中通常会明确约定合同变更的条件。这些条件可能是具体的条款，如"在发生以下情况时，双方可协商变更合同：……（列举具体情形）"，也可能是更为宽泛的原则性规定，如"因不可抗力导致合同无法履行的，双方可协商变更合同"。因此，在判断是否需要变更合同时，合同双方应查阅合同条款，看是否存在明确的变更条件。同时法律法规和政策的变化也可能成为合同变更的条件。例如，国家出台新的环保政策，要求建设项目必须达到更高的环保标准，那么原合同中关于环保的条款就需要相应地进行变更。此外，法律法规对建设工程合同的效力、履行等方面也有明确规定，当这些规定发生变化时，可能影响合同的履行和变更。

其次，合同履行的实际情况是决定是否需要变更合同的重要因素。例如，一方在施工过程中发现原设计存在缺陷或不符合实际需求，需要进行设计变更；或者由于材料价格上涨、劳动力成本增加等经济因素导致原合同约定的价格无法继续执行，需要调整合同价款等。这些情况都可能导致合同的变更。

最后，合同变更必须经过合同双方协商一致。这是因为合同是双方意思表示一致的产物，任何一方都不能单方面改变合同内容。因此，在提出合同变更请求时，必须得到对方的同意和配合。双方可以通过谈判、协商等方式就变更事项达成一致意见，并签订书面变更协议或补充协议以明确变更后的合同内容。

（二）建设工程合同变更的程序

合同变更的第一步是提出变更请求。这可以由合同中的任何一方提出，但通常是由需要变更的一方（如发包方或承包方）向另一方提出书面变更请求。变更请求应明确说明变更的原因、目的、内容、影响及解决方案等，以便对方能够充分了解变更的背景和必要性。

收到变更请求后，另一方应对其进行审查和评估。审查的主要目的是确认变更请求的合法性和合理性，评估的主要目的是分析变更对合同履行的影响以及所需的成本和时间等。在审查和评估过程中，双方可以就变更事项进行沟通和协商，以达成初步共识。

经过审查和评估后，如果双方同意进行合同变更，则需要编制变更文件。变更文件通常包括变更协议或补充协议等法律文件，用于明确变更后的合同内容、变更范围、变更时间、变更费用等事项。变更文件应由双方签字盖章确认，作为原合同的补充或修改部分具有同等法律效力。在某些情况下，合同变更还需要经过相关部门的审批和备案。例如，涉及设计变更的工程项目可能需要向建设行政主管部门报批，涉及合同价款调整的工程项目可能需要向财政部门备案等。这些审批和备案程序的具体要求应根据相关法律法规与政策规定执行。

合同变更文件生效后，双方应按照变更后的合同内容继续履行合同。在执行过程中，双方应加强沟通和协作，确保变更事项的顺利实施。同时，还应建立监督机制对变更执行情况进行跟踪和检查，及时发现并解决问题。如果发现变更执行存在偏差或问题，就应及时采取补救措施并追究相关责任人的责任。

最后，合同变更可能涉及变更结算与支付问题。当变更事项完成后，双方应按照变更文件约定的方式进行结算和支付。如果变更导致合同价款发生变化，则应重新确定合同价款并签订补充协议或变更协议进行确认。在结算和支付过程中，双方应确保结算结果的准确性和支付程序的合法性与合规性。

二、建设工程合同解除的法定情形与程序

在建设工程领域，合同的解除是一项严肃且影响深远的法律行为，它标志着合同双方权利与义务关系的终止。由于建设工程项目通常具有投资大、周期长、技术复杂等特点，合同解除不仅涉及经济利益的调整，还可能对工程进度、质量及安全产生重大影响。因此，明确建设工程合同解除的法定情形与程序，对于保障各方权益、维护市场秩序具有重要意义。

（一）建设工程合同解除的法定情形

根据《中华人民共和国合同法》（现已被《中华人民共和国民法典》合同编取代，但基本原则和规定仍具参考价值）及相关法律法规，建设工程合同可以在以下法定情形下被解除：

不可抗力是指不能预见、不能避免并不能克服的客观情况，如自然灾

害、战争、政府行为等。当不可抗力导致合同无法继续履行时，合同双方均有权解除合同。但需注意，主张不可抗力的一方应承担举证责任，证明不可抗力的发生及其对合同履行的影响。如果合同一方严重违反合同义务，导致合同目的无法实现，则另一方有权解除合同。在建设工程合同中，常见的严重违约行为包括：发包方未按时支付工程款导致工程停工，承包方擅自转包或违法分包工程，承包方施工质量严重不符合合同约定等。

当合同一方迟延履行主要债务，经另一方催告后在合理期限内仍未履行时，催告方有权解除合同。在建设工程合同中，这通常表现为承包方未能按时完成工程进度或发包方未能按时支付工程进度款等情况。除了上述情形，法律法规还可能规定其他导致合同解除的情形。例如，《民法典》第七百八十八条规定："建设工程合同应当采用书面形式。"如果双方未签订书面合同，且无法证明存在事实上的合同关系，则可能因缺乏合同基础而解除。

虽然这不是法定情形，但合同双方可以在合同中约定特定的解除条件。当这些条件达成时，合同即可依据约定解除。例如，合同中可能约定："如因设计变更导致工程量增减超过一定比例，双方可协商解除合同。"

（二）建设工程合同解除的程序

合同解除的第一步是向对方发出解除通知。通知应以书面形式做出，并明确说明解除的原因、依据及解除后的处理方式等。在发出通知前，双方应尽可能进行协商，以寻求解决方案并减少损失。如果双方能够就解除合同达成一致意见，则可以签订书面协议明确解除后的权利与义务关系。收到解除通知后，对方有权对解除的原因和依据进行审查。如果认为解除理由不成立或不符合法律规定，则可以提出异议并要求继续履行合同。如果双方无法就合同是否解除达成一致意见，则可以诉诸法律途径解决争议。

合同解除后，双方应尽快进行清理和结算工作。这包括但不限于：对已完成的工程量进行确认和计价，对未支付的工程款进行结算和支付，对违约方进行赔偿或补偿等。清理和结算工作应遵循公平、合理、诚实信用的原则进行，确保各方权益得到妥善保护。

同时合同解除后，还可能涉及一系列善后处理工作。例如，如果合同解除导致工程停工或延期，双方就应协商确定后续处理方案；如果合同解除涉及第三方权益（如分包商、供应商等），就应妥善处理与第三方的关系并避免纠纷发生。此外，双方还应妥善保管与合同相关的文件和资料以备后续使用。如果合同解除过程中发生争议且无法协商解决，双方就可以依法向有管辖权的法院提起诉讼或申请仲裁。在诉讼或仲裁过程中，双方应提供充分的证据支持自己的主张并接受法庭或仲裁庭的裁决。裁决生效后，双方应依法履行裁决结果并承担相应的法律责任。

（三）合同解除后的责任承担

在建设工程合同解除后，合同双方可能需要根据法律规定或合同约定承担相应的责任。这些责任可能包括但不限于：如果合同解除是由于一方违约导致的，违约方应承担相应的违约责任，可能包括支付违约金、赔偿损失等。具体违约责任的承担方式和标准应根据合同约定或法律规定确定。合同解除后，如果一方因合同解除而遭受经济损失，有权要求对方承担损失赔偿责任。损失赔偿的范围和标准应根据实际情况与法律规定确定。一般来说，损失赔偿应包括直接损失和合理并可预见的间接损失。

在某些情况下，即使合同已经解除，合同双方仍可能需要履行某些后续义务。例如，承包方可能需要完成已完成的工程部分的保修义务，发包方可能需要支付已完成的工程款项等。这些后续义务的履行应根据合同约定或法律规定进行。

（四）注意事项

合同解除是一项严肃的法律行为，一旦行使将对双方产生重大影响。因此，在行使解除权前应充分评估解除的必要性和可能带来的后果，确保解除行为合法合规且符合双方利益最大化原则。在合同解除过程中，证据是解决问题的关键。双方应妥善保管与合同解除相关的文件和资料，并及时收集、固定和保存相关证据以备后续使用或诉讼之需。

虽然法律法规规定了合同解除的法定情形和程序，但合同双方仍有权在合同中约定更具体、更灵活的解除条件和程序。因此，在签订合同时应充分重视合同条款的约定并遵守执行。在面临建设工程合同解除的复杂情况时，寻求专业的法律建议至关重要。专业的法律顾问或律师团队能够根据具体的合同内容、法律规定以及实际情况，为合同双方提供精准、有效的法律策略和建议。他们可以帮助双方明确解除合同的法律依据，评估解除合同的法律风险和后果，制订合理的解决方案，并在必要时代表当事人参与协商、调解、仲裁或诉讼等法律程序。

此外，专业的法律顾问还能在合同解除后的清理与结算阶段发挥重要作用。他们可以帮助双方确定已完成的工程量、计价标准、未支付款项的数额等关键信息，协助制订公平合理的结算方案，并确保双方权益得到妥善保护。同时，他们还能就违约赔偿、损失补偿等问题提供法律意见，确保解除合同的后续处理工作顺利进行。

三、建设工程合同变更与解除的法律后果

在建设工程领域，合同的变更与解除是项目在执行过程中可能遇到的重要法律事件，它们不仅影响合同双方的权利与义务关系，还直接关系到项目的进度、成本、质量乃至最终成果。因此，深入了解建设工程合同变更与解除的法律后果，对于保护合同各方权益、维护市场秩序具有重要意义。

（一）建设工程合同变更的法律后果

合同变更，是指合同成立后，在尚未履行或未完全履行之前，基于法律规定或合同双方的约定，对合同的内容进行修改或补充的行为。在建设工程合同中，变更可能涉及工程范围、设计标准、施工期限、价款支付等多个方面。

合同变更最直接的法律后果是合同双方权利与义务关系的调整。变更后的合同条款将取代原合同条款，成为双方新的行为准则。因此，合同双方需根据变更后的内容重新确定各自的权利与义务，确保合同的顺利履行。合同变更往往需要对原有的合同履行计划进行调整。例如，工程范围的变更可能导致施工进度的重新安排，设计标准的提高可能增加施工难度和成本，价款支付的变更则直接影响合同双方的财务安排。因此，合同变

更后，双方需共同协商并制订新的履行计划，以确保项目的顺利进行。

合同变更还可能涉及合同责任的重新分配。在变更过程中，如果因一方的原因导致变更发生，该方可能就需要承担相应的违约责任或赔偿责任。同时，变更后的合同条款也可能对双方的违约责任进行新的约定，从而调整双方各自的风险承担比例。合同变更过程中，双方可能会就变更内容、变更后的权利与义务关系等问题产生争议。这些争议如果无法通过协商解决，可能需要通过仲裁或诉讼等法律途径进行解决。因此，合同变更可能会引发一系列的法律纠纷和诉讼风险。

（二）建设工程合同解除的法律后果

合同解除，是指合同有效成立后，因法律规定或合同双方的约定，使合同关系归于消灭的行为。在建设工程合同中，解除可能由于不可抗力、严重违约、双方协商一致等多种原因发生。

合同解除后，合同双方之间的权利与义务关系即告终止。这意味着双方不再受原合同条款的约束，无须继续履行各自的义务。然而，需要注意的是，合同解除并不等于合同无效或自始不存在，而是指双方的合同关系在某一时间点后失效。合同解除后，双方需进行清理与结算工作。这包括但不限于：对已完成的工程量进行确认和计价，对未支付的工程款进行结算和支付，对违约方进行赔偿或补偿等。清理与结算工作的目的是确保双方权益得到妥善保护，避免因合同解除而产生不必要的纠纷和损失。

如果合同解除是由于一方违约导致的，该方就应承担相应的违约责任。违约责任可能包括支付违约金、赔偿损失等。具体违约责任的承担方式和标准应根据合同约定或法律规定确定。需要注意的是，即使合同已经解除，违约方仍需承担因违约行为给对方造成的损失赔偿责任。合同解除后，可能还需要进行一系列后续处理与善后工作。例如，如果合同解除导致工程停工或延期，双方需协商确定后续处理方案；如果合同解除涉及第三方权益（如分包商、供应商等），需妥善处理与第三方的关系并避免纠纷发生。此外，双方还应妥善保管与合同相关的文件和资料以备后续使用或诉讼之需。

合同解除对建设工程项目的影响深远。它不仅可能导致项目进度延误、成本增加等直接后果，还可能影响项目的整体质量和效益。因此，在合同解除后，双方需共同努力减少损失并寻求新的合作机会，以推动项目的顺利进行。如果合同解除过程中发生争议且无法协商解决，双方可以依法向有管辖权的法院提起诉讼或申请仲裁。在诉讼或仲裁过程中，双方应提供充分的证据支持自己的主张，并接受法庭或仲裁庭的裁决。裁决生效后，双方应依法履行裁决结果并承担相应的法律责任。

第四节　违约责任与索赔处理

一、建设工程合同违约责任的认定与承担方式

在建设工程领域，合同的履行是确保项目顺利进行、实现合同目的的关键环节。然而，由于工程项目的复杂性、周期长、涉及方众多等特点，合同违约的情况时有发生。因此，准确认定建设工程合同中的违约责任，并合理确定违约责任的承担方式，对于维护合同双方的合法权益、促进建设工程市场的健康发展具有重要意义。

（一）违约责任的认定标准

建设工程合同违约责任的认定，主要依据以下几个方面：

合同是双方意思表示一致的产物，合同条款是双方权利与义务的具体体现。因此，在认定违约责任时，首先应当依据合同条款的约定。如果合同条款明确规定了违约情形及相应的违约责任，则应按照合同条款的约定进行认定。当合同条款未对违约责任做出明确约定或约定不明确时，应依据相关法律法规的规定进行认定。我国《民法典》等法律法规对合同违约责任有明确的规定，包括违约责任的构成要件、承担方式等。诚实信用原则是民法的基本原则之一，也是合同法的基本原则。在认定违约责任时，应当遵循诚实信用原则，根据合同双方的交易习惯、行业惯例等因素进行综合判断。

（二）违约责任的构成要件

建设工程合同违约责任的构成要件主要包括以下几个方面：违约责任的前提是存在合法有效的合同。如果合同无效或被撤销，则不存在违约责任问题。违约行为是构成违约责任的核心要件。违约行为包括不履行合同义务和履行合同义务不符合合同约定两种情形。在建设工程合同中，常见的违约行为包括迟延履行、拒绝履行、不完全履行、擅自变更或解除合同等。如果违约方能够证明其违约行为是由于不可抗力、对方违约等免责事由导致的，则可以免除其违约责任。但需要注意的是，免责事由的认定应当严格依法进行。在一般情况下，违约责任的承担以损害结果的发生为前提。但在某些特殊情况下，即使没有造成实际损害结果，违约方也可能需要承担违约责任（如违约金、定金罚则等）。违约行为与损害结果之间应当存在因果关系，即损害结果是由于违约行为直接导致的。如果损害结果与违约行为之间不存在因果关系，则不能认定违约方需要承担违约责任。

（三）违约责任的承担方式

建设工程合同违约责任的承担方式多种多样，主要包括以下几种：当一方违约时，如果合同仍然具备履行的可能性且守约方要求继续履行的，违约方应当承担继续履行的责任。继续履行是违约责任的首要承担方式，旨在实现合同目的。如果违约行为导致合同目的无法实现或履行结果不符合约定，但仍有补救的可能性的，违约方应当采取补救措施以恢复合同的正常履行状态。补救措施可以包括修理、更换、重做等。赔偿损失是违约责任的主要承担方式之一。当一方违约给对方造成损失时，违约方应当赔偿对方因此遭受的损失。赔偿损失的范围包括直接损失和间接损失两个部分。直接损失是指因违约行为直接导致的财产损失，间接损失则是指因违约行为导致的可得利益损失等。如果合同双方在合同中约定了违约金条款，则当一方违约时，应当按照约定支付违约金。违约金具有惩罚性和补偿性双重性质，旨在督促合同双方严格履行合同义务并弥补守约方的损失。在建设工程合同中，定金是常见的担保方式之一。如果一方违约导致合同无法履行或履行结果不符合约定的，则适用定金罚则，即守约方有权要求违约方双倍返还定金或不予返还定金作为对其违约行为的惩罚。

（四）影响违约责任承担方式的因素

在建设工程合同中，违约责任的承担方式并非一成不变，而是会受到多种因素的影响：

合同条款的约定是影响违约责任承担方式的首要因素。如果合同条款对违约责任的承担方式有明确约定，则应按照约定执行。违约行为的性质是影响违约责任承担方式的重要因素。不同性质的违约行为可能对合同目的的实现产生不同的影响，因此需要采取不同的承担方式。

损害结果的严重程度是影响违约责任承担方式的重要因素。如果损害结果严重且难以弥补，则可能需要采取更为严厉的承担方式，如赔偿损失或支付高额违约金等。在认定违约责任时，还需要考虑双方的过错程度。如果违约方存在故意或重大过失，而守约方已尽到合理的注意义务和合同约定的责任，那么违约方可能需要承担更重的责任。相反，如果守约方也存在一定的过错，那么可能就会减轻违约方的责任。

合同的履行情况和剩余期限会影响违约责任的承担方式。如果合同已经大部分履行完毕，仅剩余小部分未履行，且未履行部分对合同目的的实现影响不大，那么就可能更倾向采取补救措施或支付一定数额的违约金，而不是解除合同并赔偿全部损失。相反，如果合同刚刚开始履行或未履行部分对合同目的的实现至关重要，那么解除合同并赔偿损失可能就是更合理的选择。市场因素和行业惯例会对违约责任的承担方式产生影响。例如，在建设工程领域，如果因材料价格上涨导致承包商无法按原合同价格继续履行合同，而市场上普遍存在类似情况，那么可能就会根据行业惯例调整合同价格或采取其他补救措施，而不是简单地认定承包商违约并赔偿损失。

法律法规和政策导向是影响违约责任承担方式的重要因素。随着法律法规的不断完善和政策导向的变化，对建设工程合同违约责任的认定和承担方式也会产生影响。例如，为了促进建筑行业的健康发展，政府可能会出台相关政策鼓励合同双方采用调解、仲裁等非诉讼方式解决合同纠纷，以减少诉讼成本和时间成本。

二、建设工程索赔的程序与要求

在建设工程领域，索赔是合同管理中不可或缺的一部分，它涉及合同双方在合同履行过程中因对方违约、合同变更、不可抗力等因素导致的经济损失或时间延误的补偿要求。

（一）建设工程索赔的定义

建设工程索赔，是指在工程合同履行过程中，合同当事人一方因对方不履行或未能正确履行合同，或者由于其他非自身因素导致经济损失或权利损害时，通过合同规定的程序向对方提出经济或时间补偿要求的行为。索赔是合同赋予当事人的权利，也是合同法律效力的体现。

（二）建设工程索赔的程序

建设工程索赔的程序通常包括以下几个步骤：

当索赔事件发生时，承包人应立即做好记录并保存相关证据。这些证据包括但不限于：现场照片、录像资料、施工日志、会议纪要、监理通知、设计变更通知等。这些证据应能够真实反映索赔事件的起因、经过、结果及造成的损失情况。索赔事件发生后，承包人应在规定的时间内（通常为28天内）向监理工程师提交索赔意向书，并抄送业主。索赔意向书中应明确索赔事件涉及的工程项目、索赔事件发生的依据、索赔费用估算等内容。这一步是启动索赔程序的关键，也是承包人行使索赔权利的第一步。

在提交索赔意向书后，承包人应继续收集和完善索赔证据，并在规定的时间内向监理工程师提交详细的索赔报告及相关资料。索赔报告应详细陈述索赔事件的起因、经过、结果及造成的损失情况，并合理引用合同条款和相关法律法规作为依据。同时，索赔报告应附有完整的证据材料，如施工日志、现场照片、录像资料、监理通知、设计变更通知等。监理工程师在收到承包人提交的索赔报告及资料后，应及时进行审查核实。审查内容包括索赔事件的真实性、索赔费用的合理性、索赔依据的充分性等。在审查过程中，监理工程师有权要求承包人进一步补充证据或说明情况。审查结束后，监理工程师应出具审核意见并报业主审批。

业主在收到监理工程师提交的审核意见后，应结合合同条款和相关法律法规对索赔请求进行审批。审批结果应以书面形式通知承包人和监理工程师。如果业主同意索赔请求，则应按照合同约定的方式和时间向承包人支付索赔款项；如果业主不同意索赔请求或部分同意索赔请求，则应向承包人说明理由并提供相应的证据材料。如果承包人对业主的审批结果有异议，双方就可以通过协商或调解的方式解决争议。协商和调解应遵循公平、公正、合理的原则，充分听取双方的意见和诉求，并努力达成双方都能接受的解决方案。如果协商和调解无果，双方就可以依据合同条款和相关法律法规通过仲裁或诉讼的方式解决争议。

（三）注意事项

加强合同管理是预防索赔纠纷的重要措施之一。合同双方应认真履行合同条款并加强沟通协调以避免出现违约或争议情况。同时，合同双方应定期对合同履行情况进行检查和评估，以便及时发现并解决问题。

保留证据材料是支持索赔请求的重要依据之一。承包人在合同履行过程中应做好记录和保存工作，以便在发生索赔事件时能够通过提供充分的证据材料，支持自己的索赔请求。遵循程序规定是确保索赔请求得到顺利处理的关键之一。承包人在提出索赔请求时，应严格按照合同约定的程序和时间要求进行操作，并积极配合监理工程师和业主的审查工作，以确保索赔请求得到及时有效处理。

如果承包人在索赔过程中遇到复杂或棘手的问题，应及时寻求专业帮助。这包括但不限于咨询专业的法律顾问、工程师或索赔专家。他们能够提供专业的意见和建议，帮助承包人更准确地评估索赔金额，制定合理的索赔策略，并准备充分的证据材料，从而提高索赔成功的可能性。

（四）建设工程索赔的要求

索赔请求必须合法合规，符合合同条款和相关法律法规的规定。承包人在提出索赔请求时，应确保自己具备合法的索赔资格和依据，并避免提出无理或违法的索赔要求。

索赔请求必须在规定的时间内提出，否则可能会被视为放弃索赔权利。承包人应密切关注合同的履行情况，一旦发现索赔事件，就应立即采取行动并保留相关证据材料。索赔请求应充分详细且有理有据。承包人在提交索赔报告时，应尽可能提供完整的证据材料并详细陈述索赔事件的起因、经过、结果及造成损失的情况。同时，索赔请求应合理引用合同条款和相关法律法规作为依据以增强说服力。

索赔请求应准确无误地反映实际损失情况。承包人在计算索赔费用时应遵循客观公正的原则，并依据实际情况进行合理估算。同时，承包人应确保提供的证据材料真实可靠，并经过严格审查核实以避免出现虚假或夸大损失的情况。

（五）提高索赔成功率的策略

索赔请求应当清晰明确，避免模糊不清或含糊其辞。承包人应直接指出索赔的具体内容、原因、依据和损失金额，以便对方能够迅速理解并做出回应。

索赔金额的估算应当合理且有据可依。承包人应基于实际损失和市场价格进行估算，并保留足够的证据材料来证明其估算的合理性。过高的索赔金额可能会引起对方的反感，而过低的索赔金额则可能无法完全弥补承包人的实际损失。在索赔过程中，承包人应与监理工程师和业主保持畅通的沟通。及时沟通有助于双方了解彼此的观点和诉求，减少误解和冲突。同时，承包人应积极响应对方的询问和要求，提供必要的协助和配合。

在索赔过程中，承包人应灵活应对各种情况。如果遇到对方拒绝或拖延处理索赔请求的情况，承包人就可以考虑采取其他措施来维护自己的权益，如暂停施工、申请仲裁或提起诉讼等。然而，在采取这些措施之前，承包人应仔细评估其利弊并谨慎决策。

三、建设工程违约责任的免除与减轻情形

在建设工程的广阔领域中，合同的履行往往会受到多种因素的影响，包括但不限于自然条件、政策变动、经济环境以及人为因素等。这些因素可能导致合同一方或双方无法完全按照约定履行义务，从而引发违约责任问题。为了平衡合同双方的权益，法律体系中规定了多种情形下可以免除

或减轻建设工程违约责任的条款。

（一）法律基础

合同法作为调整合同关系的基本法律，其基本原则如合同自由原则、诚实信用原则、公平原则等，为建设工程违约责任的免除与减轻提供了法理基础。合同自由原则允许双方当事人在法律允许的范围内自由约定合同条款，包括违约责任的承担方式及免除条件；诚实信用原则要求双方当事人在合同履行过程中保持诚信，不得故意或过失损害对方利益；公平原则则强调在合同双方合同关系中应合理分配风险与责任，避免一方承担过重的损失。

不可抗力是法律明确规定的免责事由之一，它指的是不能预见、不能避免且不能克服的客观情况。在建设工程中，自然灾害、政府行为等不可抗力事件往往会对合同的履行造成重大影响。此外，合同双方还可以在合同中约定特定的免责条款，以应对除不可抗力之外的其他可能导致违约的情形。这些免责条款的效力需符合法律规定，不得违反公序良俗或损害第三方利益。

（二）具体免除与减轻情形

如前所述，不可抗力是建设工程违约责任免除的最常见情形。当不可抗力事件发生时，合同双方可依据法律规定或合同约定主张免除违约责任。但需要注意的是，并非所有不可抗力事件都能带来违约责任的免除，还需考虑该事件对合同履行的影响程度以及双方是否已经采取合理的应对措施。在建设工程合同中，因设计变更、工程量增减等原因导致合同内容发生变化的情形时有发生。此时，如果合同双方能够就变更内容达成一致并签订补充协议，那么原合同中的部分或全部条款可能就会因此被修改或解除，从而减轻或免除一方因原合同条款无法履行而产生的违约责任。

在合同履行过程中，如果双方认为继续履行合同已失去意义或可能会给双方带来不必要的损失，可以经协商一致后解除合同。此时，双方可以就违约责任的承担方式进行协商并达成书面协议。如果协议中明确约定免除或减轻某一方违约责任的条款，则该条款对双方具有约束力。当一方违约时，如果其能够采取积极的补救措施以减少对方的损失或恢复合同的正常履行状态，那么其违约责任可以得到一定程度的减轻。例如，在建设工程中，如果施工方因故延误工期，但其能够加班加点赶工以弥补延误时间，并保证工程质量不受影响，那么其违约责任就可以得到减轻。

在某些情况下，虽然一方存在违约行为，但并无过错或过错较小（如因第三方原因导致违约），此时可以依据公平原则减轻其违约责任。例如，在建设工程中，如果施工方因供应商提供的材料质量问题导致工程质量不合格，但其已尽到合理的检验义务，并及时通知业主和供应商，那么其违约责任就可以得到一定程度的减轻。

（三）注意事项

在主张免除或减轻违约责任时，证据是至关重要的。因此，合同双方应注意在合同履行过程中及时收集并保留相关证据以证明自己的主张。例如，在不可抗力事件发生时，一方应及时通知对方并提供相关证明材料；在采取补救措施时，一方应坚持保留相关记录以证明自己的积极态度等。在建设工程合同履行过程中难免会遇到各种问题和纠纷。此时双方应保持冷静和理性，通过协商和沟通寻求解决方案。通过协商可以达成双方都能接受的解决方案，从而避免诉讼等不必要的法律程序，并减轻双方的经济负担和精神压力。

为了避免或减少违约责任的发生，合同双方应在合同签订前要充分了解对方的资信状况、履约能力等信息；在合同条款中，明确约定违约责任及免除条件；在合同履行过程中，密切关注市场动态和政策变化，及时调整合同履行策略等。通过采取这些措施可以有效地防范法律风险并保障合同的顺利履行。

第五节　合同争议解决机制

一、建设工程合同争议的协商与调解

在建设工程领域，合同是项目各方权利与义务的基础，它规范了从设计、施工到验收等各个环节的行为准则。然而，由于建设工程的复杂性、长期性和高投入性，合同争议难以避免。面对争议，协商与调解作为非诉讼纠纷解决方式（ADR），因其灵活性、效率性和成本效益优势，在建设工程合同争议处理中发挥着重要作用。

（一）协商与调解的基本概念与特点

协商是指合同双方或多方在平等自愿的基础上，通过友好交流、相互理解、互谅互让的方式，就争议事项进行直接沟通并达成和解协议的过程。协商的特点在于其自主性和灵活性，即争议双方可以根据实际情况自由决定协商的时间、地点、方式及内容，不受第三方强制干预。调解是在第三方中立人的协助下，通过说服、疏导等方法，促使争议双方在互谅互让的基础上达成和解协议的过程。与协商相比，调解引入第三方中立人作为"桥梁"，有助于缓解双方的对立情绪，提高和解的成功率。同时，调解结果通常具有法律约束力（如经法院确认的调解协议等），为争议的解决提供了更加稳定的法律保障。

（二）建设工程合同争议协商与调解的必要性

建设工程合同涉及多方利益主体，包括业主、承包商、设计单位、监理单位等。争议的发生往往会对合同双方关系造成破坏，影响项目的顺利进行。通过协商与调解，可以在不破坏合同双方关系的前提下，有效解决争议，维护各方利益平衡。与诉讼和仲裁相比，协商与调解具有更高的效率。协商可以直接在争议双方之间进行，无须繁琐的程序和长时间的等待；调解虽然需要第三方中立人的参与，但通常能够更快地找到双方都能接受的解决方案。这有助于减少争议对项目进度和成本的影响。

诉讼和仲裁往往伴随着高昂的费用和时间成本，而协商与调解则可以在较低的成本下实现争议的解决。特别是协商，由于其自主性和灵活性，可以大大减少不必要的支出。

（三）建设工程合同争议协商与调解的实践应用

1.协商机制的建立与运行

明确协商原则：在合同中明确约定将协商作为争议解决的首选方式，

并规定协商应遵循的基本原则，如诚信原则、公平原则等。

设立协商机制：在项目管理团队中设立专门的协商小组或指定协商负责人，负责协调争议双方的沟通和协商工作。

制定协商流程：明确协商的启动条件、参与人员、协商方式（如面对面会议、电话会议等）及协商结果的确认方式等。

2.调解机制的引入与优化

选择合适的调解机构或调解员：根据项目特点和争议性质，选择合适的调解机构或具有相关专业知识的调解员进行调解。

保密性与中立性保障：确保调解过程的保密性和调解员的中立性，以维护争议双方的合法权益和调解结果的公正性。

灵活运用调解技巧：调解员应灵活运用各种调解技巧，如倾听、引导、疏导等，帮助争议双方达成和解协议。

（四）优化建设工程合同争议协商与调解机制的建议

完善相关法律法规体系，明确协商与调解在建设工程合同争议处理中的地位和作用，为协商与调解机制的顺畅运行提供法律保障。加强对合同管理人员的培训和教育，增强其法律意识，提高专业素养。在合同签订阶段就充分考虑可能出现的争议，并制定相应的应对措施；在合同履行过程中，加强监督和检查确保合同条款得到有效执行。

积极推广包括协商、调解在内的多元化纠纷解决机制（ADR）在建设工程领域的应用。通过宣传和教育提高行业内外对ADR的认知度和接受度；鼓励和支持行业协会、专业机构等建立ADR服务平台，为行业提供便捷高效的争议解决服务。加强调解结果的法律执行力，确保调解协议得到有效履行。对经调解达成的和解协议，可以依法申请法院确认其法律效力；对拒不履行调解协议的当事人，可以采取强制执行等法律手段进行惩处，以维护调解结果的严肃性和权威性。

二、建设工程合同争议的仲裁解决

在建设工程领域，合同是项目各方权利与义务的基础，它可以确保工程从设计、施工到验收等各个环节的顺利进行。然而，由于建设工程具有复杂性、周期长、投资大等特点，合同争议时有发生。当协商与调解等非诉讼方式无法有效解决争议时，作为一种专业、高效、保密的争议解决方式，仲裁逐渐成为建设工程合同争议解决的重要途径。

（一）仲裁的基本概念与特点

1.仲裁的定义

仲裁是指争议双方根据事先或事后达成的仲裁协议，将争议提交给选定的仲裁机构或仲裁员，由其按照仲裁规则进行审理并做出具有法律约束力的裁决的过程。作为一种替代性争议解决方式（ADR），仲裁与诉讼相比具有独特的优势。

2.仲裁的特点

专业性：仲裁员通常具备丰富的专业知识和实践经验，能够针对建设工程领域的特定争议提供专业的裁决。

高效性：仲裁程序相对简洁灵活，不受法院诉讼程序的严格限制，能够更快地解决争议。

保密性：仲裁程序通常不公开进行，有利于保护当事人的商业秘密和声誉。

终局性：仲裁裁决一般具有终局性，一经做出即发生法律效力，除非有法定理由，否则不得上诉。

（二）建设工程合同争议仲裁解决的优势

建设工程合同争议往往涉及复杂的工程技术、造价评估、质量鉴定等问题，仲裁机构可以根据争议性质选择合适的仲裁员组成仲裁庭进行审理，确保裁决的专业性和公正性。相比诉讼程序，仲裁程序更加灵活高效。仲裁机构可以根据争议双方的意愿和实际情况，调整审理程序和时间安排，尽快解决争议以减少对项目进度和成本的影响。

建设工程合同争议往往涉及商业秘密和敏感信息，仲裁程序的保密性有助于保护当事人的合法权益和避免不必要的舆论压力。在国际工程承包领域，仲裁是解决跨国合同争议的主要方式之一。许多国际仲裁机构如国际商会仲裁院（ICC）、伦敦国际仲裁院（LCIA）等在全球范围内享有较高声誉和广泛认可。

（三）建设工程合同争议仲裁解决的实践应用

在建设工程合同签订时，双方应明确约定仲裁作为争议解决方式并签订仲裁协议。仲裁协议应包括仲裁机构的选择、仲裁规则的适用、仲裁地的确定等内容，以确保仲裁程序的顺利进行。当争议发生时，一方可根据仲裁协议向选定的仲裁机构提交仲裁申请，并附上相关证据材料。仲裁机构在收到申请后会对申请进行审查，并通知另一方当事人进行答辩和举证。

仲裁庭的组成是仲裁程序的关键环节之一。仲裁机构会根据争议的性质和当事人的意愿选择合适的仲裁员组成仲裁庭进行审理。仲裁庭通常由一名或多名仲裁员组成，负责审理案件并做出裁决。仲裁庭在审理结束后会根据事实和法律规定做出裁决。裁决书应明确载明裁决结果、理由和依据等内容，并送达双方当事人。仲裁裁决一经做出即发生法律效力，除非有法定理由，否则不得上诉。当事人应按照裁决书的内容履行义务，否则对方可申请法院强制执行。

（四）完善建设工程合同争议仲裁解决机制的建议

相关方应完善仲裁相关法律法规体系，明确仲裁机构的地位和作用，规范仲裁程序，确保仲裁裁决的合法性和有效性。同时，加强对仲裁员的资格认证和管理，提高仲裁员的专业素养和职业道德水平。通过宣传和教育提高行业内外对仲裁的认知度与接受度。鼓励当事人在合同中约定仲裁条款，并积极参与仲裁程序，以形成良好的仲裁文化氛围。

随着国际工程承包市场的不断扩大，加强仲裁，并与国际接轨成为必然趋势。应借鉴国际先进仲裁经验，完善国内仲裁机制，提高仲裁机构的国际竞争力和影响力。同时，加强与国外仲裁机构的交流与合作，推动仲裁裁决的跨国执行和认可。仲裁裁决的执行是仲裁制度的核心和关键，应加强对仲裁裁决执行情况的监督和检查，确保裁决得到有效执行。对于拒不履行裁决的当事人，应依法采取强制措施进行惩处，以维护仲裁裁决的严肃性和权威性。

三、建设工程合同争议的诉讼解决

在建设工程领域，合同是项目各方权益保障的核心，它详细约定从项目启动到完工验收的全过程中各方的权利与义务。然而，由于建设工程的复杂性和高风险性，合同双方在履行过程中产生争议难以避免。当协商、调解等非诉讼手段无法有效解决争议时，作为最后的法律救济途径，诉讼成为合同双方维护自身权益的重要手段。

（一）诉讼的基本概念与特点

1.诉讼的定义

诉讼是指当事人将争议提交给具有管辖权的法院，由法院根据法定程序进行审理并做出具有法律约束力的判决或裁定的过程。在建设工程合同争议中，诉讼是解决争议的最终法律手段。

2.诉讼的特点

公权力介入：诉讼是国家公权力介入民事纠纷的解决方式，法院作为中立的第三方对争议进行裁决。

程序严格：诉讼程序遵循严格的法律规定，包括起诉、受理、审理、判决等各个环节，确保程序公正。

结果具有终局性：除法定上诉期外，诉讼结果具有终局性，当事人必须遵守并执行法院的判决或裁定。

公开性：诉讼程序一般公开进行，接受社会监督，有利于增强司法公信力。

（二）建设工程合同争议诉讼解决的优势

法院作为国家的司法机关，其判决或裁定具有最高的法律效力。当事人通过诉讼解决争议，可以获得具有强制执行力的法律文书，保障自身权益的实现。诉讼程序严格遵循法律规定，确保合同各方当事人在诉讼过程中享有平等的诉讼权利。法院作为中立的第三方，能够公正地审理案件并做出裁决，维护社会公平正义。

在诉讼过程中，当事人需要提交充分的证据来支持自己的主张。法院会对证据进行严格的审查和认定，确保案件事实的查清和正确裁决的做出。诉讼适用于各种类型的建设工程合同争议，包括工程质量、工期延误、工程款支付等。无论争议的性质如何复杂，只要符合法定条件，当事人均可通过诉讼途径解决。

（三）建设工程合同争议诉讼解决的挑战

诉讼过程需要投入大量的时间、精力和金钱。当事人需要聘请律师、准备证据材料、参加庭审等，这些都需要支付相应的费用。此外，诉讼周期较长，可能会导致项目延期或带来额外成本负担。诉讼结果具有不确定性，当事人可能面临败诉的风险。一旦败诉，不仅需要承担诉讼费用和赔偿对方损失的责任，还可能对自身的声誉和信誉造成不良影响。

随着建设工程领域的快速发展和合同争议的增多，法院面临的案件数量也在不断增加。然而，司法资源是有限的，法院在处理大量案件时可能面临人手不足、审理周期长等问题。虽然诉讼结果具有强制执行力，但在实际执行过程中可能会面临各种困难。例如，被执行人可能转移财产、逃避执行等，导致判决无法得到有效执行。

（四）完善建设工程合同争议诉讼解决机制的建议

在诉讼前做好调解工作，引导当事人通过协商、调解等非诉讼方式解决争议。这不仅可以降低诉讼成本、缩短争议解决时间，还有助于维护合同关系的稳定性和促进项目的顺利进行。简化诉讼程序、提高诉讼效率是完善诉讼解决机制的重要途径。法院可以通过推行简易程序、加强案件管理、提高审判质量等方式来优化诉讼程序，降低当事人的诉讼成本和风险。

加强对法院审判工作的监督力度，确保司法公正和廉洁。建立健全的司法监督机制，包括审判公开、审判监督、错案追究等制度，防止司法腐败和枉法裁判事件的发生。加大执行工作力度、提高执行效率是保障诉讼结果得到有效执行的关键。法院可以通过建立联合执行机制、加大执行力度、完善执行救助制度等方式来完善执行机制，确保当事人的合法权益得到及时有效的保护。

除了诉讼，还可以推广其他多元化纠纷解决机制如仲裁、调解等。这些机制具有灵活性高、成本低廉、效率高等优点，可以为当事人提供更多的选择。同时，通过加强这些机制之间的衔接和配合，可以形成优势互补、协同发展的良好局面。

四、建设工程合同争议解决中的法律风险与防范

在建设工程领域，合同是项目顺利进行和保障各方权益的基础。然而，由于建设工程的复杂性、长期性和高投入性，合同争议的产生难以避免。这些争议不仅影响项目的进度和成本，还可能对当事人的声誉和利益造成重大损害。因此，在建设工程合同争议解决过程中，识别和防范法律风险显得尤为重要。

（一）建设工程合同争议解决中的法律风险概述

1.法律风险的定义

法律风险是指在合同履行过程中，因违反法律法规、合同条款或操作不当等原因，导致合同一方或双方遭受经济损失或者其他不利后果的可能性。在建设工程合同争议解决中，法律风险贯穿招投标、合同签订、合同履行及争议解决等各个环节。

2.法律风险的主要类型

合同订立风险：包括合同主体资格不合法、合同条款不明确或存在歧义、违反法律法规强制性规定等。

合同履行风险：包括工程质量不达标、工期延误、工程款支付纠纷、变更索赔争议等。

争议解决风险：包括诉讼或仲裁程序复杂、成本高、结果不确定等。

（二）建设工程合同争议解决中法律风险的成因

部分建设单位和施工单位在签订合同时，未对合同条款进行充分磋商和审查，导致合同条款不明确或存在漏洞。此外，一些单位在合同签订前未对对方主体资格进行严格审查，导致与不具备相应资质或信誉不佳的单位签订合同，增加了合同履行风险。在合同履行过程中，部分单位存在管理松懈、监管不力等问题。例如，未严格按照合同约定履行义务、未及时

处理合同履行中的变更和索赔事项、未建立健全的风险预警和防控机制等。这些问题不仅可能导致合同履行出现偏差，还可能引发争议和纠纷。

虽然我国已经建立了相对完善的建设工程法律法规体系，但在实际操作中仍存在一些法律空白和模糊地带。此外，部分法律法规的执行力度不够，导致一些违法违规行为得不到有效遏制。这些因素都将为建设工程合同争议解决带来法律风险。

（三）建设工程合同争议解决中法律风险的表现

因合同主体资格不合法、合同条款违反法律法规强制性规定等原因，导致合同无效或部分无效。此时，当事人需要就合同效力问题进行诉讼或仲裁，增加了争议解决的成本和时间。工程质量是建设工程合同的核心内容之一。然而，在实际施工过程中，由于施工单位管理不善、材料质量不合格等原因，导致工程质量不达标。此时，建设单位和施工单位之间可能会就工程质量问题产生纠纷。

工期延误是建设工程合同中常见的争议之一。由于设计变更、天气因素、材料供应不及时等原因，导致工程无法按期完成。此时，建设单位和施工单位会就工期延误的责任及赔偿问题产生争议和纠纷。工程款支付是建设工程合同中的重要内容之一。然而，在实际履行过程中，由于双方对工程质量、合同条款等存在分歧，导致其对工程款的支付出现争议。此时，合同当事人需要通过诉讼或仲裁等方式解决争议。

（四）建设工程合同争议解决中法律风险的防范措施

在合同签订前，合同当事人应对对方主体资格进行严格审查，确保对方具备相应的资质和信誉；对合同条款进行充分磋商和审查，确保合同条款明确、具体、合法合规。此外，还应建立健全的合同管理制度和流程，确保合同签订过程的合法性和规范性。在合同履行过程中，当事人应严格按照合同约定履行义务，并建立健全的风险预警和防控机制。对于合同履行中的变更和索赔事项，双方应及时处理并保留相关证据。同时，还应加强施工现场管理，确保施工质量和安全。对于可能出现的法律风险点，应提前制定应对措施和预案，以减少风险发生的可能性和影响程度。

政府应加强对建设工程领域法律法规的建设和完善工作，填补法律空白。同时，政府还应加大对违法违规行为的打击力度，提高违法成本，以遏制违法违规行为的发生。此外，政府还应加强对建设工程合同争议解决机制的研究和探索，为当事人提供更加便捷、高效的争议解决途径。

在建设工程合同争议解决中，政府应建立健全的纠纷解决机制。一方面，可以通过调解、仲裁等非诉讼方式解决争议和纠纷，降低争议解决的成本和时间；另一方面，可以加强诉讼与仲裁之间的衔接和配合，形成优势互补、协同发展的良好局面。同时，政府还应加强对仲裁机构和仲裁员的管理和培训，提高仲裁裁决的公正性和权威性。

第二章　建设工程招投标法律问题与应对策略

第一节　招投标程序与法律规定

一、建设工程招投标程序的基本步骤与法定要求

招标文件是招标活动的核心文件，必须严格遵循法律法规的规定，内容全面、明确、具体，不得含有倾向性或排斥潜在投标人的内容。招标文件应当包括招标项目的技术要求、对投标人资格审查的标准、投标报价要求和评标标准等所有实质性要求和条件，以及拟签订合同的主要条款。招标人应当在招标文件中规定实质性要求和条件，并用醒目的方式标明。对于非实质性要求和条件，应规定允许偏差的最大范围、最高项数，以及对这些偏差进行调整的方法。招标人可以在招标文件中要求投标人提交投标保证金。投标保证金不得超过招标项目估算价的2%，且最高不得超过80万元人民币。投标保证金有效期应当与投标有效期一致。投标有效期从提交投标文件截止之日起计算。在投标有效期内，投标人不得要求撤销或修改其投标文件。出现特殊情况需要延长投标有效期的，招标人应当以书面形式通知所有投标人，并延长投标保证金的有效期。

评标委员会由招标人代表和有关技术、经济等方面的专家组成，成员人数为五人以上单数，其中技术、经济等方面的专家不得少于成员总数的三分之二。评标专家应当从依法组建的评标专家库中随机抽取，并严格遵守评标纪律和保密规定。评标方法包括经评审的最低投标价法、综合评估法或法律、行政法规允许的其他评标方法。评标委员会应当按照招标文件

规定的评标标准和方法，对投标文件进行评审和比较，推荐中标候选人或直接确定中标人。招标人应当在中标通知书发出之日起十五日内，按照招标文件与中标人的投标文件订立书面合同。合同的主要条款应当与招标文件和中标人的投标文件的内容一致。招标人和中标人不得再行订立背离合同实质性内容的其他协议。中标人确定后，招标人应当在规定的时间内进行中标公示，公示期一般不少于三日。公示期间，如无异议或异议不成立，招标人应当向中标人发出中标通知书，并同时将中标结果通知所有未中标的投标人。

投标人和其他利害关系人认为招标投标活动不符合法律、行政法规规定的，有权向有关行政监督部门投诉。行政监督部门应当及时调查处理，并将处理结果告知投诉人。各级人民政府及其有关部门应当加强对招标投标活动的监督检查，及时纠正和查处招标投标活动中的违法行为，维护公平竞争的市场经济秩序。

二、建设工程招投标相关法律法规的核心内容

建设工程招投标作为市场经济条件下资源配置的重要方式，其公平、公正、公开的原则直接关系到工程项目的质量、效率和各方当事人的合法权益。为了规范招投标活动，我国制定了一系列相关法律法规，如《中华人民共和国招标投标法》《中华人民共和国招标投标法实施条例》等，这些法律法规共同构成建设工程招投标领域的法律框架。

（一）立法目的与基本原则

建设工程招投标相关法律法规的首要目的是规范招投标活动，保护国家利益、社会公共利益和当事人的合法权益，提高经济效益，保证项目质量。通过明确各方当事人的权利和义务，建立公正、透明的竞争机制，促进资源的优化配置和市场的健康发展。

公开原则：要求招投标活动信息公开，包括招标公告、招标文件、中标结果等，确保所有潜在投标人都能平等地获取相关信息。

公平原则：禁止任何形式的歧视和偏见，确保所有投标人在同等条件下进行竞争。

公正原则：评标过程应当客观、公正，遵循既定的评标标准和方法，确保中标结果的公正性。

诚实信用原则：要求各方当事人诚实守信，不得弄虚作假、串通投标等，维护招投标活动的正常秩序。

（二）招标范围与方式

建设工程招投标的范围广泛，涵盖了房屋建筑、市政工程、交通、水利、电力等各类工程。根据《中华人民共和国招标投标法》及其实施条例的规定，依法必须进行招标的项目主要包括使用国有资金投资、国家融资、国际组织或外国政府贷款或援助资金的项目，以及关系社会公共利益和公众安全的大型基础设施、公用事业项目等。

招标方式主要分为公开招标和邀请招标两种。公开招标是通过公告邀请不特定的法人或其他组织参与投标，而邀请招标则是通过邀请书邀请特定的法人或其他组织参与投标。此外，还有询价采购等其他招标方式，但应用相对较少。公开招标因其透明度高、竞争性强，成为建设工程招投标的主要方式。

（三）招标程序与要求

建设工程招投标的程序一般包括招标准备、发布招标公告或资格预审公告、资格预审（如有）、发售招标文件、投标、开标、评标、定标、中标公示及合同签订等环节。每个环节都有其特定的要求和流程，需要严格遵循。招标文件是招投标活动的核心文件，其编制质量直接影响到招投标活动的成败。招标文件应当内容全面、明确、具体，不得含有倾向性或排斥潜在投标人的内容。招标文件应当包括招标项目的技术要求、对投标人资格审查的标准、投标报价要求和评标标准等所有实质性要求和条件，以及拟签订合同的主要条款。

投标保证金是投标人参与投标竞争时提交的保证金，用于保证投标人按照招标文件的要求参与投标并履行相关义务。投标保证金不得超过招标项目估算价的2%，且最高不得超过80万元人民币。投标有效期从提交投标文件截止之日起计算，在投标有效期内投标人不得要求撤销或修改其投标文件。

（四）评标与定标

评标委员会由招标人代表和有关技术、经济等方面的专家组成，成员人数为五人以上单数，其中技术、经济等方面的专家不得少于成员总数的三分之二。评标专家应当从依法组建的评标专家库中随机抽取，并严格遵守评标纪律和保密规定。评标方法包括经评审的最低投标价法、综合评估法或法律、行政法规允许的其他评标方法。评标委员会应当按照招标文件规定的评标标准和方法对投标文件进行评审和比较，推荐中标候选人或直接确定中标人。评标过程应当客观、公正，确保中标结果的公正性。

评标结束后，招标人应当根据评标委员会的推荐结果确定中标人，并在规定的时间内进行中标公示。中标公示是招投标活动的重要环节之一，旨在接受社会监督并确保中标结果的公正性。中标公示期间如无异议或异议不成立，招标人应当向中标人发出中标通知书并与其签订书面合同。

（五）法律责任与监督

对于违反建设工程招投标相关法律法规的行为，相关法律法规已做出相应的法律责任和处罚措施，如规避招标、泄露招标信息、串通投标等行为都将受到法律的制裁和处罚。这些法律责任和处罚措施旨在维护招投标活动的正常秩序与公平竞争的市场环境。

各级人民政府及其有关部门应当加强对招投标活动的监督检查，及时纠正和查处招投标活动中的违法行为。同时，投标人和其他利害关系人认为招投标活动不符合法律、行政法规规定的，有权向有关行政监督部门投诉。行政监督部门应当及时调查处理，并将处理结果告知投诉人。这种监督机制有助于确保招投标活动的公正性和透明度。

三、建设工程招投标程序中的常见法律问题与风险

在建设工程领域，招投标作为项目启动和资源配置的关键环节，其程序的合法性和规范性直接关系到工程项目的顺利进行、各方权益的保障以及市场秩序的维护。然而，在实际操作中，建设工程招投标程序往往伴随着一系列复杂的法律问题与潜在风险。

（一）招标阶段的法律问题与风险

招标公告是招投标活动的起点，其发布需严格遵守相关法律法规。若招标公告内容不全面、条件设置不合理或信息发布渠道不当，可能导致潜在投标人无法及时、准确地获取招标信息，从而引发法律纠纷。例如，公告中未明确列出项目的技术要求、资格条件或评标标准，或公告发布时间过短，均可能被视为对潜在投标人的不公平对待。

招标文件的编制质量直接影响招投标活动的公正性和透明度。若招标文件存在表述不清、条款矛盾、标准模糊等问题，不仅会增加投标人理解和执行的难度，还可能影响成为后续合同履行的焦点。此外，招标文件中的歧视性条款、不合理的评标标准或过高的保证金要求等，也可能违反相关法律法规，进而导致引发投诉和诉讼。

（二）投标阶段的法律问题与风险

投标人的资格条件是确保招投标活动顺利进行的重要前提。若投标人未满足招标文件规定的资格条件而参与投标，或提供虚假资料以骗取投标资格，均可能面临法律制裁。同时，招标人也需对投标人的资格进行严格审查，避免因疏忽或故意放纵不合格投标人参与投标而引发法律风险。

投标文件的编制需严格按照招标文件的要求进行，包括格式、内容、密封等方面。若投标文件存在遗漏、错误或未按时提交等情况，可能就会导致投标被视为无效。此外，投标文件中涉及的技术方案、报价等关键信息若存在虚假或误导性陈述，就会可能引发法律纠纷和合同风险。

（三）开标、评标与定标阶段的法律问题与风险

开标是招投标活动的重要环节之一，其程序需公开、透明。若开标过程中存在违规操作、泄露投标信息等行为，将严重影响招投标活动的公正性。例如，未按照规定的时间和地点进行开标、未邀请所有投标人参加开标等行为，均可能引发法律争议。评标是确定中标人的关键环节，其公正性直接关系到招投标活动的成败。若评标委员会成员存在利益冲突、未按照招标文件规定的评标标准和方法进行评标、泄露评标信息等行为，均可能导致评标结果不公正。这不仅会损害其他投标人的合法权益，还可能引

发法律诉讼和赔偿责任。

定标是招投标活动的最终环节，也是法律风险的高发期。若招标人在定标过程中违反相关法律法规或招标文件的规定，如擅自改变中标结果、拒绝与中标人签订合同等行为，均可能引发法律纠纷和赔偿责任。同时，中标人也需严格履行招标文件中的承诺和约定，避免因违约而引发的法律风险。

（四）后续合同管理阶段的法律问题与风险

合同签订是招投标活动的延续和成果体现。若合同内容未充分反映招标文件和中标通知书的要求和承诺，或存在显失公平、模糊不清等条款，均可能导致合同在履行过程中产生争议。此外，若合同签订过程中存在违规操作或违法行为（如未经招标程序直接签订合同等），也将面临法律制裁和合同无效风险。

合同履行是招投标活动的最终目的和归宿。然而，在合同履行过程中往往会出现各种不可预见的风险和挑战，如设计变更、工期延误、质量问题等。这些风险不仅会影响工程项目的顺利进行和各方的权益，还可能引发法律纠纷和赔偿责任。因此，合同双方需加强沟通协调和风险管理，确保合同得到全面、有效的履行。

第二节 招投标文件的编制与审查

一、建设工程招投标文件编制的要求与规范

建设工程招投标作为市场经济条件下资源配置的重要方式，其文件的编制直接关系到招投标的公正性、公平性和透明度。一份完善、规范的招投标文件不仅能够确保项目的顺利进行，还能有效避免后续可能出现的纠纷和争议。

（一）招投标文件编制的原则

公开、公平、公正原则：招投标文件必须公开透明，不得设置不合理

的条件限制或排斥潜在投标人，确保所有符合条件的投标人均能平等参与竞争。

诚实信用原则：招标人应确保提供的工程信息真实可靠，特别是工程项目的审批、资金来源和落实情况等，不得有虚假陈述或误导性信息。

一致性原则：招标文件中的工程情况和要求应与资格预审文件内容保持一致，避免出现相互矛盾或模糊不清的情况。

系统完整性原则：招标文件应系统、完整、准确地反映工程的规模、性质、商务和技术要求等内容，确保投标人能够全面了解项目情况。

合规性原则：招投标文件的编制必须严格遵守国家招标投标法律、法规和部门规章的规定，确保其合法合规。

（二）招投标文件编制的具体要求

1.招标文件的内容要求

项目概况：详细描述项目的背景、目的、建设地点、建设规模、建设内容、投资估算等基本情况。

招标范围：明确招标项目的具体范围，包括工程、货物或服务的具体内容、数量、规格、技术要求等。

技术要求：详细列出项目的技术要求、质量标准、验收标准等，确保投标人能够准确理解并满足项目需求。

评标办法：明确评标标准、评标方法、评标程序等，确保评标过程公正、透明。

合同条款：包括合同的主要条款、双方的权利和义务、违约责任等，为后续的合同签订和执行提供依据。

2.投标文件的编制要求

格式规范：投标人应按照招标文件提供的格式和要求编制投标文件，确保文件格式统一规范。

内容完整：投标文件应包含投标函、投标报价、施工组织设计、技术标、商务标等所有必要的内容，确保评委能够全面了解投标人的综合实力和方案。

真实准确：投标文件中的所有内容必须真实准确，不得有虚假陈述或误导性信息。投标报价应合理确定，充分考虑施工成本、管理费用、利润等因素。

密封提交：投标文件应按照招标文件的要求进行密封和标记，确保在开标前保持密封状态。

按时送达：投标人应严格按照招标文件规定的时间和地点提交投标文件，逾期送达的投标文件将被拒收。

（三）招投标工作的规范流程

1.前期准备

明确招标需求：招标人应明确项目的具体需求和目标，确定招标范围和方式。

编制招标文件：招标人组织相关人员编制招标文件，确保文件内容全面、准确、合规。

审核招标文件：招标文件编制完成后，应组织专家或相关部门进行审核，确保文件无遗漏、无错误。

2.发布招标公告

招标人通过公开媒介发布招标公告，邀请潜在投标人参与投标。公告内容应包括招标人名称、项目概况、招标范围、投标资格要求、投标文件递交截止时间等关键信息。

3.投标文件的编制与提交

阅读招标文件：投标人应认真阅读招标文件，了解项目需求和投标要求。

编制投标文件：投标人按照招标文件的要求编制投标文件，确保内容完整、真实准确。

密封提交：投标人将投标文件密封后，按照招标文件规定的时间和地点提交。

4.开标与评标

开标：招标人按照招标文件规定的时间和地点组织开标，当众开启投标文件，宣读投标人名称、投标报价等关键信息。

评标：评标委员会按照招标文件规定的评标标准和办法进行评标，确定中标候选人。

5.中标与合同签订

中标通知：招标人向中标人发出中标通知书，通知其中标结果。

合同签订：中标人与招标人按照招标文件和中标通知书的规定签订合同，明确双方的权利和义务。

（四）招投标文件编制的注意事项

确保信息的真实性和准确性：招投标文件中的所有信息必须真实可靠，不得有虚假陈述或误导性信息。

遵守法律法规：招投标文件的编制必须严格遵守国家有关招标投标的法律、法规和部门规章的规定，确保合法合规。

注重细节和规范性：招投标文件的编制应注重细节和规范性，确保文件格式统一、内容完整、表述清晰。

加强沟通与协调：在招投标过程中，招标人与潜在投标人之间应加强沟通与协调，及时解答投标人的疑问，确保信息畅通无阻，避免因误解或沟通不畅而导致出现投标失误。

合理设置评标标准：评标标准是衡量投标人优劣的关键，应科学合理设置，既要考虑价格因素，也要注重技术实力、施工经验、企业信誉等非价格因素，确保选出综合实力强、能够满足项目需求的投标人。

保密工作：招投标过程中涉及的商业秘密、技术秘密等信息应严格保密，防止泄露给未授权的第三方，以免损害招标人或投标人的合法权益。

应对异议与投诉：在招投标过程中，可能会遇到投标人对招标文件、开标过程、评标结果等方面的异议或投诉。招标人应建立健全的异议与投诉处理机制，及时、公正地处理相关问题，维护招投标活动的公正性和权威性。

电子招投标的应用：随着信息技术的不断发展，电子招投标逐渐成为趋势。在编制招投标文件时，应考虑电子招投标的特殊要求，如电子文件的格式、签名认证、加密传输等，确保电子招投标活动的安全、高效进行。

注重可持续发展：在编制招标文件时，应关注环境保护、节能减排等可持续发展要求，鼓励投标人采用绿色、环保的施工技术和材料，推动建筑行业的绿色发展。

持续改进与优化：招投标文件的编制是一个不断优化和完善的过程。招标人应根据实践经验、法律法规的变化以及市场需求的变化，及时调整和完善招投标文件的内容和要求，提高招投标活动的质量和效率。

二、建设工程招投标文件审查的程序与标准

在建设工程领域，招投标作为项目启动前的重要环节，其文件的审查工作不仅关乎项目的合法合规性，还直接影响到项目的后续实施效果及各方权益的保障。因此，建立一套科学、严谨、高效的招投标文件审查程序与标准显得尤为重要。

（一）审查程序

1.接收与登记

招标人或其委托的代理机构需设立专门的接收窗口或系统，接收投标人提交的招投标文件。接收时，应对文件的完整性、密封性、提交时间等进行初步检查，并详细记录文件提交的时间、投标人信息、文件份数等关键信息，为后续审查工作提供基础数据支持。

2.初步审查

初步审查阶段主要对投标文件的格式、完整性、符合性等进行审查。具体包括：

格式审查：检查投标文件是否按照招标文件规定的格式进行编制，包括封面、目录、页码、签章等是否齐全、规范。

完整性审查：确认投标文件是否包含招标文件中要求的所有必要内容，如投标函、报价单、技术方案、资质证明等。

符合性审查：检查投标文件是否满足招标文件中的基本要求，如投标人的资格条件、投标文件的提交时间、地点等是否符合规定。

3.深入审查

通过初步审查的投标文件将进入深入审查阶段，该阶段重点对投标文件的实质性内容进行审查，包括：

技术方案审查：针对技术复杂或专业性强的项目，组织专家对投标文件中的技术方案进行评审，评估其可行性、先进性、经济性等。

报价合理性审查：对比各投标人的报价，分析其合理性，是否存在异常低价或高价现象，必要时可要求投标人进行澄清或说明。

资质与业绩审查：核实投标人的资质证书、业绩证明等材料的真实性、有效性，确保其具备承担项目所需的实力和经验。

4.澄清与答疑

在审查过程中，如发现投标文件存在歧义或不明确之处，招标人应及时通知投标人进行澄清或答疑。澄清与答疑应通过书面形式进行，并作为投标文件的一部分进行存档。

5.评审与推荐

完成所有审查工作后，招标人应组织评审委员会对通过审查的投标文件进行综合评审，根据招标文件规定的评标标准和办法，评选出中标候选人或推荐中标人。评审过程应坚持公正、公平、透明的原则，确保评审结果的客观性和准确性。

6.公示与异议处理

评审结果应依法进行公示，接受社会监督。公示期间，如有投标人或其他利害关系人对评审结果提出异议，招标人应及时受理并按照规定程序进行处理。

（二）审查标准

1.合法性标准

招投标文件必须严格遵守国家法律法规、部门规章以及地方性法规的规定，确保招投标活动的合法合规性。具体包括：

程序合法：招投标活动必须按照规定的程序进行，包括招标公告的发布、投标文件的提交、开标、评标、中标公示等环节。

内容合法：招投标文件的内容不得违反国家法律法规的强制性规定，如不得设置不合理的限制条件、排斥潜在投标人等。

2.完整性标准

招投标文件应包含招标文件要求的所有必要内容，确保信息的全面性和完整性。具体包括：

内容完整：投标文件应涵盖投标函、报价单、技术方案、资质证明、业绩证明等所有必要部分。

信息准确：投标文件中的信息应准确无误，不得有虚假陈述或误导性信息。

3.符合性标准

投标文件应符合招标文件的各项要求，包括资格条件、技术要求、合同条款等。具体包括：

资格符合：投标人应满足招标文件规定的资格条件，如资质等级、注册资本、经营范围等。

技术符合：技术方案应满足招标文件的技术要求，包括工艺路线、设备选型、质量标准等。

商务符合：报价应合理且符合市场规律，合同条款应明确双方的权利和义务，无歧义或模糊之处。

4.竞争性标准

招投标活动应体现充分的市场竞争，促进资源的优化配置。因此，在审查投标文件时，还应考虑其竞争性。

报价竞争力：在合理范围内，报价较低的投标人通常更具竞争力，但需注意防范恶意低价竞标。

技术先进性：采用先进技术和工艺的方案往往能提高项目的质量和效率，增强投标人的竞争力。

综合实力：投标人的综合实力包括资金实力、技术实力、管理实力等，综合实力强的投标人更能保证项目的顺利实施。

5.公平性标准

招投标活动应确保所有符合条件的投标人均能平等参与竞争，避免任何形式的歧视或偏袒。因此，在审查过程中，需严格遵循公平性标准，具体体现在以下几个方面：

确保所有投标人的投标文件均按照统一的评审标准进行评估，避免对不同投标人采用不同的评判尺度，从而确保评审过程的公正性和公平性。

招标人应确保招投标活动的信息透明公开，包括招标文件的发布、投标文件的接收与审查、评审结果的公示等，让所有参与者都能及时获取相关信息，减少信息不对称现象，提高招投标活动的透明度。

在招投标文件审查过程中，应严格遵守回避制度，确保与投标人有直接利害关系的人员不参与审查工作，防止利益冲突影响审查结果的公正性。

建立健全的投诉处理机制，对于投标人或其他利害关系人提出的合理投诉，应及时受理并依法依规进行调查处理，既确保投诉人的合法权益得到保护，同时也维护了招投标活动的公平性。

（三）审查中的注意事项

招投标活动具有严格的时限要求，包括投标文件的提交时间、澄清答疑的时间、评审结果的公示时间等。在审查过程中，应严格遵守这些时限要求，确保招投标活动的顺利进行。招投标活动中涉及的信息具有一定的敏感性，如投标人的报价、技术方案等。在审查过程中，应做好保密工作，防止敏感信息泄露给未授权的第三方，保护投标人的合法权益。

在招投标文件审查过程中，可能会遇到一些特殊情况，如突发事件导致评审工作无法按期进行、投标文件存在重大遗漏或错误等。此时，招标人应灵活应对，及时与相关部门和投标人沟通协调，寻找合适的解决方案。招投标文件审查是一个不断优化和提升的过程。招标人应总结每次招投标活动的经验教训，不断完善审查程序和标准，提高审查工作的质量和效率。同时，也应关注行业发展趋势和法律法规的变化，及时调整审查策略和方法，以适应市场需求的变化。

三、建设工程招投标文件编制与审查中的法律风险与防范

建设工程招投标是建设项目施工合同的起始阶段，具有基础性、关键性作用。在这一阶段，招投标文件的编制与审查不仅关乎项目的顺利进行，还直接关系到合同双方的权益及其可能面临的法律风险。

（一）招投标文件编制中的法律风险

招标公告作为要约邀请，其内容和发布方式均需严格遵守法律法规。如果招标公告内容不详细、语言表达不严密，或者未通过国家指定的媒体发布，就可能导致缔约过失责任，甚至会被有关行政管理机关或人民法院撤销招标文件或宣布招标行为无效。因此，招标公告的编制必须确保质量和广泛性，语言表述清晰无歧义，发布渠道合法合规。招标文件是投标人准备投标文件、参与投标的依据，也是评标、定标的重要依据。如果招标文件编制不规范、内容不完整或存在歧义，将直接影响投标人的投标行为和中标后的合同履行。例如，招标文件中关于资质要求、技术规格、合同条款等内容的表述必须清晰明确，不得有模糊或歧义之处。此外，招标文件还需符合相关法律法规的规定，如《招标投标法》《工程建设项目施工招标投标办法》等。

（二）招投标文件审查中的法律风险

在投标资格预审阶段，招标人需对潜在投标人的资质、技术、财务等进行严格审查，以确保其符合项目要求。如果审查不严，导致不符合条件的投标人参与投标，将影响项目的正常进行，甚至引发法律纠纷。因此，招标人需严格按照法律法规和招标文件的要求进行资格预审，确保审查的公正性和准确性。

评标是招投标活动的关键环节，也是法律风险的高发区。在评标过程中，招标人需严格按照招标文件规定的评标标准和方法进行评审，确保评标过程的公正、公平和透明。如果评标过程中出现废标、重新评标、改变评选规则等情况，则需依法依规进行，并保留相关证据。此外，还需注意防范投标人之间的串通投标行为，确保评标结果的合法性和有效性。

（三）法律风险防范措施

建设工程招投标活动涉及众多法律法规，如《招标投标法》《建筑法》《合同法》等。因此，参与招投标活动的各方需加强法律法规学习，确保自己的行为合法合规。特别是招标人和招标代理机构需熟悉相关法律法规的规定与操作流程，确保招标文件的编制和审查符合法律要求。建立健全招投标文件编制与审查制度，明确各方职责和操作流程。招标人需制订详细的招标文件编制计划和明确审查流程，确保招标文件的编制质量和审查效率。同时，还需加强对招标文件的内部审核和外部审查，确保招标文件的合法性和有效性。

在投标资格预审阶段，招标人需严格按照法律法规和招标文件的要求进行审查，确保潜在投标人的资质、技术、财务等符合项目要求。在评标过程中，需严格按照招标文件规定的评标标准和方法进行评审，确保评标过程的公正、公平和透明。同时，还需加大对投标人之间串通投标行为的防范和打击力度，确保评标结果的合法性和有效性。中标后，招标人和中标人需按照招标文件与中标人的投标文件订立书面合同。在合同签订过程中，需对合同内容进行全面磋商和明确约定，避免条款内容产生歧义或前后矛盾。同时，还需加大合同管理和履约监管力度，确保合同双方按照合同约定履行各自义务。对于合同履行过程中出现的变更或纠纷问题，双方需及时协商解决并保留相关证据以备后续处理。

参与招投标活动的各方需提高风险防范意识，加强对招投标过程中可能出现的法律风险的识别和防范。特别是招标人和招标代理机构需建立健全风险预警机制与应急处理机制，及时发现并妥善处理可能出现的法律风险问题。同时，还需加大对内部人员的培训和管理力度，增强其法律意识，提高其职业素养水平。

第三节 招投标过程中的不正当竞争行为

一、建设工程招投标过程中的不正当竞争行为的定义与分类

在建设工程领域，招投标作为项目发包与承包的主要方式，其公正性、公平性和透明度直接关系到工程项目的质量、工期和成本，进而影响社会公共利益和经济发展的稳定性。然而，在实际操作中，不正当竞争行

为时有发生，严重扰乱了市场秩序，损害了相关当事人的合法权益。

（一）不正当竞争行为的定义

不正当竞争行为，在工程招投标领域，通常被称为"串通招投标"或"不正当竞争招投标"。它是指招标者与投标者之间或者投标者与投标者之间，采用不正当手段，对招标投标事项进行串通，以排挤竞争对手或损害招标者利益的行为。这种行为违反了我国《反不正当竞争法》及《招标投标法》等相关法律法规的规定，扰乱了正常的市场竞争秩序，应当受到法律的制裁。

（二）不正当竞争行为的分类

不正当竞争行为在建设工程招投标过程中表现形式多样，根据其主体和手段的不同，可以大致分为以下几类：

1.投标者之间的串通投标

投标者之间的串通投标是指多个投标人在投标过程中，通过私下协商、约定等方式，共同操纵投标报价或中标结果，以排挤其他竞争对手的行为。这种行为的具体表现形式包括：

一致抬高或压低投标报价：投标者之间相互约定，共同抬高或压低投标报价，以控制中标价格或排挤其他投标人。

轮流中标：投标者之间约定，在多个项目中轮流以高价或低价中标，确保各自利益的最大化。

内部竞价：投标者之间先进行内部竞价，确定中标人后再参与正式投标，使招投标流于形式。

信息共享：投标者之间共享投标信息、技术方案等敏感信息，以提高各自的中标几率。

2.投标者与招标者之间的串通投标

投标者与招标者之间的串通投标是指招标人在招投标过程中，利用自身地位或职权，与特定投标人进行私下交易或勾结，以操纵中标结果或损害其他投标人的利益。这种行为的具体表现形式包括：

泄露标底：招标人向特定投标人泄露标底或其他重要信息，使其能够制订更有竞争力的投标方案。

协助撤换标书：招标人在开标前协助特定投标人撤换标书或更改报价，以调整中标结果。

故意引导性提问：招标人在要求投标人就标书澄清事项时，故意提出引导性问题，以促成特定投标人中标。

差别对待：招标人在评审标书时，对同样的标书实行差别对待，给予特定投标人更高的评分或更优惠的条件。

私下补偿：招标人与特定投标人商定，在招投标时压低或抬高标价，中标后再给予额外补偿。

3.其他形式的串通投标

除了上述两种主要形式，还存在一些其他形式的串通投标行为，如通过中介机构进行串通、利用关联企业参与投标等。这些行为同样会违反公平竞争原则，应当受到法律的制裁。

（三）不正当竞争行为的危害

不正当竞争行为在建设工程招投标过程中的危害是多方面的，具体如下：

损害公平竞争：不正当竞争行为破坏了招投标市场的公平竞争机制，使优秀的投标人无法获得应有的机会，导致资源配置效率低下。

损害招标人利益：串通投标行为往往导致中标价格偏离市场价值，增加招标人的项目成本，降低了项目的经济效益。

损害投标人利益：对遵守规则的投标人而言，不正当竞争行为剥夺了他们的公平竞争机会，损害了他们的合法权益。

影响工程质量：串通中标往往导致中标单位不具备相应的技术实力和管理水平，从而影响工程项目的质量和安全。

滋生腐败现象：不正当竞争行为往往与权钱交易、利益输送等腐败现象紧密相连，严重破坏了社会风气。

（四）防范措施

为了有效防范建设工程招投标过程中的不正当竞争行为，需要采取以下措施：

完善法律法规：加强相关法律法规的制定和完善工作，明确不正当竞争行为的界定和法律责任的追究机制。

提高监管力度：建立健全招投标监管体系，加强对招投标活动的全过程监管和检查力度，及时发现和查处不正当竞争行为。

提高透明度：推进招投标信息公开工作，确保招投标活动的公开、公平和透明性，减少信息不对称现象的发生。

加强宣传教育：加强对招投标相关法律法规的宣传教育工作，提高参与招投标活动人员的法律意识和职业素养水平。

建立信用体系：建立健全招投标信用体系，对参与招投标活动的单位和个人进行信用评价和记录管理，对存在不良信用记录的单位和个人实施联合惩戒措施。

二、不正当竞争行为在建设工程招投标中的表现形式

在建设工程领域，招投标作为资源配置和市场竞争的重要手段，其公正性、公平性和透明度对保障工程质量、维护市场秩序、促进经济发展具有重要意义。然而，不正当竞争行为在招投标过程中的滋生与蔓延，不仅损害了相关当事人的合法权益，还会扰乱市场秩序，阻碍了行业的健康发展。

（一）信息操纵与不对称

1.信息泄露

信息泄露是不正当竞争行为中最为常见且危害严重的一种形式。在招投标过程中，招标人、代理机构或评审专家可能因利益驱动，将招标项目的关键信息（如标底、评分标准、评委名单等）提前泄露给特定投标人，使其能够有针对性地准备投标文件，从而增加中标概率。这种行为严重破坏了招投标的公平性和透明度，使其他投标人在不知情的情况下处于劣势地位。

2.信息封锁

与信息泄露相反，信息封锁是指招标人或代理机构故意限制或阻止潜在投标人获取必要的招投标信息，如招标公告发布不及时、不全面，或故意设置障碍使某些投标人难以获取完整的招标文件。这种行为同样违反了

公平竞争原则，剥夺了潜在投标人参与竞争的机会。

（二）串通投标

串通投标是不正当竞争行为中最为恶劣的一种形式，它直接破坏了招投标的市场竞争机制。串通投标可以分为投标者之间的串通和投标者与招标者之间的串通两种类型。

1.投标者之间的串通

投标者之间的串通主要表现为以下几个方面：

协议报价：多个投标人事先约定好投标价格或报价策略，以确保某一特定投标人中标。这种行为不仅损害了招标人的利益，也剥夺了其他投标人的公平竞争机会。

轮流中标：投标者之间达成协议，轮流在多个项目中中标，以共享市场份额和利润。这种行为不仅破坏了市场竞争秩序，还可能导致工程质量下降。

信息共享：投标者之间共享投标信息、技术方案等敏感资料，以提高各自的中标概率。这种行为同样违反了公平竞争原则。

2.投标者与招标者之间的串通

投标者与招标者之间的串通主要表现为以下几个方面：

泄露标底：招标人向特定投标人泄露标底或其他关键信息，使其能够制订更有竞争力的投标方案。

量身定做：招标人在编制招标文件时，故意设置有利于特定投标人的条件或要求，以排除其他竞争对手。

私下补偿：招标人与特定投标人达成私下协议，约定中标后给予其额外的经济利益或其他好处。

（三）虚假投标与恶意竞争

1.虚假投标

虚假投标是指投标人在投标过程中提供虚假信息或伪造资质证书等文件，以骗取中标资格的行为。这种行为不仅损害了招标人的利益，还可能对工程质量造成严重影响。虚假投标的表现形式多种多样，如虚构企业业绩、伪造技术人员资格证书、虚报财务状况等。

2.恶意竞争

恶意竞争是指投标人为了中标而不择手段地采取各种不正当手段排挤竞争对手的行为。这种行为包括但不限于：

恶意压价：投标人为了中标而故意压低报价，甚至低于成本价，以牺牲质量和服务为代价争夺市场份额。

诋毁对手：投标人通过散布谣言、捏造事实等方式诋毁竞争对手的声誉和形象，以削弱其竞争力。

干扰评标：投标人在评标过程中采取不正当手段干扰评委的评审工作，如贿赂评委、提供虚假证明材料等。

（四）行政干预与权力寻租

1.行政干预

行政干预是指政府部门或相关机构利用行政权力对招投标活动进行不当干预的行为。这种干预可能表现为指定中标人、限制投标范围、干预评标过程等。行政干预不仅破坏了招投标的公平竞争机制，还可能导致权力寻租和腐败现象的发生。

2.权力寻租

权力寻租是指招标人、代理机构或评审专家等利用手中的权力为自己或他人谋取私利的行为。在招投标过程中，权力寻租可能表现为收受贿赂、提供便利条件、故意偏袒特定投标人等。这种行为严重损害了招投标的公正性和透明度，破坏了市场竞争秩序。

（五）防范措施与建议

为了有效防范和治理不正当竞争行为在建设工程招投标中的发生，需要采取以下措施：

加强法律法规建设：完善招投标相关法律法规体系，明确不正当竞争行为的界定和法律责任追究机制。

提高透明度与公开性：加强招投标信息公开工作，确保招投标活动的全过程公开透明；建立健全投诉举报机制，鼓励社会各界参与监督。

加强监管与执法力度：建立健全招投标监管体系，加大对招投标活动的全过程监管和检查力度；加大执法力度，对发现的不正当竞争行为依法依规进行严肃处理，形成有效的震慑作用。

完善评标机制：优化评标标准和流程，确保评标过程公正、科学、透明。引入第三方专业机构进行评标，减少人为因素的干扰，提高评标结果的客观性和准确性。同时，加强对评委的培训和管理，提高其专业素养和职业道德水平。

强化信用体系建设：建立健全招投标信用体系，对参与招投标活动的单位和个人进行信用评价与记录管理。对存在不良信用记录的单位和个人，实施联合惩戒措施，限制其参与招投标活动，提高其违法成本。

推动信息化建设：利用现代信息技术手段，推动招投标活动的信息化、网络化、智能化。建立电子招投标平台，实现招投标信息的在线发布、在线报名、在线投标、在线开标、在线评标等功能，提高招投标活动的效率和透明度。同时，利用大数据、人工智能等技术手段，对招投标活动进行实时监测和分析，及时发现和预警不正当竞争行为。

加强教育与宣传：加强对招投标相关法律法规的宣传教育，提高参与招投标活动人员的法律意识和职业素养。通过开展培训班、研讨会、案例分享等多种形式的活动，普及招投标知识，传播公平竞争理念，营造良好的招投标环境。

建立举报奖励制度：鼓励社会各界积极参与招投标活动的监督，建立举报奖励制度。对提供有效线索并帮助查处不正当竞争行为的个人或单位，给予一定的物质奖励或精神鼓励，激发社会监督的积极性。

加强国际合作与交流：借鉴国际先进经验，加强与国际组织和其他国家的合作与交流，共同打击跨国招投标中的不正当竞争行为。通过参与国际规则制定、分享成功案例等方式，提升我国在国际招投标领域的影响力和话语权。

完善内部管理机制：对招标人、代理机构等组织而言，应建立健全内部管理机制，加强内部管理和监督。通过制定严格的规章制度、加强人员培训和管理、建立内部审计机制等方式，确保招投标活动的公正、公平和透明。同时，加强与纪检监察部门的沟通协调，及时报告和处理内部发现的违法违纪问题。

三、建设工程招投标过程中不正当竞争行为的法律责任与后果

在建设工程领域，招投标作为项目启动与资源分配的关键环节，其公正性、公平性和透明度直接关乎市场健康、工程质量乃至社会公共利益。然而，不正当竞争行为在招投标过程中的频繁出现，不仅扰乱了市场秩序，还会严重损害相关方的合法权益。

（一）不正当竞争行为的定义与类型

不正当竞争行为，是指在市场竞争中，经营者采取违反商业道德、法律法规的手段，损害其他经营者合法权益，扰乱市场经济秩序的行为。在建设工程招投标领域，不正当竞争行为包括但不限于信息操纵、串通投标、虚假投标、恶意竞争、行政干预与权力寻租等。这些行为均违背了公平竞争原则，对招投标活动的正常进行造成了负面影响。

（二）法律责任分析

对于不正当竞争行为，受害者有权依据《民法典》等相关法律法规，向侵权者提起民事诉讼，要求赔偿因不正当竞争行为所造成的经济损失。在招投标过程中，若某投标人通过不正当手段中标，其他未中标投标人均可主张其投标权受到侵害，要求赔偿因准备投标而支出的费用、丧失的商业机会等损失。此外，招标人若因接受贿赂或故意泄露信息而导致招投标结果不公，也可能面临来自投标人或第三方的民事赔偿请求。行政责任是指由行政机关对违反行政法律法规的行为人依法给予的行政制裁。在建设工程招投标领域，不正当竞争行为往往也会触犯《招标投标法》《反不正当竞争法》等行政法律法规。行政机关可对违法者处以警告、罚款、没收违法所得、取消投标资格、吊销营业执照等行政处罚。例如，对于串通投标行为，行政机关可依据相关规定，对参与串通的投标人和招标人进行高额罚款，并取消其一定期限内的投标资格；对于虚假投标行为，则可没收其虚假投标文件，并禁止其在一定期限内参与招投标

活动。

在部分情况下，不正当竞争行为可能构成犯罪，从而引发刑事责任。例如，串通投标行为若情节严重，可能构成串通投标罪，依法应追究刑事责任。此外，若不正当竞争行为涉及贪污受贿、行贿受贿等腐败行为，还可能触犯刑法中关于贪污贿赂犯罪的规定。对于构成犯罪的不正当竞争行为，司法机关将依法追究行为人的刑事责任，包括有期徒刑、拘役、罚金等刑罚。

（三）后果分析

不正当竞争行为破坏了招投标市场的公平竞争机制，使优质企业难以通过正常竞争获得项目，而劣质企业则可能通过不正当手段中标。这不仅损害了市场主体的合法权益，还降低了市场资源配置的效率和质量。长此以往，将严重阻碍建设工程行业的健康发展。不正当竞争行为往往与工程质量问题紧密相连。为了中标，部分投标人可能采取低价竞标策略，忽视工程质量与安全管理。一旦中标，这些投标人可能就会在施工过程中偷工减料、以次充好，从而引发工程质量问题和安全事故。这不仅会损害业主和消费者的利益，还可能对社会造成重大危害。

不正当竞争行为破坏了社会信用体系的建设。在招投标过程中，诚信是参与者的基本准则。然而，不正当竞争行为却违背了这一准则，损害了相关方的利益。当市场主体普遍缺乏诚信时，整个社会的信用体系将受到严重冲击，进而影响经济的可持续发展。不正当竞争行为往往会伴随法律纠纷与诉讼的产生。受害者为了维护自身权益，不得不通过法律途径寻求救济。这不仅增加了诉讼成本和时间成本，还可能使相关企业商誉损失和市场份额减少。同时，法律纠纷的频发也将进一步加剧市场的不稳定性和不确定性。

不正当竞争行为可能阻碍行业技术创新与发展。在公平竞争的市场环境下，企业为了获得竞争优势会不断研发和创新。然而，在不正当竞争行为的影响下，部分企业可能更倾向通过不正当手段获取项目而非通过技术创新提升其竞争力。这将导致整个行业的技术创新能力下降、创新氛围淡化，进而影响行业的长远发展。

第四节 招投标争议的解决途径

一、建设工程招投标争议的协商与调解机制

在建设工程领域，招投标活动作为项目启动和资源分配的重要环节，其公正性、公平性和透明度直接关系到市场健康、工程质量及社会公共利益。然而，由于招投标过程中涉及多方利益主体，加之信息不对称、规则理解差异等因素，争议与纠纷时有发生。为了有效解决这些争议，维护各方合法权益，建立健全的协商与调解机制显得尤为重要。

（一）协商与调解的定义与重要性

1.协商的定义

协商，是指在争议发生后，争议双方或多方在平等、自愿的基础上，通过直接对话、交流意见、寻求共识的方式解决争议的过程。在建设工程招投标中，协商是解决争议的首选方式，因为它能够使争议双方保持良好关系，快速有效达成解决方案。

2.调解的定义

调解，是指在争议双方或多方无法自行协商解决争议时，由第三方中立机构或个人介入，依据法律法规、合同条款及行业规范等，通过引导、劝解、说服等方式，帮助争议双方达成和解的过程。调解在建设工程招投标争议解决中同样具有重要意义，它能够为争议双方提供一个公正、中立的平台，促进双方互谅互让，实现双赢或多赢。

3.协商与调解的重要性

（1）维护市场秩序：通过协商与调解机制，可以及时解决招投标过程中的争议，避免争议升级影响市场秩序。

（2）保护各方权益：协商与调解机制能够确保争议双方或多方在平等、自愿的基础上解决争议，保护各方合法权益。

（3）降低解决成本：相比诉讼和仲裁等方式，协商与调解具有成本

低、效率高的优势，能够降低争议解决的经济和时间成本。

（4）促进合作与共赢：协商与调解机制有助于维护争议双方或多方的合作关系，促进双方在未来项目中实现合作与共赢。

（二）协商与调解机制的构建

1.协商机制的构建

（1）建立沟通渠道：在招投标过程中，应建立畅通的沟通渠道，确保争议双方或多方能够及时、有效地交流意见和信息。

（2）明确协商原则：协商应遵循平等、自愿、诚实信用原则，确保争议双方在协商过程中享有平等的权利和地位。

（3）制定协商程序：制定详细的协商程序，包括协商的启动、进行、中止和终止等环节，以及协商结果的确认和执行等事项。

（4）加强协商培训：对参与招投标活动的各方进行协商培训，提高其在协商过程中的沟通能力和问题解决能力。

2.调解机制的构建

（1）设立调解机构：在招投标管理部门或行业协会内设立专门的调解机构，负责处理招投标过程中的争议调解工作。

（2）选拔调解员：选拔具有丰富法律、工程及合同管理知识的专业人员担任调解员，确保调解工作的专业性和权威性。

（3）制定调解规则：制定详细的调解规则，明确调解的适用范围、调解程序、调解协议的效力等事项。

（4）加强调解宣传：通过宣传册、网站等渠道宣传调解机制的优势和效果，提高各方对调解机制的认识和接受度。

（三）协商与调解机制的实施

1.协商的实施

（1）及时启动协商：在争议发生后，争议双方或多方应及时启动协商程序，明确协商的目的和范围。

（2）充分交流意见：在协商过程中，各方应充分交流意见和诉求，寻找共同点和分歧点。

（3）寻求共识：通过协商寻求各方都能接受的解决方案，确保协商结果的公正性和合理性。

（4）履行协商结果：协商达成一致后，各方应严格按照协商结果履行义务和责任。

2.调解的实施

（1）受理调解申请：调解机构在收到调解申请后，应及时审查申请材料的真实性和合法性，并决定是否受理。

（2）组织调解会议：调解机构在受理调解申请后，应组织争议双方或多方参加调解会议，听取各方意见和诉求。

（3）引导调解进程：调解员在调解过程中应发挥引导作用，帮助争议双方或多方理清争议焦点和利益诉求，提出解决方案。

（4）达成调解协议：在调解员的主持下，争议双方或多方应就解决方案达成一致意见并签订调解协议。调解协议应具有法律约束力，各方应严格按照协议履行义务和责任。

（四）协商与调解机制的效果评估与改进

1.效果评估

（1）评估指标：评估协商与调解机制的效果时，可以从解决争议的数量、时间、成本以及满意度等方面入手，设置具体的评估指标。

（2）收集数据：通过问卷调查、访谈等方式收集争议双方或多方对协商与调解机制的评价数据，以及调解机构的工作记录、调解协议的执行情况等数据。

（3）分析总结：对收集到的数据进行整理和分析，评估协商与调解机制在解决建设工程招投标争议中的实际效果，包括成功率、效率、成本效益以及各方的满意度等。

2.改进建议

（1）完善法律法规：根据评估结果，建议相关立法机构进一步完善建设工程招投标领域的法律法规，明确协商与调解的法律地位、程序和效力，为协商与调解机制提供更加坚实的法律保障。

（2）加强调解员队伍建设：针对调解员队伍可能存在的专业知识不足、经验欠缺等问题，建议加强调解员的培训和选拔工作，提高调解员的专业素养和调解能力。同时，建立调解员考核机制，对调解员的工作绩效进行定期评估，确保调解工作的质量和效率。

（3）优化调解程序：在保持调解程序灵活性的同时，建议对调解程序进行进一步优化，明确调解的各个环节和时限要求，提高调解工作的规范性和透明度。同时，加强调解过程中的信息沟通和交流，确保争议双方或多方能够充分了解调解进展和结果。

（4）强化执行力度：针对调解协议执行难的问题，建议加强与法院、仲裁机构等司法部门的协作，建立调解协议快速执行机制。对不履行调解协议的当事人，可以采取法律手段予以制裁，确保调解协议得到有效执行。

（5）推广成功案例：通过宣传和推广协商与调解机制在解决建设工程招投标争议中的成功案例，提高各方对协商与调解机制的认识和信任度。同时，鼓励行业协会、专业机构等积极参与协商与调解工作，形成多元化、立体化的争议解决体系。

二、建设工程招投标争议的仲裁解决程序与要点

在建设工程领域，招投标作为项目启动的关键环节，其过程往往涉及复杂的合同条款、技术规范及多方利益博弈，因此，争议与纠纷难以避免。当协商与调解等非诉讼方式无法有效解决争议时，作为一种专业、高效、保密的争议解决机制，仲裁成为许多建设工程招投标参与方的选择。

（一）仲裁解决程序概述

仲裁，是指争议双方在争议发生前或发生后达成协议，将争议提交给双方选定的第三方（仲裁机构或仲裁员），由其依据一定的仲裁规则和程序，对争议进行审理并作出裁决的争议解决方式。在建设工程招投标争议中，仲裁解决程序主要包括仲裁协议的签订、仲裁申请与受理、仲裁庭的组成、仲裁审理、裁决作出与执行等环节。

（二）仲裁解决程序的具体步骤

仲裁协议是仲裁解决程序的基础，它明确争议双方将争议提交仲裁的

意愿及仲裁事项、仲裁机构等关键信息。在建设工程招投标过程中，通常会在合同中包含仲裁条款，或者在争议发生后通过补充协议的形式签订仲裁协议。仲裁协议的有效性直接影响仲裁程序的启动和裁决的执行，因此，争议双方应确保仲裁协议的内容明确、合法、有效。当争议发生时，一方或双方可根据仲裁协议向约定的仲裁机构提交仲裁申请书及相关证据材料。仲裁机构在收到申请后会进行形式审查，确认仲裁协议的有效性、仲裁请求的明确性以及仲裁机构的管辖权等。若仲裁申请符合受理条件，仲裁机构将予以受理，并通知被申请人及仲裁庭组成人员。

仲裁庭是负责审理仲裁案件的机构，其组成方式通常根据仲裁协议或仲裁机构的规则确定。在建设工程招投标争议中，仲裁庭可能由一名或多名仲裁员组成。仲裁员的选择应充分考虑其专业背景、经验及公正性等因素。仲裁庭组成后，将负责审理案件、调查事实、收集证据、听取双方意见并最终做出裁决。仲裁审理是仲裁程序的核心环节，包括开庭审理、质证辩论、调解等多个阶段。在审理过程中，仲裁庭会组织双方当事人进行证据交换和质证，听取双方的陈述和辩论意见。同时，仲裁庭也会根据案件需要，进行现场勘查、鉴定评估等调查取证工作。在审理过程中，仲裁庭还会积极寻求调解机会，努力促成双方达成和解。

经过审理后，仲裁庭将依据事实和法律做出裁决。裁决书应明确载明仲裁请求、争议事实、裁决理由和结果等内容，并由仲裁员签名并加盖仲裁机构印章。裁决书自做出之日起即发生法律效力，对争议双方具有约束力。若一方不履行裁决书确定的义务，另一方则可以向有管辖权的人民法院申请强制执行。

（三）仲裁解决程序的要点分析

1.仲裁协议的有效性

仲裁协议的有效性是仲裁程序启动的前提和基础。争议双方应确保仲裁协议的内容明确、合法、有效，避免出现因仲裁协议无效而导致仲裁程序无法启动或裁决无法执行的风险。在实践中，争议双方应充分了解仲裁协议的相关法律规定和仲裁机构的仲裁规则，确保仲裁协议符合法定要求。

2.仲裁员的选择与独立性

仲裁员的选择对仲裁结果的公正性和权威性具有重要影响。争议双方应充分考虑仲裁员的专业背景、经验及公正性等因素，选择具有相应资质和能力的仲裁员组成仲裁庭。同时，仲裁员应保持独立性和中立性，不受任何一方当事人的干扰和影响，确保仲裁审理的公正性和客观性。

3.证据的收集与质证

证据是仲裁审理的重要依据和基础。争议双方应充分收集并提交与案件有关的证据材料，并在仲裁庭的组织下进行质证和辩论。在质证过程中，双方应充分发表意见和观点，对对方提交的证据进行质疑和反驳。仲裁庭应根据双方提交的证据和质证情况，综合判断案件事实并做出裁决。

4.调解与和解的促进

调解与和解是解决争议的重要方式之一。在仲裁审理过程中，仲裁庭应积极寻求调解机会，努力促成双方达成和解协议。通过调解和和解方式解决争议，不仅可以降低解决成本和时间成本，还可以维护双方当事人的合作关系和声誉。因此，争议双方应积极配合仲裁庭的调解工作，共同寻求解决争议的最佳方案。

5.裁决的执行与监督

裁决的执行是仲裁程序的最终目的和归宿。争议双方应自觉履行裁决书确定的义务和责任。若一方不履行裁决书确定的义务和责任，另一方可以向有管辖权的人民法院申请强制执行。同时，为了保障仲裁裁决的公正性和权威性，仲裁机构及司法机关还应对仲裁过程及裁决结果进行必要的监督。

仲裁机构内部通常设有监督机制，如仲裁委员会或类似的机构，负责监督仲裁程序的合法性和仲裁员的公正性。如果当事人对仲裁程序或仲裁员的行为有异议，可以向仲裁机构提出书面申请，要求仲裁机构进行调查和处理。尽管仲裁裁决具有终局性，但在特定情况下，当事人仍可通过司法途径对仲裁裁决进行监督和救济。例如，根据《仲裁法》的规定，当事人可以在法定期间内向人民法院申请撤销仲裁裁决或不予执行仲裁裁决。

人民法院在审查后，若发现仲裁裁决存在法律规定的撤销或不予执行的情形，将依法做出相应裁定。

当一方当事人不履行仲裁裁决时，另一方当事人可以向有管辖权的人民法院申请强制执行。申请强制执行时，需提交仲裁裁决书、申请执行书等相关材料。人民法院在审查确认仲裁裁决有效且符合执行条件后，将依法采取强制措施，确保仲裁裁决得以执行。在执行过程中，双方当事人仍有机会通过和解或调解方式解决争议。如果双方达成和解协议或调解协议，并请求人民法院裁定认可该协议的效力，人民法院在审查确认协议合法有效的前提下，将裁定终结执行程序。

（四）仲裁解决程序的优势与挑战

1.优势

专业性与高效性：仲裁员通常具备丰富的专业知识和实践经验，能够迅速准确地把握案件关键，提高争议解决效率。

保密性：仲裁程序通常不公开进行，有利于保护当事人的商业秘密和隐私权益。

灵活性：仲裁程序相对灵活，当事人可以根据需要选择仲裁机构、仲裁员及仲裁规则等。

终局性：仲裁裁决一经做出即具有法律效力，当事人一般不得再就同一争议提起诉讼或申请仲裁。

2.挑战

仲裁协议的有效性风险：仲裁协议的有效性直接影响仲裁程序的启动和裁决的执行。若仲裁协议存在瑕疵或无效情形，可能导致仲裁程序无法顺利进行或裁决无法执行。

仲裁员的选择与公正性：仲裁员的公正性和专业能力对仲裁结果的公正性与权威性具有重要影响。若仲裁员存在偏见或能力不足等问题，可能影响仲裁裁决的公正性和权威性。

执行难度：虽然仲裁裁决具有法律效力，但在实际执行过程中仍可能面临各种困难和挑战，如被执行人财产状况不明、执行程序繁琐等问题可能导致执行效果不佳。

三、建设工程招投标争议的诉讼解决途径与法律依据

在建设工程领域，招投标作为项目启动和承包商选择的关键环节，其过程的规范性和透明度对于确保工程项目的顺利进行至关重要。然而，由于招投标活动的复杂性，以及涉及多方利益的特性，争议难以完全避免。当这些争议无法通过协商、调解等非诉讼方式解决时，诉讼便成为维护当事人合法权益的重要途径。

（一）诉讼解决途径

1.诉讼前的准备

在决定提起诉讼之前，当事人应尝试通过协商、调解等非诉讼方式解决争议。这不仅有助于降低解决争议的成本，还能减少因诉讼带来的时间和资源消耗。然而，当这些非诉讼方式无法奏效时，当事人需做好诉讼准备。

收集证据：证据是诉讼中至关重要的部分，当事人应全面收集与争议相关的证据材料，包括但不限于招标文件、投标文件、中标通知书、施工合同、往来函件、会议记录、现场照片等。这些证据将用于证明争议事实和主张的合法性。

确定诉讼请求：当事人应明确自己的诉讼请求，即希望通过诉讼达到的具体目的，可以是要求确认合同无效、支付工程款、承担违约责任等。

选择管辖法院：根据《民事诉讼法》的规定，建设工程招投标争议可以向工程所在地或被告住所地人民法院起诉。当事人应根据实际情况选择合适的管辖法院。

2.提起诉讼

当事人准备好起诉材料后，应向有管辖权的人民法院提交民事起诉状及相关证据材料。法院在收到起诉状后，将进行形式审查，确认是否符合立案条件。若符合立案条件，法院将予以立案，并通知当事人缴纳诉讼费用。

3.诉讼程序

诉讼程序是诉讼解决争议的核心环节。在诉讼过程中，法院将组织庭

审，听取双方当事人的陈述和辩论，审查证据材料，并依法做出判决。

庭前准备：法院在立案后会组织双方当事人开庭前会议，明确争议焦点，固定证据材料，并尝试进行调解。

开庭审理：若调解不成，法院将组织开庭审理。庭审过程中，当事人应充分行使诉讼权利，如举证、质证、辩论等，以维护自身合法权益。

判决：法院在查明事实、分清责任的基础上，将依法做出判决。判决内容将明确双方当事人的权利和义务，以及争议事项的解决方式。

4.判决的执行

判决生效后，若一方当事人不履行判决义务，另一方当事人可申请法院强制执行。执行过程中，法院将采取查封、扣押、拍卖等措施，确保判决内容得到实现。

（二）法律依据

1.《民事诉讼法》

《民事诉讼法》是解决民事争议的基本法律，为建设工程招投标争议的诉讼解决提供了程序性保障。该法规定了起诉条件、管辖、证据、诉讼程序、判决与执行等方面的内容，为当事人提供了明确的诉讼指引。

2.《招标投标法》

《招标投标法》是规范招标投标活动的重要法律，对招标、投标、开标、评标、中标等各个环节作了明确规定。在建设工程招投标争议中，若争议事项涉及招标投标程序的合法性或合规性，应援引《招标投标法》的相关规定进行评判。例如，该法规定招标人不得与投标人就投标价格、投标方案等实质性内容进行谈判，否则可能影响中标结果的有效性。

3.《民法典》

《民法典》作为民事法律的总纲，对合同、物权、人格权、婚姻家庭、继承等民事关系作了全面规定。在建设工程招投标争议中，若争议事项涉及合同效力、违约责任等民事法律关系，应援引《民法典》的相关规定进行评判。例如，该法规定当事人应当按照约定全面履行自己的义务，若一方不履行或不完全履行合同义务，则应承担违约责任。

4.相关司法解释

最高人民法院针对建设工程施工合同纠纷等问题发布了一系列司法解释，这些司法解释对建设工程施工合同的效力、工程价款的结算、违约责任等问题做出了具体规定，为建设工程招投标争议诉讼提供了重要的法律依据。例如，《关于审理建设工程施工合同纠纷案件适用法律问题的解释（一）》明确了建设工程施工合同无效的情形、工程价款结算的原则和方法、违约责任的承担方式等内容。

（三）诉讼解决途径的优势与局限

1.优势

权威性和强制性：诉讼作为国家司法机关解决争议的方式，具有权威性和强制性。判决结果对双方当事人具有法律约束力，若一方不履行判决义务，另一方可申请法院强制执行。

程序公正：诉讼程序严格遵循法律规定，确保双方当事人在诉讼过程中享有平等的诉讼权利。法院将依法审查证据材料，公正裁决争议事项。

终局性：诉讼是解决争议的最终途径。一旦判决生效，争议事项将得到最终解决，避免争议的长期悬而未决。

2.局限

成本与时间消耗：诉讼过程可能涉及复杂的法律程序和大量的证据审查，这可能导致时间和金钱的显著消耗。对中小企业或急于推进项目的当事人而言，这可能成为一项沉重的负担。

关系破裂：诉讼往往伴随着双方关系的紧张和破裂，尤其是在长期合作或存在多个项目的背景下。即使最终判决得以执行，双方之间的信任与合作基础也可能受到严重损害。

不确定性：尽管法律提供了明确的规则和程序，但诉讼结果仍存在一定的不确定性。法院在解释法律、评估证据和权衡各方利益时，可能受到多种因素的影响，导致判决结果难以预测。

执行难度：即使获得有利的判决，执行也可能面临挑战。被执行人可能采取各种手段逃避执行，如转移财产、隐匿行踪等。此外，跨地区的执行也可能因地方保护主义等原因而受阻。

第五节　招投标合规性管理

一、建设工程招投标合规性管理的重要性与目标

在建设工程领域，招投标作为项目启动和承包商选择的核心环节，其合规性管理对确保工程项目的顺利进行、维护市场秩序、保护各方利益具有至关重要的意义。

（一）建设工程招投标合规性管理的重要性

招投标合规性管理的首要任务是确保整个招投标过程的公平、公正和公开。在合规性管理的框架下，所有潜在投标者都能获得平等的机会，按照既定的规则和标准参与竞争。这有助于防止不正当竞争、权力寻租和腐败行为的发生，维护市场的健康秩序。同时，合规性管理还能提高招标项目的透明度和公信力，增强公众对招投标制度的信任和支持。

招投标合规性管理通过严格遵守相关法律法规和招标文件的要求，为投标者提供了一个公平竞争的平台。这有助于减少虚假标书、操纵投标和低价恶性竞争等不诚信行为的发生，保护投标者的合法权益。同时，合规性管理还能确保中标结果的公正性和合法性，避免因违规行为而导致的合同纠纷和法律诉讼。合规性管理能够规范招投标流程，减少不必要的决策周期和成本浪费。通过明确投标条件、评标标准和合同约定等内容，确保招投标活动在高效、有序的状态下进行。这不仅提高了采购效率，还有助于筛选出实力强、信誉好的承包商，从而保证工程项目的质量和安全。

招投标活动涉及众多法律法规，若未能合规操作，将可能面临严重的法律风险和声誉风险。合规性管理通过建立健全的内部监控机制和风险应对机制，能够及时发现并纠正违规行为，避免法律纠纷的发生。同时，合规性管理还能提升企业的社会形象和品牌信誉，为企业赢得更多的市场机会和合作伙伴。在合规性管理的指导下，企业能够树立正确的经营理念和价值观，加强内部管理和风险控制，提高经营效率和盈利能力。这有助于

企业实现可持续发展，为企业的长期稳健经营奠定了坚实基础。同时，合规性管理还能促进企业之间公平竞争和合作共赢，推动整个行业的健康发展。

（二）建设工程招投标合规性管理的目标

合规性管理的首要目标是构建一个公平、透明、可预期的招投标环境。这要求所有招投标活动都必须严格遵守相关法律法规和招标文件的要求，确保所有潜在投标者都能获得平等的机会和待遇。同时，通过公开招标信息、中标结果和合同履行情况等关键信息，能够提高招投标活动的透明度和公信力，增加公众对招投标制度的信任和支持。合规性管理的核心目标是确保招投标活动的合法性和合规性。这要求企业必须建立完善的合规管理体系和内部监控机制，对招投标活动进行全过程、全方位的监督和管理。通过制定明确的合规标准和流程、加强合规培训和宣传、建立健全的违规处罚机制等措施，确保招投标活动在法律框架内规范有序地进行。

合规性管理致力于提高采购效率和项目质量。通过规范招投标流程、明确投标条件和评标标准、优化资源配置等措施，减少不必要的决策周期和成本浪费，提高采购效率。同时，通过严格筛选承包商、加强合同履行管理等措施，确保工程项目的质量和安全符合既定标准和要求。合规性管理的重要目标之一是保护各方利益并促进合作共赢。在招投标过程中，必须充分考虑并平衡各方利益诉求，确保各方都能在合规的前提下实现自身利益最大化。同时，通过加强沟通协作、建立互信机制等措施，促进投标者之间的竞争与合作，共同推动工程项目的顺利实施和完成。合规性管理的长远目标之一是推动企业合规文化建设。通过加强合规培训和教育、建立健全的合规激励机制和惩罚机制等措施，引导企业员工树立正确的合规意识和价值观，形成全员参与、共同维护的合规文化氛围。这不仅有助于提升企业的整体合规水平和管理水平，还有助于提升企业的社会形象和品牌信誉，为企业赢得更多的市场机会和合作伙伴。

二、建设工程招投标合规性管理的具体内容与要求

在建设工程领域，招投标作为项目启动和承包商选择的关键环节，其

合规性管理直接关系到工程项目的顺利进行、市场秩序的维护以及各方利益的保障。

（一）建设工程招投标合规性管理的具体内容

招投标合规性管理的首要任务是确保所有活动均符合国家和地方相关法律法规的要求。这要求企业建立法律法规识别与更新机制，及时收集、整理和解读与招投标相关的法律法规、政策文件及行业标准，确保企业能够第一时间掌握最新的法律动态。为确保员工能够准确理解和执行相关法律法规，企业需定期组织法律法规培训。培训内容应涵盖招投标法律法规的基本原则、主要条款、操作流程及法律责任等方面，提高员工的法律意识和合规意识。

招标文件是招投标活动的基础性文件，其编制质量直接影响招投标活动的合规性和公正性。招标文件应明确项目概况、招标范围、技术要求、投标资格条件、评标标准、合同条款等内容，确保信息准确、完整、无歧义。招标文件编制完成后，需经过内部审核和外部专家评审等环节，确保招标文件的合法合规性、公平合理性和可操作性。审核过程中应重点关注是否存在违反法律法规的问题，以及是否有歧视性条款或不合理要求等。

对于大型或复杂的工程项目，招标人通常会进行资格预审，以筛选出符合要求的潜在投标人。资格预审应严格按照招标文件规定的资格条件进行，确保所有潜在投标人均能平等参与竞争。在评标过程中，招标人还需对中标候选人的资格进行进一步审查，以确保其具备履行合同的能力。资格后审应重点关注投标人的财务状况、技术实力、信誉记录等方面。

评标标准是评标工作的核心依据，其制定应充分考虑项目的实际情况和招标人的需求。评标标准应明确、具体、可操作性强，并符合法律法规和招标文件的要求。评标过程应公开透明、公平公正。评标委员会成员应独立、客观地进行评审工作，不受任何外部干扰。评标过程中应详细记录评审意见和打分情况，确保评标结果可追溯、可验证。定标决策应基于评标结果和招标人的实际需求进行。招标人应严格按照招标文件规定的定标原则和方法进行决策，确保中标结果合法合规、公正合理。

中标结果确定后，招标人与中标人应按照规定的时间和程序签订书面合同。合同条款应明确双方的权利义务、违约责任及争议解决方式等内容，确保合同内容合法合规、清晰明确。合同履行过程中，双方应严格遵守合同条款的约定，确保工程项目按时、按质、按量完成。同时，双方还应加强沟通协调，及时解决合同履行过程中出现的问题和纠纷。

（二）建设工程招投标合规性管理的要求

企业应建立健全招投标合规性管理制度体系，明确各环节的职责分工、操作流程和风险控制措施。同时，企业还应根据市场变化和法律法规的更新不断完善制度内容，确保制度的有效性和适应性。

招投标活动应坚持信息公开和透明的原则。招标人应及时发布招标公告、招标文件及中标结果等信息，确保所有潜在投标人均能平等获取相关信息。同时，招标人还应加强与社会公众的沟通及交流，及时回应社会关切和质疑。招投标活动应坚持公平公正的原则。招标人应确保所有潜在投标人均能平等参与竞争，不得设置歧视性条款或不合理要求。评标过程中应严格按照评标标准进行评审工作，确保评标结果公正合理。

企业应加强对招投标活动的风险防范与控制工作。通过建立健全的风险预警机制、风险评估机制和风险应对机制等措施，及时发现并消除潜在的风险隐患。同时，企业还应加强对员工的风险教育和培训工作，提高员工的风险意识和应对能力。企业应建立健全招投标活动的监督与检查机制。通过内部监督、外部审计及第三方评估等方式对招投标活动进行全过程、全方位的监督与检查。对发现的违规行为或问题应及时进行整改和处理，确保招投标活动的合规性和公正性。

为确保招投标合规性管理的持续改进，企业应建立有效的反馈机制。这包括收集来自投标者、评标专家、内部员工以及外部监管机构的意见和建议。通过定期召开反馈会议、设立在线反馈平台或进行满意度调查等方式，及时了解各方对招投标活动的看法和感受，为管理优化提供数据支持。企业应定期对招投标合规性管理的绩效进行评估和考核。评估内容可以包括法律法规遵循情况、招标文件编制质量、投标资格审查效率、评标公正性、合同履行情况等方面。通过设定明确的评估指标和考核标准，对管理效果进行量化评价，并根据评估结果及时调整管理策略和优化管理流程。随着信息技术的不断发展，企业应积极推进招投标活动的信息化与数字化建设。通过引入电子招投标系统、大数据分析、人工智能等先进技术，实现招投标活动的在线化、智能化和自动化。这不仅可以提高招投标活动的效率和透明度，还能有效减少人为干预和错误，提高管理的合规性和公正性。招投标合规性管理需要专业的人才支持。企业应注重培养和引进具备法律、工程、管理等多方面知识的复合型人才。通过定期组织培训、开展经验交流、参与行业研讨等方式，提升员工的专业素养和综合能力。同时，企业还应建立健全的激励机制和晋升通道，吸引和留住优秀人才为招投标合规性管理贡献力量。

企业文化是企业发展的灵魂和动力。在招投标合规性管理方面，企业应积极营造合规、诚信、公正的企业文化氛围。通过加强合规宣传教育、树立合规典型和榜样、强化合规意识培养等方式，使员工充分认识到合规性管理的重要性和必要性。同时，企业还应加强与外部社会的沟通和交流，积极宣传企业的合规理念和成果，提高企业的社会形象和品牌信誉。

招投标合规性管理涉及多个部门和环节之间的协作与沟通。企业应建立跨部门协作机制，明确各部门的职责分工和协作流程。通过定期召开协调会议、建立信息共享平台等方式，加强部门之间的沟通与协作。同时，企业还应建立快速响应机制，对招投标活动中出现的问题和纠纷进行及时处理与解决，确保招投标活动的顺利进行。

三、建设工程招投标合规性管理的实施策略与步骤

在建设工程领域，招投标合规性管理不仅是确保项目质量、效率和公平性的基础，也是企业防范法律风险、维护市场信誉的关键环节。

（一）实施策略

首先，企业需明确招投标合规性管理的目标，包括提升招投标活动的透明度、公平性，降低法律风险，增强企业竞争力等。这些目标应与企业整体发展战略相契合，为后续的管理工作提供方向指引。基于明确的管理目标，企业应制订详细的招投标合规性管理战略规划。规划内容应包括管理架构的设计、制度体系的建立、信息化建设的推进、人才培养与引进等

方面。同时，规划应明确各阶段的任务、时间节点和责任人，确保管理工作的有序进行。企业应建立健全招投标合规性管理制度体系，包括招标文件编制规范、投标资格审查标准、评标办法与程序、合同管理制度等。这些制度应全面覆盖招投标活动的各个环节，确保管理工作的有章可循、有据可依。随着市场环境和法律法规的变化，企业应定期对招投标合规性管理制度进行审查和评估。对不适应市场需求或存在漏洞的制度，应及时进行修订和完善。同时，企业还应关注行业最佳实践，借鉴先进经验，不断优化自身的管理制度。

企业应积极引入电子招投标系统，实现招投标活动的在线化、智能化和自动化。电子招投标系统可以大幅提高招投标活动的效率和透明度，减少人为干预和错误，降低管理成本。通过电子招投标系统收集的大量数据，企业可以进行深入的数据分析，挖掘潜在的市场趋势和风险点。这些数据还可以为企业的决策提供支持，帮助企业更加精准地制定招投标策略和风险管理措施。

企业应定期组织招投标合规性管理方面的内部培训，提高员工的专业素养和综合能力。培训内容可以包括法律法规、招投标流程、合同管理、数据分析等方面。通过培训，使员工更加熟悉招投标合规性管理的各项要求，提高工作效率和质量。除了内部培养，企业还应积极引进具备法律、工程、管理等多方面知识的专业人才。这些人才可以为企业带来新的视角和思路，推动招投标合规性管理工作的不断创新和发展。招投标合规性管理涉及多个部门和环节之间的协作与沟通。企业应建立跨部门协作机制，明确各部门的职责分工和协作流程。通过定期召开协调会议、建立信息共享平台等方式，加强部门之间的沟通与协作。为确保招投标合规性管理工作的顺利进行，企业应建立内部监督机制。通过设立独立的监督部门或岗位，对招投标活动进行全过程、全方位的监督与检查。对发现的违规行为或问题，应及时进行整改和处理，确保管理工作的合规性和有效性。

（二）实施步骤

企业应成立由高层领导管理的招投标合规性管理专项工作组，负责整体规划和组织协调工作。工作组应明确成员分工和职责范围，确保各项任务得到有效落实。在正式开展招投标合规性管理工作之前，企业应进行充分的调研与分析工作。这包括了解当前招投标市场的法律法规、政策环境、竞争态势以及企业自身的实际情况等方面。通过调研与分析，为后续的管理工作提供决策依据。

　　基于调研与分析的结果，企业应制订详细的招投标合规性管理方案。方案应明确管理目标、管理策略、实施步骤、时间安排和资源配置等方面的内容。同时，方案还应充分考虑企业的实际情况和需求，确保管理工作的针对性和可操作性。在制订管理方案的基础上，企业应设计招投标合规性管理的具体流程。流程应覆盖招投标活动的各个环节，包括招标文件编制、投标资格审查、评标与定标、合同签订与履行等方面。通过设计科学合理的流程，确保管理工作的有序进行和高效运转。

　　在正式实施招投标合规性管理工作之前，企业应组织宣传与培训工作。通过内部宣传、培训会议等方式，向全体员工普及招投标合规性管理的重要性和相关知识。同时，还应重点培训关键岗位人员，提高他们的专业素养和综合能力。为确保招投标合规性管理方案的顺利实施，企业可以先选择部分项目或部门进行试点。在试点过程中，密切监控实施情况，收集反馈意见，及时发现问题并进行解决。试点成功后，再将成功经验推广到全公司范围，确保整体管理水平的提升。

　　为确保招投标合规性管理工作的有效执行，企业应建立完善的监督机制。这包括设立独立的监督部门或岗位，负责对招投标活动的全过程进行监督和检查。同时，还可以引入外部审计机构，对招投标活动的合规性进行第三方评估。企业应定期对招投标合规性管理工作进行检查和评估。检查内容包括制度执行情况、流程合规性、风险防控措施的有效性等方面。通过定期检查和评估，及时发现问题和不足，并采取相应的解决措施。另外，评估结果还可以作为考核奖惩的依据，激励员工积极参与招投标合规性管理工作。

　　企业应建立有效的反馈机制，积极收集来自投标者、评标专家、内部员工以及外部监管机构的反馈意见。这些意见可以为企业提供宝贵的参考，帮助企业不断优化招投标合规性管理工作。在收集到反馈意见后，企业应对这些意见进行深入分析，找出招投标合规性管理工作中存在的问题和不足。这些问题和不足可能涉及制度设计、流程执行、风险防控等多个方面。

针对发现的问题和不足，企业应制定相应的解决和改进措施。这些措施应具有针对性和可操作性，能够切实解决存在的问题并提升管理工作的效果。同时，企业还应明确改进措施的实施责任人和时间节点，确保改进措施得到有效执行。招投标合规性管理是一个持续优化的过程。企业应保持对市场环境和法律法规变化的敏感度，及时调整管理策略和措施以适应新的要求。同时，企业还应不断总结经验教训，优化管理流程和制度设计，提高管理工作的效率和质量。通过持续优化与完善，企业可以构建一套科学、合理、高效的招投标合规性管理体系，为企业的可持续发展提供有力保障。

第三章 建设工程质量管理法律问题与应对策略

第一节 工程质量标准与法律规定

一、建设工程质量标准的基本内容与要求

建设工程质量标准的基本内容与要求，是确保工程项目在设计、施工、验收及后续使用过程中满足安全、功能、耐久性及美观等多方面要求的重要规范。以下将从多个维度详细阐述其基本内容与要求。

（一）建设工程质量标准的基本内容

1.标准的分类与层次

根据《中华人民共和国标准化法》及其实施条例，建设工程质量标准可分为国家标准、行业标准、地方标准和企业标准四个层次。其中，国家标准在全国范围内具有普遍约束力，是最低要求；行业标准在特定行业内使用，补充国家标准的不足；地方标准适用于某一地区内的特定情况；企业标准则是企业根据自身技术和管理水平制定的，通常高于其他层次的标准。

2.标准的性质

建设工程质量标准按性质可分为强制性标准和推荐性标准。强制性标准是直接涉及工程质量、安全、卫生及环境保护等方面的工程建设标准，必须严格执行；推荐性标准则自愿采用，旨在引导行业技术进步和提升工程质量。

3.标准的具体内容

建设工程质量标准的具体内容涵盖了从设计到施工、从材料到工艺、从检验到验收等各个环节的详细要求。这些要求包括但不限于：

设计标准：确保设计文件符合国家法律法规、技术规范和强制性标准的要求，满足工程的安全性、经济性和功能性需求。

施工及验收标准：对施工过程进行质量控制，确保施工质量符合设计要求和相关标准；同时，对完成的工程进行验收，确保其质量达到合格或优良标准要求。

材料标准：对建筑材料、构配件和设备的质量进行规定，确保其符合设计要求和相关标准，保障工程的安全性和耐久性。

工艺标准：规定施工工艺的流程和操作要求，确保施工过程的规范化和标准化，提高工程质量和施工效率。

检验与试验标准：对施工过程中和完工后的工程进行检验和试验，以验证其质量是否符合相关标准和要求。

（二）建设工程质量标准的基本要求

安全性是建设工程质量的首要要求。工程质量标准必须确保工程在使用过程中不会对人身和财产造成危害。这要求在设计、施工、验收等各个环节中，严格遵守安全生产法律法规和强制性标准，采取有效的安全防护措施，确保工程的安全性。功能性是指工程在使用过程中应满足的特定功能需求。工程质量标准应确保工程在设计功能和使用功能方面达到要求。这要求在设计阶段充分考虑工程的使用需求，制订科学合理的设计方案；在施工阶段严格按照设计方案进行施工，确保工程质量符合设计要求；在验收阶段对工程的使用功能进行全面检查，确保其功能完善、运行正常。

耐久性是指工程在使用过程中应具有一定的抵抗自然环境和使用环境侵蚀的能力。工程质量标准应确保工程在设计使用年限内具有足够的耐久性。这要求在设计阶段选用合适的材料、构配件和设备，采用合理的构造方案和施工工艺；在施工阶段加强质量控制和检验，确保施工质量符合设计要求和相关标准；在验收阶段对工程的耐久性进行评估，确保其满足设计要求和使用年限要求。美观性是指工程在外观上应具有一定的审美价值。虽然美观性不是所有工程都必须具备的要求，但对于一些具有特殊要求的工程（如公共建筑、景观工程等），美观性也是其质量标准的重要组成部分。这要求在设计阶段充分考虑工程的美观性需求，制订科学合理的设计方案；在施工阶段严格按照设计方案进行施工，确保工程外观整洁、美观大方。

环保性是指工程建设和使用过程中应尽量减少对环境的影响和破坏。随着环保意识的提高和法律法规的完善，环保性已成为建设工程质量标准的重要组成部分。这要求在设计阶段充分考虑工程对环境的影响和破坏因素，制定科学合理的环保措施和方案；在施工阶段加强环保管理和监督，确保施工活动符合环保要求；在验收阶段对工程的环保性能进行评估和检查，确保其符合环保标准和要求。

二、建设工程质量相关法律法规的核心条款

建设工程质量相关法律法规的核心条款，是保障建筑工程在设计、施工、验收及后续使用过程中符合安全、功能、耐久性及美观等多方面要求的重要法律基础。这些法律法规不仅规范了各方主体的行为，还明确了相应的法律责任，以确保工程质量得到有效控制。以下将从多个方面详细阐述建设工程质量相关法律法规的核心条款。

（一）总体要求与基本原则

1.总体要求

相关法律法规的首要目的是加强对建设工程质量的管理，保证建设工程质量，保护人民生命和财产安全。这体现在《建设工程质量管理条例》的第一条中，明确指出了制定该条例的目的和重要性。法律法规的适用范围广泛，涵盖了在中华人民共和国境内从事建设工程新建、扩建、改建等有关活动及实施建设工程质量监督管理的各个方面。

2.基本原则

依法建设：所有建设活动必须严格遵守国家法律法规和强制性标准，确保工程建设的合法性和规范性。

质量第一：工程质量是建设工程的生命线，各方主体必须始终把质量放在首位，确保工程质量符合设计要求和相关标准。

责任明确：法律法规明确了建设单位、勘察单位、设计单位、施工单位、工程监理单位等各方主体的质量责任和义务，确保责任到人、责任到岗。

（二）建设单位的责任与义务

1.招标与发包

依法招标：建设单位应当依法对工程建设项目的勘察、设计、施工、监理以及与工程建设有关的重要设备、材料等的采购进行招标，确保选择具有相应资质和能力的单位承担工程建设任务。

禁止肢解发包：建设单位不得将建设工程肢解发包，以避免因分包过多导致的质量问题和责任不清。

2.提供真实资料

提供真实资料：建设单位必须向勘察、设计、施工、工程监理等单位提供与建设工程有关的原始资料，并确保这些资料的真实、准确、齐全。

3.质量监督与验收

办理质量监督手续：建设单位在领取施工许可证或者开工报告前，应当按照国家有关规定办理工程质量监督手续，确保工程建设过程中的质量监督得到有效实施。

组织竣工验收：建设单位收到建设工程竣工报告后，应当组织设计、施工、工程监理等有关单位进行竣工验收，确保工程质量符合设计要求和相关标准后方可交付使用。

（三）勘察、设计单位的责任与义务

从事建设工程勘察、设计的单位应当依法取得相应等级的资质证书，并在其资质等级许可的范围内承揽工程。勘察、设计单位必须按照工程建设强制性标准进行勘察、设计，并对勘察、设计的质量负责。注册建筑师、注册结构工程师等注册执业人员应当在设计文件上签字，对设计文件负责。

（四）施工单位的责任与义务

1.施工质量控制

检验材料、构配件和设备：施工单位必须按照工程设计要求、施工技术标准和合同约定，对建筑材料、建筑构配件、设备和商品混凝土进行检验，检验应当有书面记录和专人签字；未经检验或者检验不合格的，不得使用。

遵守施工规范：施工单位在施工过程中应严格遵守施工规范和操作规程，确保施工质量符合设计要求和相关标准。

2.保修责任

履行保修义务：施工单位在保修期内应对因施工原因造成的质量问题承担保修责任，及时修复质量缺陷并承担相应费用。

（五）工程监理单位的责任与义务

依法监理：工程监理单位应当依照法律、法规以及有关技术标准、设计文件和建设工程承包合同，对施工质量实施监理，并对施工质量承担监理责任。

及时发现并报告问题：工程监理单位在监理过程中发现质量问题的，应及时要求施工单位整改并报告建设单位；情节严重的，应报告有关主管部门。

（六）法律责任与处罚

1.违反法律法规的责任

行政责任：对于违反建设工程质量相关法律法规的行为，相关部门将依法给予警告、罚款、责令停业整顿、降低资质等级或吊销资质证书等行政处罚。

民事责任：因工程质量问题造成他人损害的，相关责任主体应承担相应的民事赔偿责任。

刑事责任：对于构成犯罪的严重违法行为，将依法追究刑事责任。

2.质量终身责任制

建设单位责任：建设单位作为工程质量的第一责任人，依法对工程质量承担全面责任。对于因工程质量问题造成的事故和损失,建设单位应承担相应的法律责任和经济赔偿责任。同时,建设单位还应建立质量终身责任制度,确保工程质量责任的可追溯性。

三、建设工程质量标准执行中的法律问题与风险

建设工程质量标准执行中的法律问题与风险是一个复杂而重要的议题,它直接关系到工程项目的安全性、功能性、耐久性和经济性。以下将从多个方面详细探讨这一问题,包括常见的法律问题、潜在的风险以及应对措施。

(一)建设工程质量标准执行中的法律问题

尽管我国已经建立了相对完善的建设工程质量法律法规体系,但在实际操作中仍可能存在一些法律空白或模糊地带。例如,对于某些新型建筑材料、施工工艺或特殊工程类型,可能缺乏具体的质量标准和规范,导致执法和监督困难。

在工程质量标准执行过程中,有时会出现法律法规执行不力的情况。这可能是由于监管部门人员不足、监管手段有限或监管意识不强等原因造成的。执行不力不仅会导致工程质量问题得不到及时发现和解决,还可能助长违法和违规行为的发生。

建设工程施工合同是工程质量管理的重要依据。然而,在实际操作中,有时会出现合同条款不明确、不全面或存在漏洞的情况。这可能导致在工程质量出现问题时,各方主体难以明确责任归属和赔偿范围,从而引发法律纠纷。

在工程质量事故中,往往涉及多个责任主体,包括建设单位、勘察单位、设计单位、施工单位和工程监理单位等。然而,由于法律责任界定不清或存在争议,有时会导致出现责任追究不力或相互推诿的情况。这不仅会损害受害者的合法权益,还会影响整个建筑行业的健康发展。

(二)建设工程质量标准执行中的风险

技术与环境风险是建设工程质量标准执行中常见的风险之一。这包括

地质地基条件复杂、水文气象条件恶劣、施工准备不充分、设计变更或图纸供应不及时，以及技术规范不明确等。这些风险可能导致施工难度增加、工期延长、成本增加甚至工程质量下降。经济风险主要包括要素市场价格波动、金融市场因素变化以及资金、材料、设备供应不足等。这些风险可能导致工程成本增加、资金链断裂或工程停工等严重后果。特别是在当前全球经济形势复杂多变的情况下，经济风险更加需要引起高度重视。

合同风险主要来自合同条款不明确、不全面或存在漏洞等。这可能导致在工程质量出现问题时，各方主体难以明确责任归属和赔偿范围，从而引发法律纠纷和经济损失。此外，合同风险还可能包括发包人资信不良、分包商选择不当以及履约过程中出现的问题等。管理风险主要包括项目管理不善、施工质量控制不严以及安全管理不到位等。这些风险可能导致工程质量下降、安全事故频发以及工期延误等严重后果。特别是在一些大型复杂工程项目中，管理风险更加需要引起各方主体高度重视。

（三）应对措施与建议

针对法律法规体系不完善的问题，建议加强立法工作，及时修订和完善相关法律法规和标准规范。同时，加强对新型建筑材料、施工工艺和特殊工程类型的研究和规范制定工作，确保工程质量有法可依、有章可循。针对法律法规执行不力的问题，建议加大执法和监管力度。建立健全工程质量监管体系和机制，加大对工程建设全过程的监督检查和执法力度。同时，加大对违法违规行为的查处和曝光力度，形成有效的震慑作用。

针对合同条款不明确的问题，建议加强合同管理工作。在签订施工合同时，应明确各方主体的权利和义务以及工程质量标准和要求等内容。同时，加强对合同条款的审核和把关工作，确保合同条款全面、明确、无漏洞。在工程质量出现问题时，应严格按照合同条款进行责任追究和赔偿处理。针对各种潜在的风险因素，建议加强风险管理工作。建立健全风险管理体系和机制，对可能存在的风险进行识别和评估，并制定相应的应对措施和预案。同时，加强对风险因素的监测和预警工作，及时发现并妥善解决潜在的风险问题。

针对管理风险的问题，建议加强项目管理水平和施工质量控制水平。

建立健全项目管理体系和机制，加强对项目全过程的监督和管理。同时，加强施工质量控制，确保施工过程中的各个环节都符合质量要求。此外，还应加强安全管理，确保施工现场的安全生产。

第二节　工程质量监督与检验制度

一、建设工程质量监督的主体与职责

建设工程质量监督是确保建筑工程在设计、施工、验收等各个环节中符合相关标准和规范的重要环节。这一过程中涉及多个主体，每个主体都承担着特定的职责。以下是对建设工程质量监督的主体与职责的详细阐述。

（一）建设工程质量监督的主体

各级政府建设行政主管部门是建设工程质量监督的主要主体。根据《建设工程质量管理条例》等相关法律法规，各级政府建设行政主管部门负责对本行政区域内的建设工程质量实施监督管理。这些部门通过制定相关政策、法规和标准，组织监督检查，以及处理工程质量问题等方式，确保建设工程质量符合国家和地方的要求。建设工程质量监督机构是依法设立的，经省级以上建设行政主管部门或有关专业部门考核认定的独立法人。这些机构受政府委托，依法代行工程质量监督职能，对建设工程项目进行质量监督。它们负责制订质量监督工作方案，检查施工现场工程建设各方主体的质量行为，检查建设工程的实体质量，以及参与工程竣工验收等工作。

勘察单位、设计单位、施工单位和监理单位作为建设工程项目的参与方，承担着重要的质量监督职责。勘察单位负责提供准确的工程地质勘察报告，为设计和施工提供依据；设计单位应按照相关标准和规范进行设计，确保设计质量；施工单位应严格按照设计图纸和施工规范进行施工，确保施工质量；监理单位负责对施工过程进行全面监督，确保施工质量和安全。

（二）建设工程质量监督的职责

1.各级政府建设行政主管部门的职责

制定政策法规：负责制定和完善与建设工程质量监督相关的政策法规和标准，为工程质量监督提供法律依据。

组织监督检查：定期组织建设工程项目监督检查工作，重点检查工程各方主体的质量行为、工程实体质量以及工程竣工验收等关键环节。

处理工程质量问题：对发现的工程质量问题进行处理，督促责任单位整改，并对违法违规行为进行查处。

指导和管理：对建设工程质量监督机构进行业务指导和管理，确保其依法履行职责。

2.建设工程质量监督机构的职责

受理质量监督：根据政府主管部门的委托，受理建设工程项目质量监督申请，制定质量监督工作方案。

检查质量行为：检查施工现场工程建设各方主体的质量行为，包括核查各方主体及有关人员的资质或资格，检查质量保证体系和质量责任制落实情况等。

检查实体质量：对建设工程的实体质量进行检查，包括地基基础、主体结构和其他涉及结构安全的关键部位等。

参与竣工验收：监督建设单位组织的工程竣工验收，确保验收过程符合规定，验收结果真实可靠。

提交监督报告：在工程竣工验收后，向委托部门提交建设工程质量监督报告，报告应包括工程质量检查结论、历次抽查发现的质量问题和处理情况等内容。

3.勘察单位、设计单位、施工单位和监理单位的职责

勘察单位：负责提供准确的工程地质勘察报告，为设计和施工提供依据，并对勘察质量负责。

设计单位：按照相关标准和规范进行设计，确保设计质量符合国家和地方的要求，并对设计文件负责。

施工单位：严格按照设计图纸和施工规范进行施工，确保施工质量符

合设计要求和相关标准。同时，建立健全质量保证体系和质量责任制，加强工程在施工过程中的质量控制和检验。

监理单位：对施工过程进行全面监督，确保施工质量和安全。包括检查施工单位的质量保证体系和质量责任制落实情况，检查施工现场的质量文件、技术资料是否齐全并符合规定，以及对隐蔽工程、关键部位等进行重点监督。

二、建设工程质量检验的程序与要求

建设工程质量检验是确保建筑工程达到设计标准、满足使用要求、保障人民生命财产安全的重要环节。其程序与要求严格且细致，以下将从多个方面进行详细阐述。

（一）建设工程质量检验的程序

检验批是工程质量验收的最小单位，由监理工程师（或建设单位项目技术负责人）组织施工单位项目专业质量（技术）负责人等进行验收。检验批的合格质量应符合主控项目和一般项目质量经抽样检查合格的要求，并具有完整的施工操作依据和质量检查记录。隐蔽工程在隐蔽前应由施工单位通知有关单位进行验收，并形成验收文件。隐蔽验收是确保工程内部质量的重要环节，如钢筋绑扎、混凝土浇筑、防水层施工等，均需在隐蔽前进行验收。

分项工程所含的检验批均应符合合格质量的规定，且分项工程所含的检验批的质量验收记录应完整。分项工程由监理工程师（或建设单位项目技术负责人）组织施工单位项目专业质量（技术）负责人等进行验收。分部工程（子分部）所含的分项工程均应符合合格质量的规定，质量控制资料应完整，地基与基础、主体结构和设备安装等分部工程，有关工程安全和功能的检验与抽样检测结果应符合有关规定。分部工程由总监理工程师（或建设单位项目负责人）组织施工单位项目负责人和技术、质量负责人等进行验收，地基与基础、主体结构分部工程的验收需勘察、设计单位项目负责人和施工单位技术、质量负责人参加。

单位工程完工后，施工单位应自行组织有关人员进行检查评定，并向建设单位提交工程验收报告。建设单位接到工程验收报告后，应由建设单位（项目）负责人组织施工（含分包）、设计、监理等单位负责人进行单位工程验收。竣工验收是工程质量检验的最后一道程序，也是确保工程整体质量符合设计要求和使用要求的关键环节。

（二）建设工程质量检验的要求

建设工程质量检验必须严格遵循国家、行业和地方的相关标准规范，如《建筑工程施工质量验收统一标准》《混凝土结构工程施工质量验收规范》等。这些标准规范对工程质量、检验方法、检验程序等均有明确规定，是工程质量检验的重要依据。施工单位应建立健全质量保证体系，明确各级质量管理人员的职责和权限，制定质量管理制度和质量控制措施，确保工程质量检验工作的顺利进行。同时，施工单位还应加强质量教育和技术培训，提高施工人员的质量意识和技能水平。

建设工程质量检验应贯穿工程建设的全过程，从材料进场、施工准备、施工过程到竣工验收等各个环节都应进行严格的质量控制。在施工过程中，应加强对关键工序和关键部位的监督检查，确保施工质量符合设计要求和相关标准。建设工程质量验收应按照规定的程序进行，不得随意简化或省略。在验收过程中，应认真核对施工资料和质量记录，对存在的问题应及时整改并重新验收。同时，应加强对验收人员的培训和管理，确保验收工作的公正性和准确性。

对在工程质量检验过程中发现的问题和隐患，应及时采取措施进行整改和处理；对违反质量标准和规定的行为，应依法依规进行责任追究，确保工程质量责任制的落实。

第三节　工程质量事故处理与法律责任

一、建设工程质量事故的定义与分类

在快速发展的现代社会中，建设工程项目作为推动经济增长、改善民生的重要力量，其质量直接关系到人民群众的生命财产安全和社会的和谐稳定。然而，在建设过程中，由于设计、施工、材料、管理等多种因素的影响，工程质量事故时有发生，给社会造成了巨大的经济损失和不良的社会影响。因此，明确建设工程质量事故的定义、分类及其成因，对预防和控制工程质量事故具有重要意义。

（一）建设工程质量事故的定义

建设工程质量事故，简称工程质量事故，是指在建设工程项目的设计、施工、使用等过程中，由于设计错误、施工不当、材料缺陷、管理疏忽等原因，导致工程结构或构件的强度、刚度、稳定性等性能未能达到设计要求或规范标准，进而引发结构破坏、倒塌、功能失效等严重后果的事件。这些事故不仅会造成人员伤亡和财产损失，还可能对环境造成污染，在社会上产生不良影响。

（二）建设工程质量事故的分类

建设工程质量事故可以从不同角度进行分类，以便深入分析和研究其成因、特点及防范措施。以下是从几个主要维度进行的分类：

1.按事故性质分类

责任事故：指由于设计、施工、监理、管理等单位或个人的过失或故意行为导致的事故。这类事故往往伴随着明显的责任追究，如设计错误、施工偷工减料、监理失职等。

非责任事故：指由于不可抗力或无法预见、无法避免的因素导致的事故，如自然灾害（地震、洪水等）、材料自然缺陷等。这类事故虽然难以完全避免，但可以通过加强预防措施来减轻其影响。

2.按事故后果分类

一般事故：指造成一定经济损失或人员伤亡，但影响范围较小，未造成重大社会影响的事故。这类事故通常可以通过及时修复和补偿来应对。

较大事故：指造成较大经济损失或较多人员伤亡，对社会造成一定影响的事故。这类事故需要迅速启动应急预案，进行紧急救援和处置。

重大事故：指造成重大经济损失、大量人员伤亡或严重社会影响的事故。这类事故往往涉及复杂的法律、经济和社会问题，需要政府和社会各界的共同努力来应对。

特别重大事故：指造成特别重大经济损失、极大人员伤亡或极其严重社会影响的事故。这类事故极为罕见，但一旦发生，将给国家和人民带来巨大灾难。

3.按事故发生的阶段分类

设计阶段事故：指由于设计错误或不合理导致的事故。这类事故往往在设计阶段就埋下了隐患，如结构选型不当、计算错误、构造措施不足等。

施工阶段事故：指在施工过程中由于施工不当、材料质量问题或管理疏忽等原因导致的事故。这类事故是建设工程质量事故中最常见的一类，如施工质量不符合设计要求、施工工艺不当、违规操作等。

使用阶段事故：指已完工项目在使用过程中由于维护不当、使用不当或自然老化等原因导致的事故。这类事故虽然与设计和施工阶段的关联性较小，但也需要引起足够的重视，如结构耐久性不足、设备老化失效等。

4.按事故发生的部位分类

基础工程事故：指由于地基处理不当、基础设计不合理或施工质量问题导致的基础失稳、沉降过大等事故。这类事故往往会对整个工程结构的安全性和稳定性造成严重影响。

主体结构事故：指工程主体结构（如梁、板、柱、墙等）在设计、施工或使用阶段出现质量问题导致的事故。这类事故通常表现为结构开裂、变形、倒塌等严重后果。

装修与安装事故：指在工程装修和安装过程中由于材料质量问题、施工工艺不当或管理疏忽等原因导致的事故。这类事故虽然对结构安全性的影响相对较小，但也会对工程使用功能和美观性造成损害。

（三）建设工程质量事故的成因分析

建设工程质量事故的成因复杂多样，涉及设计、施工、材料、管理等多个方面。以下是对其主要成因的简要分析：

设计方面：设计错误或不合理是导致发生工程质量事故的重要原因之一。这包括结构选型不当、计算错误、构造措施不足等。此外，设计文件表达不清或存在歧义也可能导致施工过程中的误解和错误操作。

施工方面：施工质量问题是导致工程质量事故的直接原因。这包括施工工艺不当、施工操作不规范、施工质量控制不严等。同时，施工人员的素质和技术水平也是影响施工质量的重要因素。

材料方面：材料质量问题是导致工程质量事故的另一个重要原因。这包括材料本身的质量问题（如强度不足、耐久性差等）以及材料在运输、储存和使用过程中的损坏和变质。

管理方面：管理疏忽是导致工程质量事故的间接原因。这包括建设单位对工程质量管理的重视不够、监理单位未能有效履行监理职责、施工单位内部质量管理体系不健全等。

二、建设工程质量事故的处理程序与要求

建设工程质量事故是工程项目中不容忽视的问题，其处理程序的规范性和要求的严格性直接关系到事故处理的效率与效果，进而影响工程项目的整体质量和安全。以下是对建设工程质量事故处理程序与要求的详细阐述。

（一）建设工程质量事故处理程序

在发生建设工程质量事故后，首要任务是立即停工，以防止事故进一步扩大和造成更严重的后果。总监理工程师应立即签发《工程暂停令》，要求停止进行质量缺陷部位及与其有关联部位的下道工序施工。同时，施工单位应迅速按类别和等级向相应的主管部门上报，并在 24 小时内提交书面报告。报告内容应包括事故发生的单位名称、工程名称、部位、时间、地点、事故概况和初步估计的直接损失、事故发生原因的初步分析，以及事故发生后采取的措施等。事故发生后，各级工程主管部门应按处理权限组成调查组，对事故进行全面、深入的调查。调查组应查明事故发生的经过、原因、人员伤亡及财产损失情况，并确定事故的性质和责任。在此过程中，监理工程师应积极配合调查组工作，客观提供相应证据。若监理方有责任，则应予以回避，但应继续配合调查组工作。

根据事故调查报告或调查组提出的处理意见，施工单位应制订详细的技术处理方案。技术处理方案一般应委托原设计单位提出，若由其他单位提供，则需经原设计单位同意签认。技术处理方案的制订应有充分依据，必要时应委托法定工程质量检测单位进行质量鉴定或请专家论证，以确保方案的可靠、可行。方案制订后，应提交给项目监理机构和相关单位进行审核签认。技术处理方案经审核签认后，施工单位应制订详细的施工方案，并报项目监理机构审批。施工方案应包括施工方法、工序流程、安全措施等内容。在施工过程中，项目监理机构应对施工质量进行监理，对关键部位和关键工序进行旁站，确保施工按照既定方案进行。

质量事故处理完毕后，施工单位应进行自检，并报项目监理机构进行检查验收。必要时，应邀请设计单位、建设单位等相关单位共同进行验收。验收合格后，施工单位可提出复工申请，经总监理工程师签署审核意见并报建设单位批准后，签发《工程复工令》，恢复正常施工。

事故处理完毕后，施工单位应整理编写质量事故处理报告，并报项目监理机构和建设单位审核签认。同时，还应将相关技术资料整理归档，以备后续查阅和参考。

（二）建设工程质量事故处理要求

事故发生后，应迅速启动应急响应机制，及时停工并上报事故情况。事故报告应准确、全面反映事故发生的真实情况，不得隐瞒、谎报或迟报。事故调查应坚持公正、客观的原则，不偏袒任何一方。调查组应全面收集证据材料，听取各方意见，确保调查结果的真实性和准确性。

技术处理方案的制订应依据充分、科学合理。方案应充分考虑工程实际情况和事故性质，采取有针对性措施进行处理。同时，方案的实施应严格遵循施工规范和操作规程，确保施工质量。事故处理过程中应始终将安全放在首位，确保施工人员和周边群众的生命及财产安全。同时，处理后的工程结构还应满足设计要求和规范标准，确保工程的稳定性和耐久性。

事故处理应兼顾经济性和环保性。在保证工程质量和安全的前提下，应尽量降低处理成本。同时，还应采取措施减少对环境的影响和破坏，实现可持续发展。对事故责任人应依法依规进行严肃处理，追究其法律责任。同时，还应认真总结经验教训，查找事故根源和管理漏洞，制定改进措施并落实到位，防止类似事故再次发生。

三、建设工程质量事故的法律责任与后果

建设工程质量事故不仅关乎人民群众的生命财产安全，也直接影响到社会经济的稳定与发展。因此，对建设工程质量事故的法律责任与后果，必须有明确的认识和严格的规定。

（一）法律责任主体

建设工程质量事故的法律责任主体主要包括建设单位、设计单位、施工单位、工程监理单位等。这些主体在工程建设过程中扮演着不同的角色，各自分别承担着相应的责任。

建设单位：作为工程项目的投资主体，建设单位对工程质量负有首要责任。根据相关法律法规，建设单位应当确保工程设计、施工等各个环节符合国家规定的质量标准，并对工程质量进行全程监督。若因建设单位的原因导致出现工程质量事故，建设单位将承担主要法律责任。

设计单位：设计单位负责提供符合国家规定和工程实际的设计文件。若设计文件存在缺陷或错误，导致工程质量事故，设计单位将承担相应的法律责任。

施工单位：施工单位是工程建设的直接实施者，对施工质量负有直接责任。施工单位必须严格按照设计文件、施工图纸和施工技术标准进行施工，确保工程质量符合规定要求。若因施工原因导致工程质量事故，施工单位将承担主要法律责任。

工程监理单位：工程监理单位负责对工程建设过程进行监督和管理，确保工程质量符合规定要求。若工程监理单位未能履行其监督职责，导致工程质量事故，工程监理单位将承担相应的法律责任。

（二）法律责任类型

建设工程质量事故的法律责任主要包括民事责任、行政责任和刑事责任三种类型。

民事责任：民事责任是指因违反民事法律义务而应承担的法律后果。在建设工程质量事故中，若因工程质量问题给第三方造成损失，相关责任主体需承担民事赔偿责任。例如，若施工单位因施工不当导致房屋倒塌，给业主造成财产损失和人身伤害，施工单位需承担相应的民事赔偿责任。

行政责任：行政责任是指因违反行政管理法律义务而应承担的法律后果。在建设工程质量事故中，若相关责任主体违反行政管理法律法规，如未取得施工许可证擅自施工、未按照设计文件施工等，将受到行政处罚。行政处罚的种类包括警告、罚款、责令停业整顿、降低资质等级、吊销资质证书等。

刑事责任：刑事责任是指因违反刑事法律义务而应承担的法律后果。在建设工程质量事故中，若相关责任主体的行为构成犯罪，将依法追究刑事责任。例如，《刑法》第一百三十七条规定："建设单位、设计单位、施工单位、工程监理单位违反国家规定，降低工程质量标准，造成重大安全事故的，对直接责任人员，处五年以下有期徒刑或者拘役，并处罚金；后果特别严重的，处五年以上十年以下有期徒刑，并处罚金。"

（三）法律后果

建设工程质量事故的法律后果是多方面的，不仅涉及经济赔偿和行政处罚，还可能导致产生刑事责任追究和资质降级或吊销等严重后果。

经济赔偿：因建设工程质量事故给第三方造成损失的，相关责任主体需承担经济赔偿责任。赔偿范围包括直接经济损失和间接经济损失，如财产损失、人身伤害赔偿、修复费用等。

行政处罚：对违反行政管理法律法规的责任主体，将受到行政处罚。行政处罚的种类和幅度根据违法行为的性质和情节轻重而定，包括警告、罚款、责令停业整顿、降低资质等级、吊销资质证书等。

刑事责任追究：若相关责任主体的行为构成犯罪，将依法追究刑事责任。刑事责任追究是对严重违法行为的严厉制裁，旨在维护社会公共利益和公共安全。

资质降级或吊销：对因工程质量问题受到行政处罚的责任主体，还可能面临资质降级或吊销的严重后果。资质降级或吊销将直接影响责任主体的经营能力和市场竞争力，甚至可能导致其无法继续从事相关业务。

（四）预防措施

为了有效预防建设工程质量事故的发生，需要从多个方面采取措施加强管理和监督。

加强法律法规宣传和培训：提高各责任主体的法律意识和质量意识，确保其在工程建设过程中严格遵守法律法规和质量标准。

完善质量管理体系：建立健全质量管理体系和质量监督机制，确保工程建设的各个环节都符合质量要求。同时，加强质量检测和验收工作，确保工程质量达到规定标准。

强化监管力度：政府主管部门应加强对工程建设的监管力度，对违法违规行为进行严厉查处和曝光。同时，鼓励社会监督和舆论监督，形成全社会共同关注工程质量的良好氛围。

推广先进技术和管理经验：积极推广先进的施工技术和管理经验，提高工程建设的科技含量和管理水平。通过技术创新和管理创新，不断提升工程质量水平。

第四节　工程质量保险与风险管理

一、建设工程质量保险的种类与选择

建设工程质量保险作为保障工程项目质量的重要手段，在建筑工程领域具有重要地位。它不仅能够为工程项目提供全面的风险保障，还能在发生质量事故时及时提供经济补偿，减轻各方损失。以下将详细介绍建设工程质量保险的种类及其选择方法。

（一）建设工程质量保险的种类

建设工程质量保险种类繁多，根据不同的保障对象和保障内容，可以分为以下几类：

1.建筑工程一切险（Construction All Risks Insurance，CAR）

定义：建筑工程一切险是建筑工程领域最常见的保险之一，它承保在整个施工期间因自然灾害和意外事故造成的物质损失，以及被保险人依法应承担的第三者人身伤亡或财产损失的民事损害赔偿责任。

保障范围：包括工程建筑、材料、机械设备、施工期间的损失等，以及因施工导致的第三方损失。

重要性：为工程项目提供全面的风险保障，是工程必保险种之一。

2.安装工程一切险（Installation All Risks Insurance，IAR）

定义：安装工程一切险是建筑工程一切险的姊妹险种，适用于各种设备、装置的安装工程（包括电气、通风、给排水以及设备安装等工作内容）。

保障范围：承保在整个施工期间因自然灾害和意外事故造成的物质损失，以及被保险人依法应承担的第三者人身伤亡或财产损失的民事损害赔偿责任。

重要性：对于安装工程而言，提供必要的风险保障，确保工程顺利进行。

3.工程质量保险（Engineering Quality Insurance，EQI）

定义：工程质量保险是对已竣工交付使用的建筑进行保险，主要针对工程质量潜在缺陷所导致的损失进行赔偿。

保障范围：在保修范围和保修期限内出现的由工程质量潜在缺陷所导致出现投保建筑物损坏，保险公司将予以赔偿、维修或重置。

重要性：提高建筑物整体质量控制与管理水平，保障购房者和使用者的权益。

4.雇主责任险（Employer's Liability Insurance，ELI）

定义：雇主责任险承保雇主可能遭受的对雇员的经济赔偿责任，主要保障施工过程中可能对工人造成的人身伤害。

保障范围：包括医疗费用、残疾赔偿、死亡赔偿等。

重要性：减轻雇主的经济负担，保障工人的合法权益。

5.施工设备保险（Construction Equipment Insurance，CEI）

定义：施工设备保险主要保障工程项目中使用的设备可能发生的损失

或损坏。

保障范围：包括设备损失险和设备维修费用险，提供设备损失或损坏的赔偿以及设备维修费用的赔偿。

重要性：确保施工设备的安全运行，减少因设备故障导致的损失。

6.勘察/设计/监理责任保险（Survey，Design，and Supervision Liability Insurance，SDSL）

定义：勘察/设计/监理责任保险是对专业工程师在工作中因错误或失误所造成的财产或人员损失的保险。

保障范围：包括勘察、设计、监理等环节因工作失误导致的损失赔偿。

重要性：为勘察、设计、监理单位提供必要的风险保障，促进其更加谨慎地履行职责。

7.保证保险（Bond Insurance）

定义：保证保险是一种特殊的保险形式，主要包括投标保证保险、合同履约保证保险等。它确保被保险人按照合同约定履行义务，否则保险公司将承担一定的赔偿责任。

保障范围：根据具体险种而定，投标保证保险保障投标人按照招标文件要求提交投标保证金，并履行投标义务。

重要性：为工程项目的顺利进行提供信用保障，减少因违约导致出现的损失。

（二）建设工程质量保险的选择方法

在选择建设工程质量保险时，应综合考虑以下因素：

根据工程项目的类型、规模、复杂程度等因素选择合适的保险种类和保额。例如，大型复杂工程可能需要更全面的保险保障，而小型简单工程则可以适当降低保额。对工程项目进行全面的风险评估，识别潜在的风险点并制定相应的风险管理措施。根据风险评估结果选择合适的保险种类和保障范围。仔细比较不同保险公司的保险条款和费率水平，选择信誉良好、服务优质、保障全面的保险公司和保险产品。注意保险条款中的免责条款和赔偿限额等关键内容。

遵守国家和地方有关法律法规的规定，确保所选择的保险种类和保额符合相关要求。例如，某些地区可能要求工程项目必须投保建筑工程一切险和安装工程一切险等险种，选择能够提供全面、及时、专业的保险服务和支持的保险公司，包括保险咨询、风险评估、理赔服务等各个环节。良好的保险服务能够确保在事故发生时，被保险人能够得到迅速有效的援助和赔偿。在选择保险时，要进行成本效益分析，即评估保险费用与潜在的损失之间的比例，确保所选的保险方案在成本上合理，且能够覆盖可能发生的最大风险。同时，也要考虑保险费用对项目总成本的影响，确保在预算范围内合理安排保险费用。

对于大型或复杂的工程项目，可能需要采用多种保险组合策略来提供更全面的保障。例如，结合建筑工程一切险、安装工程一切险、工程质量保险以及雇主责任险等多种险种，形成一个综合性的保险保障体系。这样可以在不同方面和阶段为工程项目提供全面的风险保障。在签订工程合同时，应明确保险条款和要求，确保保险与合同条款相衔接。例如，合同中应明确约定保险责任范围、赔偿限额、免赔额等关键内容，并规定保险费用的承担方式和支付时间。此外，各主体还应与保险公司协商制定符合项目特点的特别条款或附加条款，以更好地满足项目需求。

在保险有效期内，被保险人应与保险公司保持密切联系和沟通，及时报告工程进展和可能的风险变化。同时，被保险人还应对保险公司的服务质量和理赔效率进行监督，确保在需要时能够得到及时有效的支持。为了更好地利用建设工程质量保险，被保险人还应加强内部培训和意识的提升工作。通过组织保险知识培训、风险管理培训等活动，提高员工对保险的认识和重视程度，增强风险防范意识和能力。这有助于减少潜在风险的发生，提高工程项目的整体质量和管理水平。

二、建设工程质量保险的投保与理赔程序

（一）建设工程质量保险的投保程序

建设工程质量保险的投保程序是确保工程项目获得有效风险保障的重要环节。以下是一般的投保程序概述：

1.需求分析与选择保险公司

工程项目相关方（如建设单位、施工单位等）需要对工程项目的风险进行全面评估，明确需要保障的风险类型和范围。这包括了解工程项目的特点、规模、地理位置、施工条件等因素，以及可能面临的自然灾害、意外事故等风险。在明确保障需求后，相关方需要选择一家信誉良好、实力雄厚的保险公司进行投保。选择保险公司时，可以综合考虑其保险产品的种类、保障范围、费率水平、服务质量等因素，并通过比较不同保险公司的优劣来做出决策。

2.填写投保单与提交资料

投保方需要按照保险公司的要求填写投保单，详细填写工程项目的相关信息，包括项目名称、地址、建设规模、施工周期、预计造价等。同时，还需要明确保险金额、保险期限、保障范围等关键条款。除了投保单，投保方还需要提交一系列与工程项目相关的资料，以便保险公司进行风险评估和核保。这些资料可能包括工程合同、施工图纸、勘察设计资料、施工许可证、安全生产许可证等。

3.保险公司审核与承保

收到投保申请后，保险公司会对提交的资料进行认真审核，评估工程项目的风险状况，确定是否符合承保条件。审核过程中，保险公司可能会要求投保方补充提供相关资料或进行进一步的风险评估。在审核通过后，保险公司会根据工程项目的实际情况和投保方的需求，制订具体的保险方案，包括保险金额、保险费率、保障范围等关键条款。

双方就保险方案达成一致后，将签订正式的保险合同。合同中应明确双方的权利和义务，以及保险事故的认定和赔偿标准等关键内容。

4.缴纳保险费

在保险合同签订后，投保方需要按照合同约定及时缴纳保险费。保险费的金额根据工程项目的规模、风险状况和保险方案等因素确定，一般会在合同中明确标注。

5.签订工程质量检查协议

对某些建设工程质量保险，保险公司可能会要求与投保方共同和质量检查机构签订工程质量检查协议。该协议旨在确保工程项目在施工过程中符合质量要求，降低发生质量事故的风险。质量检查机构将按照协议约定对工程项目进行定期检查，并向保险公司报告检查结果。

（二）建设工程质量保险的理赔程序

建设工程质量保险的理赔程序是在保险事故发生后，被保险人向保险公司申请赔偿的一系列步骤。以下是一般的理赔程序概述：

在发生保险事故后，被保险人应立即向保险公司报案。报案时应简要说明事故的时间、地点、原因、损失情况等关键信息，并留下准确的联系方式以便保险公司后续联系。被保险人应尽可能保留与保险事故相关的证据材料，如现场照片、视频、事故报告、警方立案证明等。这些证据材料将作为后续理赔申请的重要依据。

被保险人需要按照保险公司的要求填写理赔申请书，并附上相关证据材料提交给保险公司。理赔申请书应详细描述事故经过、损失情况、索赔金额等内容。在收到理赔申请后，保险公司将对申请材料进行审核。审核内容包括核实事故的真实性、损失情况的合理性以及是否符合保险合同的约定等。在审核过程中，保险公司可能会要求被保险人提供进一步的证据材料或进行现场勘查。

为了更准确地了解事故情况和损失程度，保险公司可能会派遣专业人员进行现场勘查。勘查人员将与被保险人共同查看事故现场，记录损失情况，并拍摄相关照片和视频作为勘查记录。在审核和勘查完成后，保险公司将根据合同约定和相关法律法规做出理赔决定。如果理赔申请符合条件且损失在保险责任范围内，保险公司将给予赔偿；如果不符合条件或损失不在保险责任范围内，保险公司将拒绝理赔并说明理由。

一旦保险公司做出理赔决定并同意赔偿，将按照合同约定的赔偿金额和方式向被保险人支付赔偿款项。赔偿款项可以用于修复受损工程、赔偿第三方损失等。

三、建设工程质量风险管理的内容与要求

在建设工程领域，质量风险管理是确保项目安全、可靠、经济、高效完成的关键环节。它贯穿工程项目的全生命周期，从项目策划、设计、施

工到竣工验收及后期维护，每一步都离不开有效的质量风险管理。

（一）建设工程质量风险管理的内容

风险识别是质量风险管理的第一步，也是基础。它要求项目团队运用各种方法和工具，系统地识别出可能影响工程质量的各种风险因素。这些风险因素可能来自自然环境、技术条件、人为因素、管理制度等多个方面。例如，地质条件不稳定可能导致基础施工问题，设计变更频繁可能影响施工进度和质量，施工人员技能不足或责任心不强可能导致施工质量不达标等。在识别出风险因素后，需要对其进行评估，以确定其发生的可能性和对工程质量的影响程度。风险评估通常采用定性和定量相结合的方法，如专家打分法、故障树分析法、蒙特卡洛模拟等。通过评估，可以明确哪些风险因素是主要的、需要重点关注的，哪些是可以接受的或可以通过措施减少其影响。

针对评估出的主要风险因素，需要制定应对措施，包括预防措施、减轻措施、应急措施等。预防措施旨在消除或降低风险因素发生的可能性，如加强对施工人员的培训和管理，提高设计质量以减少变更等。减轻措施则是在风险因素发生后，通过采取措施减少其对工程质量的影响，如采用更先进的施工技术或材料来弥补设计或施工中的不足。应急措施则是针对突发情况制订紧急应对方案，以确保在事故发生时能够迅速、有效地控制事态发展。风险监控是质量风险管理的持续过程，它要求项目团队对风险因素进行持续跟踪和监测，及时发现新的风险因素或已识别风险因素的变化情况。通过风险监控，可以确保风险应对措施的有效实施，并根据实际情况调整风险管理策略。

（二）建设工程质量风险管理的要求

质量风险管理不是某个部门或某个人的职责，而是项目团队全体成员的责任。因此，要求项目团队树立全员质量风险意识，明确各自在质量管理中的职责和角色，积极参与质量风险管理的各个环节。质量风险管理应具有系统性，即要从整体出发，综合考虑工程项目的各个方面和环节。在识别、评估、应对和监控风险时，要注重各因素之间的相互联系和影响，确保风险管理策略的协调性和一致性。

由于工程项目的复杂性和不确定性，质量风险因素可能随时发生变化。因此，要求质量风险管理具有动态性，即要根据实际情况及时调整风险管理策略。在项目实施过程中，要密切关注风险因素的变化情况，及时采取相应措施加以应对。

质量风险管理应基于科学的方法和工具进行。在识别、评估、应对和监控风险时，要运用科学的方法和工具进行分析和判断，确保风险管理决策的准确性和有效性。质量风险管理是一个持续改进的过程。在项目结束后，还要对整个风险管理过程进行总结和反思，找出存在的问题和不足，提出改进措施和建议。通过持续改进，不断提升质量风险管理的水平和效果。

（三）实施策略

建立健全的质量管理制度是实施质量风险管理的基础。项目团队应制定完善的质量管理手册、程序文件等制度文件，明确质量管理的各项要求和流程。同时，还要加强对制度执行情况的监督检查，确保制度得到有效落实。

提高项目团队成员的质量意识和风险管理能力是实现有效质量风险管理的关键。项目团队应定期组织质量培训和风险管理培训活动，提高员工的质量意识和风险管理能力。同时，还要注重培养员工的责任心和敬业精神，确保员工能够积极参与到质量风险管理的各个环节中。随着科技的不断进步和管理方法的不断创新，项目团队应积极引入先进的技术和管理方法来提高质量风险管理的水平。例如，可以运用建筑信息模型（BIM）技术，进行三维可视化设计和施工模拟；采用精益建造理念，优化施工流程和提高施工效率；运用大数据和人工智能技术，进行风险预警和决策支持等。

在质量风险管理过程中，加强沟通与协作至关重要。项目团队应建立有效的沟通机制和信息共享平台，确保各成员之间能够及时、准确地传递信息和交流意见。同时，要加强与业主、监理、设计等相关方的沟通与协作，共同推进工程项目的顺利实施。为了激发项目团队成员参与质量风险管理的积极性和创造性，可以建立相应的激励机制。例如，可以设立质量奖、风险管理奖等奖项，表彰在质量风险管理工作中表现突出的个人或团队；将质量风险管理绩效与员工的薪酬、晋升等挂钩。通过激励机制的建立和实施，可以进一步提高项目团队成员参与质量风险管理的积极性和主动性。

（四）质量风险管理的持续优化与改进

在质量风险管理的全过程中，应注重数据的收集、整理和分析。通过对质量风险事件的数据分析，可以识别出常见的风险源、风险发生的规律以及风险管理的效果。这些数据不仅为当前项目的风险管理提供了指导，也为未来类似项目的风险管理提供了宝贵的经验。同时，项目团队还应建立有效的反馈机制，确保风险管理过程中的问题和不足能够及时被发现并纠正。每个工程项目都是一次宝贵的学习机会。在项目结束后，应组织相关人员对质量风险管理过程进行总结，提炼出成功的经验和总结失败的教训。这些经验可以通过内部培训、研讨会等形式在项目团队内部进行分享，也可以通过学术论文、行业报告等形式向外界传播。通过经验的分享与交流，可以不断提高整个行业对质量风险管理的认识水平和能力。

质量风险管理是一个持续改进和创新的过程。随着工程技术的不断发展和管理理念的不断更新，原有的风险管理方法和工具可能会逐渐过时。因此，项目团队应保持开放的心态，积极学习新的风险管理理论和技术，不断探索适合自身项目的风险管理方法。同时，还要鼓励团队成员提出创新性的风险管理方案，通过实践验证其有效性，并不断优化和完善。为了确保质量风险管理的客观性和公正性，可以引入第三方评估机构对项目的风险管理过程进行评估和监督。第三方评估机构通常具有专业的知识和丰富的经验，能够客观地评价项目团队在风险管理方面的表现，并提出改进建议。通过第三方评估与监督，可以及时发现和纠正风险管理过程中的问题，提升风险管理的质量和效果。

第五节　工程质量纠纷解决机制

一、建设工程质量纠纷的协商与调解机制

在建设工程领域，由于项目复杂、周期长、参与方众多等特点，质量纠纷时有发生。这些纠纷不仅影响工程进度和成本，还可能损害各方利

益，甚至引发法律诉讼。因此，建立一套高效、公正的协商与调解机制，对及时化解质量纠纷、维护各方权益具有重要意义。

（一）建设工程质量纠纷的特点

建设工程质量纠纷往往涉及多个专业领域，如设计、施工、材料、监理等，且各环节之间相互关联，使纠纷的成因和解决方案变得复杂多样。建设工程项目中，业主、承包商、设计单位、监理单位等各方利益诉求不同，一旦发生质量纠纷，往往就会伴随着激烈的利益冲突。

质量纠纷不仅影响项目的直接参与者，还可能波及周边居民、政府监管机构等，对社会稳定和经济发展产生一定影响。由于纠纷的复杂性和利益冲突的激烈性，加之相关法律法规的不完善和执行难度大，使质量纠纷的解决往往耗时费力、成本高昂。

（二）协商与调解机制的重要性

协商与调解机制能够在较短时间内召集各方当事人，通过平等对话和协商，找到双方都能接受的解决方案，从而快速解决纠纷，避免纠纷扩大化和长期化。相比法律诉讼，协商与调解机制具有成本低、效率高的优势。通过协商和调解，可以减少不必要的法律程序和时间成本，减少各方的经济损失。

协商与调解机制注重在平等、自愿的基础上解决纠纷，有助于维护各方之间的和谐关系，为未来的合作奠定基础。建设工程质量纠纷的及时解决，有助于减少社会矛盾，维护社会稳定和经济发展。通过协商与调解机制，可以将纠纷化解在萌芽状态，避免引发更大的社会问题。

（三）协商机制的具体实施

在协商过程中，应明确参与协商的各方主体，包括业主、承包商、设计单位、监理单位等直接利益相关方，以及可能涉及的政府监管机构、行业协会等第三方机构。

协商应遵循平等、自愿、诚实信用原则，确保各方在协商过程中能够充分表达意见和诉求，并尊重对方的合法权益。在协商开始前，应制定详细的协商议程，明确协商的目的、内容、时间、地点等事项，确保协商过程有序进行。在协商过程中，各方应围绕纠纷的核心问题展开对话和讨论，充分交流意见和看法。通过沟通协商，逐步缩小分歧，寻求共识。

经过充分协商和讨论后，各方应就纠纷的解决方案达成一致意见，并签订书面协议。协议内容应明确具体、可操作性强，以确保协商结果的落实和执行。

（四）调解机制的构建与运作

可以依托行业协会、政府监管机构等第三方机构设立专门的调解机构，负责受理和处理建设工程质量纠纷的调解工作。调解机构应具备独立性和公正性，能够客观公正地处理纠纷。

调解机构应制定详细的调解规则，明确调解的程序、方法、时限等事项。调解规则应体现公正、公平、高效的原则，确保调解工作的顺利进行。当发生建设工程质量纠纷时，各方均可以向调解机构提出调解申请。调解机构应对申请进行审查，符合受理条件的应及时受理并通知相关当事人。

调解机构应组织调解会议，邀请各方当事人参加。在调解会议上，调解员应引导各方充分表达意见和诉求，并通过调解技巧和方法促进各方达成调解协议。经过调解员的努力和各方当事人的配合，如果能够在调解会议上达成调解协议，则应及时签订书面协议并履行。调解协议具有法律效力，各方均应严格按照协议内容执行。

（五）提升协商与调解效果的建议

完善相关法律法规体系，明确建设工程质量纠纷的解决途径和程序，为协商与调解机制提供法律保障。

加强调解员的培训和教育，提高其专业素养和调解能力。调解员应具备丰富的专业知识和实践经验，能够熟练运用调解技巧和方法解决纠纷。通过媒体宣传、案例分享等方式，积极推广调解文化，提高公众对协商与调解机制的认识和接受度。让社会各界了解调解的优势和价值，鼓励他们在发生纠纷时首选协商与调解途径。

调解机构应结合互联网、大数据等现代信息技术，建立线上线下相结合的多元化纠纷解决平台。通过在线调解、远程协商等方式，提高纠纷解决的便捷性和效率，降低当事人的时间和经济成本。建立健全调解协议的监督机制和执行机制，确保调解协议得到有效履行。对不履行调解协议的当事人，可以依法采取相应措施，如纳入失信被执行人名单、强制执行等，以增强调解协议的权威性和约束力。

鼓励建设工程行业加强自律管理，建立行业规范和标准，提高行业整体水平和质量意识。同时，加以政府监管力度，对违法违规行为进行严厉打击和处罚，营造公平竞争的市场环境，减少质量纠纷的发生。在协商与调解过程中，若涉及技术复杂、争议较大的质量问题，可以引入第三方评估与鉴定机构进行专业评估和鉴定。第三方机构应具备独立性和专业性，能够客观公正地评估问题并提出解决方案，为协商与调解提供科学依据和技术支持。

鼓励建设工程领域内的各方积极探索和创新协商与调解机制的新模式、新方法。通过实践经验的积累和总结，不断优化和完善协商与调解机制，提高其适应性和有效性。同时，加强国际交流与合作，借鉴国外先进的协商与调解经验和做法，为我国建设工程质量纠纷的解决提供新的思路和启示。

二、建设工程质量纠纷的仲裁解决程序与要点

在建设工程项目中，质量纠纷的解决是确保项目顺利进行、保护各方权益的重要环节。当协商与调解机制无法有效化解纠纷时，仲裁作为一种法律程序，因其专业性、高效性和保密性，成为解决建设工程质量纠纷的重要途径。

（一）仲裁解决程序概述

仲裁，作为一种替代性争议解决方式（ADR），是指纠纷当事人在纠纷发生前或发生后达成协议，自愿将争议提交给第三方（仲裁机构或仲裁员），由其依据法律或双方约定的规则进行裁决，并承诺接受该裁决为终局裁决的一种解决争议的方法。在建设工程质量纠纷中，仲裁程序通常包括以下几个主要环节：仲裁协议的签订、仲裁申请与受理、仲裁庭的组成、开庭审理、裁决做出与执行等。

（二）仲裁解决程序的详细步骤

仲裁协议是仲裁程序启动的基础，它必须是书面形式的，可以是合同中的仲裁条款，也可以是独立的仲裁协议书。在建设工程项目中，业主与承包商等各方应在合同中明确约定仲裁条款，包括仲裁机构、仲裁规则、仲裁地、仲裁语言等关键内容。仲裁协议的签订体现出各方对仲裁解决纠纷方式的认可与接受，是仲裁程序得以进行的前提。当发生建设工程质量纠纷时，一方当事人（申请人）可以根据仲裁协议向约定的仲裁机构提出仲裁申请。仲裁申请书应明确写明申请人与被申请人的基本信息、仲裁请求、事实理由、证据材料等。在收到仲裁申请后，仲裁机构会对申请进行形式审查，确认是否符合受理条件。符合受理条件的，仲裁机构将向申请人发出受理通知书，并向被申请人送达仲裁申请书副本及仲裁规则、仲裁员名册等文件。

仲裁庭是负责审理和裁决案件的仲裁机构内部组织。根据仲裁协议或仲裁机构的规则，仲裁庭可以由一名或多名仲裁员组成。在建设工程质量纠纷中，由于涉及的专业性强、技术复杂度高，通常由三名仲裁员组成仲裁庭进行审理。仲裁员由当事人各自选定或委托仲裁机构主任指定。仲裁庭组成后，将向各方当事人发出仲裁庭组成通知书，并告知开庭时间和地点。开庭审理是仲裁程序的核心环节。在开庭前，仲裁庭会组织各方当事人进行证据交换和质证。开庭时，申请人陈述仲裁请求和事实理由，被申请人进行答辩。仲裁庭根据当事人的陈述和提供的证据材料，对案件事实进行查明和认定。同时，仲裁庭会就案件涉及的专业问题向当事人或专家证人进行询问和调查。开庭审理结束后，仲裁庭将进行合议，对案件进行裁决。

仲裁庭在合议后，会根据事实和法律规定做出裁决书。裁决书应写明仲裁请求、争议事实、裁决理由、裁决结果、仲裁费用的承担，以及当事人不服裁决的救济途径等内容。裁决书自做出之日起发生法律效力。当事人应当自觉履行裁决书所确定的义务。如一方当事人不履行裁决书所确定的义务，另一方当事人可以向有管辖权的人民法院申请强制执行。

（三）仲裁解决程序的要点

仲裁协议的效力是仲裁程序得以进行的基础。有效的仲裁协议必须具备书面形式、明确的仲裁意愿、合法的仲裁事项和选定的仲裁机构等要素。当事人应确保仲裁协议的合法性和有效性，以免在仲裁程序中出现因仲裁协议无效而导致出现仲裁程序无法进行的情况。仲裁程序具有独立性，不受法院或其他行政机关的干预。仲裁机构依据仲裁协议和仲裁规则独立行使仲裁权，对案件进行审理和裁决。这一特点保证了仲裁程序的高效性和公正性。

仲裁裁决具有终局性，即一旦做出即发生法律效力。除非存在法定情形（如仲裁程序违法、仲裁员徇私舞弊等），否则当事人不得就同一纠纷再向法院提起诉讼或向其他仲裁机构申请仲裁。这一特点有利于及时解决纠纷，减少当事人的诉讼成本和时间成本。建设工程质量纠纷涉及的专业性强、技术复杂度高，要求仲裁员具备相应的专业知识和技术能力。仲裁机构在组建仲裁庭时，应充分考虑案件的专业性和技术性特点，选任具有相关专业知识和经验的仲裁员进行审理与裁决。

仲裁程序具有保密性和灵活性。仲裁庭在审理案件时，可以根据当事人的申请或案件的具体情况采取不公开审理的方式，保护当事人的商业秘密和隐私。同时，仲裁程序还可以根据当事人的意愿和仲裁机构的规则进行灵活调整，以适应案件的实际需要。

第四章 建设工程安全生产法律问题与应对策略

第一节 安全生产法律法规体系

一、建设工程安全生产法律法规的构成与层级

建设工程安全生产法律法规是保障建筑行业健康有序发展的重要基础，其构成与层级体现出国家对安全生产工作的全面规划和细致管理。

（一）建设工程安全生产法律法规的构成

建设工程安全生产法律法规的构成是一个多层次、多维度的体系，主要包括法律、行政法规、部门规章、地方性法规以及相关的工程建设强制性标准等。

在法律层面，建设工程安全生产的核心法律是《中华人民共和国安全生产法》（以下简称《安全生产法》）。作为我国安全生产领域的基础性法律，《安全生产法》明确了安全生产的基本方针、原则和管理体制，为其他安全生产法律法规的制定和实施提供了法律依据。《安全生产法》不仅规定出生产经营单位的安全生产责任，还强调政府监管、职工参与、行业自律和社会监督的多元共治机制，为建设工程安全生产提供了坚实的法律保障。此外，《中华人民共和国建筑法》（以下简称《建筑法》）也是建设工程安全生产法律体系中的重要组成部分。《建筑法》针对建筑行业的特点，对建筑活动进行了全面规范，明确了建设单位、勘察设计单位、施工单位、工程监理单位等各方主体的安全生产责任，为建筑行业的安

全生产提供了法律支撑。

在行政法规层面，国务院及其相关部门制定了一系列与建设工程安全生产相关的行政法规，如《建设工程安全生产管理条例》等。这些行政法规在《安全生产法》的基础上，进一步细化了建设工程安全生产的各项规定，明确了建设工程施工单位和相关责任人在工程设计、施工、竣工等各个阶段的安全生产责任，为建设工程安全生产的监管和执法提供了具体的操作指南。

部门规章是由国务院有关部门根据法律和行政法规的规定制定的规范性文件，如住房和城乡建设部制定的《建筑施工安全检查标准》等。这些部门规章针对建设工程安全生产的具体问题，制定出详细的安全检查标准、操作规程和安全管理要求，为施工单位和相关责任人提供了具体的指导和帮助。

在地方性法规层面，各省、市、自治区根据本地实际情况，制定出与建设工程安全生产相关的地方性法规，如《广州市安全生产条例》等。这些地方性法规在遵循国家法律法规的基础上，结合本地特点，对建设工程安全生产进行了更加具体和细致的规定，为地方政府和相关部门加强建设工程安全生产的监管与执法提供了有力支持。

工程建设强制性标准是保障建设工程质量和安全的重要技术依据，也是建设工程安全生产法律法规体系的重要组成部分。这些标准涵盖建设工程设计、施工、验收等各个环节的安全技术要求，为施工单位和相关责任人提供了明确的技术指导与约束。

（二）建设工程安全生产法律法规的层级

建设工程安全生产法律法规的层级结构清晰，层次分明，体现出国家对安全生产工作的全面规划和细致管理。法律是建设工程安全生产法律法规体系中的最高层级，具有最高的法律效力和权威性。作为安全生产领域的基础性法律，《安全生产法》为其他安全生产法律法规的制定和实施提供了法律依据与指导原则。

行政法规是国务院及其相关部门为执行法律和实施行政管理职权而制定的规范性文件，具有较高的法律效力和约束力。《建设工程安全生产管理条例》等行政法规在法律的框架下，对建设工程安全生产进行了更加具体和细致的规定，为施工单位和相关责任人提供了更加明确的指导与要求。部门规章是国务院有关部门根据法律和行政法规的规定制定的规范性文件，具有较强的针对性和可操作性。《建筑施工安全检查标准》等部门规章针对建设工程安全生产的具体问题，制定出详细的安全检查标准、操作规程和安全管理要求，为施工单位和相关责任人提供了具体的指导和帮助。

地方性法规是各省、市、自治区根据本地实际情况制定的规范性文件，具有较强的地域性和针对性。《广州市安全生产条例》等地方性法规在遵循国家法律法规的基础上，结合本地特点，对建设工程安全生产进行了更加具体和细致的规定，为地方政府和相关部门加强建设工程安全生产的监管与执法提供了有力支持。安全生产规章和安全生产标准是安全生产法律体系的基础与支撑。这些规章和标准涵盖了建设工程安全生产的各个方面与环节，为施工单位和相关责任人提供了明确的技术指导与约束。同时，这些规章和标准也是政府监管部门进行安全生产监管与执法的重要依据和参考。

二、建设工程安全生产法律法规的核心内容与要求

建设工程安全生产法律法规是确保建筑行业安全、有序、高效运行的重要基础。其核心内容与要求不仅体现出国家对安全生产的高度重视，也明确了各参与方的责任与义务，旨在通过法律手段预防和控制安全事故的发生，保障人民群众的生命财产安全。

（一）建设工程安全生产法律法规的核心内容

建设工程安全生产法律法规的首要内容是明确安全生产方针与原则。根据《中华人民共和国安全生产法》和《建设工程安全生产管理条例》等法律法规，建设工程安全生产管理坚持"安全第一、预防为主、综合治理"的方针，强调在生产过程中必须始终把人的生命安全放在首位，通过采取各种预防措施，消除事故隐患，防止事故发生，并在事故发生后迅速采取有效措施，减少损失，控制事态发展。法律法规明确了建设工程安全生产的责任体系，包括建设单位、勘察单位、设计单位、施工单位、工程监理

单位等各方的安全生产责任。各责任主体必须依法履行各自的安全生产职责，建立健全安全生产责任制，确保安全生产各项措施得到有效落实。特别是施工单位，作为建设工程安全生产的直接责任主体，必须建立健全安全生产管理体系，加强安全生产教育培训，提高员工的安全意识和技能水平。

法律法规规定了建设工程安全生产的一系列管理制度，包括安全生产教育培训制度、安全检查制度、事故隐患排查治理制度、安全生产投入制度等。这些制度的建立和完善，为建设工程安全生产提供了制度保障。同时建设工程主体还应通过定期开展安全教育培训，提高员工的安全素质；通过安全检查，及时发现并消除事故隐患；通过事故隐患排查治理，防止事故的发生；通过加大安全生产投入力度，确保安全生产所需的人力、物力、财力得到保障。安全生产技术标准是建设工程安全生产的重要技术支撑。法律法规要求建设工程必须遵守国家制定的安全生产技术标准，包括施工安全技术标准、设备安全技术标准、防护用品安全技术标准等。这些技术标准的制定和实施，为建设工程的安全生产提供了明确的技术指导和约束，确保在施工过程中的安全技术和防护措施得到有效落实。

（二）建设工程安全生产法律法规的主要要求

法律法规对从事建设工程活动的单位和个人提出了明确的资质要求。施工单位必须具备国家规定的注册资本、专业技术人员、技术装备和安全生产条件等，依法取得相应等级的资质证书，并在其资质等级许可的范围内承揽工程。同时，特种作业人员必须按照国家有关规定经过专门的安全作业培训，并取得特种作业操作资格证书后，方可上岗作业。法律法规要求建设单位和施工单位必须确保安全生产所需资金的投入。建设单位在编制工程概算时，应当确定建设工程安全作业环境及安全施工措施所需费用，并将其纳入工程概算。施工单位对列入建设工程概算的安全作业环境及安全施工措施所需费用，应当专款专用，不得挪作他用。此外，施工单位还应当设立安全生产专项资金，用于安全生产宣传教育、事故隐患排查治理、安全技术改造等方面的支出。

法律法规强调对从业人员进行安全教育培训的重要性。施工单位应当建立健全安全生产教育培训制度，定期对从业人员进行安全生产法律法规、安全生产知识和技能等方面的教育培训。特别是新入职员工和转岗员工，必须接受三级安全教育（公司级、项目级、班组级）培训，并经考核合格后方可上岗作业。此外，对于采用新技术、新工艺、新材料或者使用新设备的岗位，施工单位还应当对从业人员进行专门的安全教育培训。法律法规要求施工单位必须建立健全事故隐患排查治理制度，定期对施工现场进行安全检查，及时发现并消除事故隐患。对于发现的事故隐患，施工单位应当立即采取措施进行整改；对于不能立即整改的隐患，应当制订整改方案并明确整改期限和责任人；对于重大事故隐患，应当立即停止作业并报告有关部门。同时，施工单位还应当建立事故隐患排查治理档案，记录事故隐患的发现、整改和复查情况。

（三）实施机制

为了确保建设工程安全生产法律法规得到有效实施，国家建立了多层次的监管和执法机制。首先，政府监管部门通过日常巡查、专项检查等方式对建设工程安全生产进行监督检查；其次，对于违反安全生产法律法规的行为，监管部门将依法进行处罚并追究相关责任人的法律责任；最后，社会各界应积极参与建设工程安全生产的监督工作，形成政府监管、企业负责、社会监督的多元共治格局。

三、建设工程安全生产法律法规的更新与变动趋势

随着社会的快速发展和建筑行业的不断进步，建设工程安全生产法律法规的更新与变动成为保障建筑行业安全、促进可持续发展的重要手段。近年来，我国在建设工程安全生产法律法规方面进行了多次修订和完善，以适应新时代安全生产工作的需要。

（一）更新背景

近年来，我国建筑行业虽然取得了显著成就，但安全生产形势依然严峻。各类安全事故频发，给人民群众的生命财产安全带来了严重威胁。为了有效遏制安全事故的发生，保障建筑行业的健康发展，国家应加大对建

设工程安全生产的监管力度，通过修订和完善法律法规来规范行业行为。

随着建筑技术的不断进步和建筑市场的日益复杂化，原有的安全生产法律法规在某些方面已经难以适应新时代的需求。一些规定过于笼统、缺乏可操作性，导致在实际执行过程中存在诸多问题。因此，对法律法规进行更新和修订成为必然趋势。

（二）主要变动内容

近年来，国家不断完善建设工程安全生产责任体系。通过修订相关法律法规，明确建设单位、勘察单位、设计单位、施工单位、工程监理单位等各方的安全生产责任。特别是强化了施工单位的主体责任，要求其建立健全安全生产管理体系，加强安全生产教育培训，提高员工的安全意识和技能水平。为了确保安全生产各项措施得到有效落实，国家还不断细化了安全生产管理制度。例如，在安全生产教育培训制度、安全检查制度、事故隐患排查治理制度等方面做出规定。这些制度的细化为建设工程安全生产提供了更加具体的指导和约束。

随着建筑技术的不断进步，国家也相应提升了安全生产技术标准门槛。通过制定和修订一系列安全技术标准，如施工安全技术标准、设备安全技术标准、防护用品安全技术标准等，为建设工程的安全生产提供了更加科学、规范的技术支撑。为了有效遏制安全生产违法行为的发生，国家还加大了对违法行为的惩处力度。通过修订相关法律法规，加大对违法行为的罚款金额和处罚力度，并建立了安全生产失信联合惩戒机制。这些措施的实施有效遏制了违法行为的发生，提高了行业自律水平。

（三）变动趋势

随着建筑行业的快速发展和安全生产形势的不断变化，国家将加快对建设工程安全生产法律法规的更新频率。通过定期评估和修订法律法规，确保其适应新时代安全生产工作的需要。未来的法规更新将更加注重内容的细化和可操作性。国家通过制定更加具体、详细的规定和条款，为建设工程安全生产的各个环节提供更加明确的指导和约束。这将有助于减少执行过程中的模糊性和不确定性，提升法规的执行效果。

为了确保法规得到有效执行，国家将进一步加大监管和执法力度。通过建立健全监管体系、加强执法队伍建设、提高执法效率等措施，确保法规的严肃性和权威性得到充分体现。随着科技的不断发展，未来的法规更新将更加注重与科技的融合，国家通过运用大数据、云计算、人工智能等先进技术手段，可提高监管效率和执法水平，推动建筑行业的数字化转型和智能化升级，进而为安全生产提供更加有力的技术支撑。

（四）影响分析

建设工程安全生产法律法规的更新与变动将有效遏制安全事故的发生，保障人民群众的生命财产安全。这将有助于提升建筑行业的整体形象和信誉度，促进建筑行业的健康发展。随着法规的更新和完善，企业将面临更加严格的安全生产要求。为了适应这些要求，企业必须加强安全生产管理力度，提高安全生产管理水平。这将有助于企业建立健全安全生产管理体系和风险防范机制，降低安全事故发生的概率，减少损失。

法规与科技融合的加深将推动建筑行业的技术创新和进步。通过运用先进技术手段提高监管效率和执法水平，以及推动行业的数字化转型和智能化升级，将为企业创造更加广阔的发展空间和市场机遇。同时，也将为行业带来更加高效、安全、绿色的生产方式和发展模式。

第二节　安全生产责任制与管理制度

一、建设工程安全生产责任制的建立与实施

在建设工程领域，安全生产责任制是确保工程安全、保障施工人员生命财产安全的重要基石。它不仅明确了各级责任主体在安全生产中的职责和义务，还通过一系列制度措施，将安全生产责任层层落实，形成全员参与、全过程控制的安全生产管理体系。

（一）建立背景

随着城市化进程的加快和建筑行业的蓬勃发展，建设工程项目的规模

和复杂性不断增加，安全生产面临的挑战日益严峻。为了有效应对这些挑战，保障施工人员的生命安全和身体健康，防止和减少生产安全事故的发生，国家和地方政府相继出台了一系列法律法规与政策文件，强调要建立健全建设工程安全生产责任制。这一制度的建立，旨在通过明确责任、强化监管、加大惩处力度等手段，推动建筑行业安全生产管理水平的全面提升。

（二）主要内容

建设工程安全生产责任制的首要任务是明确各级责任主体。根据相关法律法规和政策文件的规定，建设单位、勘察单位、设计单位、施工单位、工程监理单位以及设备供应单位等均为建设工程安全生产的责任主体。其中，施工单位作为工程建设的直接实施者，承担着更为重要的安全生产责任。各级责任主体应当依据自身职责，建立健全安全生产管理体系，制定并实施安全生产责任制，确保工程建设过程中的安全生产。安全生产责任制度是建设工程安全生产责任制的核心内容。它应当包括安全生产目标责任制、安全生产岗位责任制、安全生产教育培训制度、安全检查制度、事故隐患排查治理制度以及应急救援预案等。这些制度应当明确各级管理人员和从业人员的安全生产职责和义务，规范安全生产行为，确保安全生产各项措施得到有效落实。

为了确保安全生产责任制的有效实施，必须建立健全责任追究机制。对违反安全生产法律法规和政策文件规定的行为，应当依法依规进行严肃处理。特别是对造成生产安全事故的责任主体和责任人，要依法追究其法律责任和经济责任。通过强化责任追究，形成有效的震慑效应，推动各级责任主体切实履行安全生产职责。

（三）实施策略

宣传教育是提高全员安全生产意识的重要途径。各级责任主体应当加大安全生产法律法规和政策文件的宣传教育力度，通过举办培训班、开展安全知识竞赛、张贴宣传标语等多种形式，提高全员对安全生产重要性的认识和理解水平。同时，还要对从业人员加强安全技能培训和教育，提高他们的安全操作技能和应急处理能力。完善的监管体系是确保安全生产责任制有效实施的重要保障。政府监管部门应当加大对建设工程安全生产的监管力度，建立健全监管机制和监管网络。通过日常巡查、专项检查、随机抽查等多种方式，对建设工程安全生产进行全面监管和检查。对发现的问题和隐患，要及时督促责任主体进行整改和消除；对严重违法行为和事故隐患，要依法依规进行严肃处理。

推广先进经验和技术是提高建设工程安全生产管理水平的重要手段。各级责任主体应当积极引进和应用国内外先进的安全生产管理经验与技术手段，如信息化管理系统、智能化监控设备等，提高安全生产管理的科技含量和智能化水平。同时，还要加强与其他行业和企业之间的交流与合作，共同推动建设工程安全生产管理水平的提高。

（四）效果评估

建设工程安全生产责任制的实施效果需要通过科学评估来检验。评估内容应当包括安全生产责任制的落实情况、安全生产管理水平的提升情况、生产安全事故的发生情况等方面。评估结果可以作为评价各级责任主体履行安全生产职责的重要依据，并为后续改进和完善安全生产责任制提供有力支持。

二、建设工程安全生产管理制度的内容与要求

在建筑工程领域，安全生产是保障施工人员生命安全、确保工程质量与进度的基石。为了有效预防和减少安全事故的发生，国家制定了一系列建设工程安全生产管理制度，这些制度涵盖责任、培训、检查、救援、奖惩等多个方面，旨在通过规范化管理，降低施工现场的风险，提升安全生产水平。以下将详细阐述建设工程安全生产管理制度的内容与要求。

（一）安全生产责任制度

安全生产责任制度是建设工程安全生产管理制度的核心，它要求明确各级人员、各岗位的安全生产职责和权利，形成从上至下、层层负责的安全生产责任体系。具体而言，包括以下几个方面：

建设单位、勘察单位、设计单位、施工单位、工程监理单位等均为安全生产的责任主体，各自承担相应的安全生产责任。其中，施工单位作为

工程建设的直接实施者，承担着更为重要的安全生产责任。各责任主体应制定详细的安全生产责任制度，明确各级管理人员、施工人员的安全生产职责和权利，确保安全生产责任层层落实。对违反安全生产法律法规和政策文件规定的行为，应依法依规进行严肃处理，特别是对造成生产安全事故的责任主体和责任人，要依法追究其法律责任和经济责任。

（二）安全生产教育和培训

安全生产教育和培训是提高施工人员安全意识与操作技能的重要手段。通过教育和培训，施工人员能够掌握必要的安全知识和技能，减少安全事故的发生。具体要求如下：

全员参与：所有参与工程建设的人员，包括管理人员、施工人员、技术人员等，都应接受安全生产教育和培训。

定期培训：应定期组织安全生产教育和培训，确保施工人员随时掌握最新的安全生产知识和技能。

内容全面：培训内容应包括安全操作规程、危险源辨识和风险评估、应急救援等内容，确保施工人员全面了解安全生产的重要性和必要性。

（三）施工现场安全管理

施工现场是安全生产管理的重点区域，也是安全事故易发、多发的场所。因此，加强施工现场安全管理至关重要。具体要求如下：

建立完善的安全管理制度：包括安全设施的设置和维护、危险源的辨识和风险评估、安全检查和隐患排查等制度。

加强安全监管：应加大对施工现场的监管力度，确保各项安全制度和措施得到有效执行。同时，对于发现的问题和隐患要及时整改和消除。

提升安全设施水平：应投入足够的资金和资源，提高施工现场的安全设施水平，如安装防护网、设置警示标志等，为施工人员提供安全的工作环境。

（四）事故报告和应急救援

事故报告和应急救援是建设工程安全生产管理制度的重要环节。一旦发生安全事故，应立即启动应急救援预案，组织救援力量进行救援，并及时报告相关部门。具体要求如下：

制定应急救援预案：各责任主体应制订详细的应急救援预案，明确应急救援的组织机构、人员职责、救援流程等内容。

及时报告事故：一旦发生安全事故，应立即向相关部门报告，不得隐瞒不报或迟报。

组织有效救援：应迅速启动应急救援预案，组织救援力量进行救援，减少事故造成的损失和影响。

（五）安全生产检查和考核

安全生产检查和考核是发现和纠正安全隐患、提高安全生产水平的重要手段。通过定期的安全生产检查和考核，可以及时发现和纠正施工现场存在的问题与隐患，确保安全生产各项措施得到有效落实。具体要求如下：

制定检查和考核标准：应制定详细的安全生产检查和考核标准，明确检查的内容、方法和要求。

定期检查和考核：应定期组织安全生产检查和考核工作，确保各项安全制度和措施得到有效执行。

整改落实：对于检查和考核中发现的问题和隐患，要及时制定整改措施并落实到位，确保问题得到根本解决。

（六）安全生产奖惩制度

安全生产奖惩制度是通过奖惩机制激励员工积极参与安全生产工作的重要手段。通过奖励表现优秀的个人或团队以及惩罚违反规定的行为，可以激发员工的安全生产意识和责任感。具体要求如下：

明确奖惩标准：应制定明确的奖惩标准，确保奖惩公正、合理。

及时奖惩：对表现优秀的个人或团队，要及时给予奖励；对违反规定的行为，要及时进行惩罚。

公开透明：奖惩过程应公开透明，确保员工对奖惩结果无异议。

（七）其他要求

除了上述内容，建设工程安全生产管理制度还要求从事建筑活动的全体员工树立安全第一的意识，正确处理安全生产与工程进度、效益等方面的关系；加强劳动安全生产的组织领导和计划性；建立健全安全生产的责任和群防群治制度；为职工发放保障安全生产的劳动保护用品；使用的设备、器材、仪器和建筑材料，必须符合保证生产安全的国家标准和行业标准等。

三、建设工程安全生产责任制与管理制度的执行监督

在建设工程领域，安全生产责任制与管理制度的建立健全是确保施工安全、预防事故、保护施工人员生命财产安全的关键所在。然而，仅有完善的制度还远远不够，关键在于这些制度能否得到有效执行。

（一）建设工程安全生产责任制与管理制度的执行

1.执行的重要性

安全生产责任制与管理制度的执行是制度生命力的体现，也是保障施工安全、预防事故发生的直接手段。只有将这些制度真正落实到每一个施工环节、每一位施工人员身上，才能形成有效的安全生产防线，确保工程建设的顺利进行。

2.执行的难点

（1）意识淡薄：部分施工人员和管理人员安全生产意识淡薄，对制度的重要性认识不足，导致其在执行过程中敷衍了事，甚至故意违反规定。

（2）能力不足：部分施工人员和管理人员缺乏必要的安全生产知识和技能，难以胜任安全生产管理工作，导致制度执行效果不佳。

（3）资源有限：在部分工程项目中，由于资金、人力等资源有限，难以投入足够的资源用于安全生产管理和制度执行。

3.改进措施

（1）加强宣传教育：通过举办培训班、开展安全知识竞赛、张贴宣传标语等多种形式，提高全员对安全生产责任制与管理制度重要性的认识和理解。

（2）提高人员素质：加强对施工人员和管理人员的安全生产教育和培训，提高他们的安全操作技能和管理水平。同时，引入专业人才，充实安

全生产管理队伍。

（3）加大投入力度：建设单位应合理安排资金，确保安全生产管理和制度执行所需资源的充足供应。同时，鼓励施工单位采用新技术、新工艺、新材料等手段提高安全生产水平。

（二）建设工程安全生产责任制与管理制度的监督

1.监督的必要性

监督是确保安全生产责任制与管理制度得到有效执行的重要手段。通过监督，可以及时发现和纠正制度执行过程中的问题与不足，防止安全事故的发生。同时，监督还可以对违反制度的行为进行惩处，形成震慑效应。

2.监督的方式

（1）内部监督：施工单位应建立健全内部监督机制，明确监督职责和权限，确保安全生产责任制与管理制度在内部得到有效执行。内部监督可以通过设立安全生产管理部门、开展定期安全检查等方式进行。

（2）外部监督：政府监管部门、工程监理单位等外部力量应对建设工程安全生产责任制与管理制度的执行情况进行监督。外部监督可以通过开展专项检查、随机抽查、受理投诉举报等方式进行。

（3）社会监督：鼓励社会各界积极参与建设工程安全生产监督工作，形成全社会共同关注、共同监督的良好氛围。社会监督可以通过媒体曝光、公众举报等方式进行。

3.监督的难点

（1）信息不对称：在监督过程中，由于信息不对称的原因，监督主体可能难以全面了解安全生产责任制与管理制度的执行情况。

（2）利益冲突：在某些情况下，监督主体与被监督对象之间可能存在利益冲突，导致监督效果受到影响。

（3）监督力量不足：部分地区的政府监管部门和工程监理单位存在人员不足、设备落后等问题，难以有效开展监督工作。

4.改进措施

（1）完善信息披露机制：建立健全信息披露机制，及时公布安全生产责任制与管理制度的执行情况、检查结果等信息，确保监督主体能够全面了解情况。

（2）加强监管力度：政府监管部门应加大对建设工程的监管力度，增加检查频次和扩大覆盖面，确保安全生产责任制与管理制度得到有效执行。同时，对发现的问题和隐患要及时督促整改并跟踪落实。

（3）提升监督能力：加强政府监管部门和工程监理单位的人员培训与设备更新工作，提高他们的监督能力和水平。同时，鼓励引入第三方专业机构参与监督工作，提高监督的专业性和客观性。

（4）建立奖惩机制：对严格执行安全生产责任制与管理制度的单位和个人，给予表彰和奖励；对违反制度规定、造成安全事故的单位和个人，依法依规进行严肃处理。通过奖惩机制激励各方积极参与安全生产管理和监督工作。

第三节 安全生产事故预防与处理

一、建设工程安全生产事故的预防策略与措施

在建设工程领域，安全生产事故的预防是保障施工人员生命安全、维护工程顺利进行、促进社会和谐稳定的重要任务。随着建筑行业的快速发展，施工规模的不断扩大，安全生产面临的挑战日益严峻。因此，制定科学有效的预防策略与措施，对减少安全生产事故的发生具有重要意义。

（一）强化安全生产意识教育

相关人员应加强对施工人员的安全教育培训，提高他们的安全意识和自我保护能力。通过定期举办安全知识讲座、案例分析会等，让施工人员深入了解安全生产的重要性，掌握基本的安全操作技能。同时，要强调"安全第一、预防为主"的原则，让安全意识深入人心。

管理人员在安全生产中扮演着至关重要的角色。他们不仅要具备丰富的专业知识和管理经验，还要具备高度的责任心和使命感。因此，要加强

对管理人员的安全教育培训，提高他们的安全管理能力和应急处置能力。同时，要明确各级管理人员的安全生产责任，确保安全生产责任制得到有效落实。

（二）完善安全生产管理制度

建立健全的安全生产管理制度是预防安全生产事故的基础。这些制度应包括安全生产责任制、安全生产教育培训制度、安全生产检查制度、事故隐患排查治理制度、应急救援预案等。通过制度的建立和完善，形成一套完整的安全生产管理体系，为安全生产提供有力保障。

制度的生命力在于执行。在制度建立之后，要加强对制度执行情况的监督和检查，确保各项制度得到有效落实。对违反制度规定的行为要严肃处理，绝不姑息迁就。同时，还要鼓励员工积极参与制度执行情况的监督和反馈工作，形成全员参与、共同监督的良好氛围。

（三）加强施工现场安全管理

施工现场是安全生产事故的高发区域。因此，要加强施工现场的安全管理工作。首先，要合理规划施工现场布局，确保施工区域、生活区域和办公区域分开设置，避免相互干扰。其次，要加强施工现场的安全防护措施建设，如设置安全网、安装防护栏杆等。最后，要加强对施工现场的巡视检查工作，及时发现和排除违章行为与不安全因素。

危险源是可能导致安全生产事故的根源。因此，在施工前要对施工现场进行全面的危险源辨识工作，明确危险源的种类、分布和危害程度。针对辨识出的危险源要制订相应的控制措施和应急预案，确保在发生危险时能够及时有效地进行处置。同时，要加强对危险源的监测和预警工作，及时发现和消除潜在的安全隐患。

（四）提升安全生产技术水平

随着科技的不断发展，新的安全生产技术和设备不断涌现。这些技术和设备在提高施工效率的同时也能够有效降低安全生产事故发生的风险。因此，要积极推广和应用先进的安全生产技术和设备，如采用自动化、智能化设备进行施工操作；采用无人机进行高空作业监控等。通过技术升级和设备更新提高施工安全性。

技术创新是推动安全生产事业发展的重要动力。因此，要加强技术创新和研发工作。鼓励企业加大安全生产技术研发投入力度；加强与高校、科研院所等机构的合作与交流；积极引进和消化吸收国外先进的安全生产技术和管理经验。通过技术创新不断提升我国建设工程安全生产水平。

（五）建立健全应急救援体系

应急救援预案是应对安全生产事故的重要措施之一。在制订应急救援预案时，要充分考虑各种可能发生的安全生产事故类型及其危害程度；明确应急救援的组织机构、人员职责和救援流程等内容；确保在发生安全生产事故时，能够迅速、有序地进行应急处置工作。

应急救援演练是检验应急救援预案有效性和提升应急救援能力的重要手段之一。有关部门要定期组织应急救援演练活动，模拟各种可能发生的安全生产事故场景，并进行实战演练；通过演练发现存在的问题和不足，并及时进行改进和完善；提高应急救援人员的应急处置能力和协同作战能力。

（六）加强政府监管与社会监督

政府监管部门在建设工程安全生产中扮演着重要角色。要加强政府监管职能的发挥力度；建立健全的监管体系和机制；加大对施工企业和施工现场的监督检查力度；及时发现和纠正违法违规行为；严肃查处安全生产事故责任单位和责任人；形成震慑效应。

社会监督是推动建设工程安全生产事业发展的重要力量之一。要鼓励社会各界积极参与建设工程安全生产的监督工作；建立健全的社会监督机制；畅通投诉举报渠道；及时受理和处理投诉举报事项；保护举报人的合法权益；形成全社会共同关注、共同监督的良好氛围。

二、建设工程安全生产事故的应急处理机制

在建设工程领域，安全生产事故的应急处理机制是确保事故发生后能够迅速、有序、有效地进行救援和处理，最大限度地减少人员伤亡和财产

损失的关键所在。完善的应急处理机制不仅要求有明确的组织架构、科学的应急预案，还需要有充足的应急资源、高效的协调机制，以及严格的责任追究制度。以下是对建设工程安全生产事故应急处理机制的详细探讨。

（一）应急处理机制的重要性

建设工程安全生产事故往往具有突发性、复杂性和不确定性，一旦发生，往往就会造成严重的人员伤亡和财产损失。因此，建立健全应急处理机制，对及时控制事态发展、减少事故损失、维护社会稳定具有重要意义。同时，应急处理机制也是检验企业安全生产管理水平、提升应急救援能力的重要手段。

（二）应急处理机制的构建

应急组织机构是应急处理机制的核心。建设工程单位应建立由企业负责人牵头的应急领导小组，明确各成员单位的职责和任务，形成统一指挥、分级负责、协调联动的应急管理体系。同时，还应设立专门的应急管理部门或机构，负责日常应急管理工作和应急事件的处置。

应急预案是应急处理机制的重要组成部分。建设工程单位应根据项目特点和实际情况，制订详细的应急预案。预案应包括事故类型、应急响应程序、救援措施、资源调配等内容，并明确各级人员的职责和权限。同时，预案还应定期进行修订和完善，以适应新的情况和需求。

应急资源是应急处理机制的重要保障。建设工程单位应建立必要的应急资源库，包括救援设备、器材、药品等物资，并确保其完好可用。同时，还应与周边医院、消防等救援机构建立紧密的合作关系，确保在事故发生时能够迅速获得外部支援。

应急演练是检验应急预案有效性和提升应急救援能力的重要手段。建设工程单位应定期组织应急演练活动，模拟各种可能发生的安全生产事故场景，并进行实战演练。通过演练可以发现存在的问题和不足，并及时进行改进和完善。同时，还可以提高应急救援人员的应急处置能力和协同作战能力。

（三）应急处理机制的实施

一旦发生安全生产事故，建设工程单位应立即启动应急预案，迅速组织救援力量赶赴事故现场进行初步处置。初步处置的主要任务是控制事态发展、保护事故现场、救治受伤人员等。同时，还应及时向上级主管部门和相关部门报告事故情况，请求外部支援。在救援过程中，各救援力量之间应密切协作、相互配合。企业应充分利用自身资源和社会资源，调动一切可以调动的力量参与救援工作。同时，还应与周边医院、消防等救援机构加强沟通，确保救援工作的高效有序进行。

在事故处理过程中，建设工程单位应及时向公众发布事故信息和救援进展情况。信息发布应遵循真实、准确、及时的原则，避免引起社会恐慌和不安。同时，还应与媒体加强沟通合作，积极引导舆论走向。事故处理结束后，建设工程单位应组织专门人员进行事故调查工作。调查应全面深入、客观公正地查明事故原因、性质和责任。同时，还应根据事故调查结果依法依规进行责任追究工作，对相关责任人员进行严肃处理。通过事故调查和责任追究工作，建设单位可以总结经验教训、完善管理制度、提高安全管理水平。

（四）应急处理机制的持续改进

应急处理机制是一个动态的过程，需要不断地进行改进和完善。建设工程单位应建立应急处理机制的评估机制，定期对机制的运行情况进行评估和分析。评估内容应包括机制的完整性、有效性、适用性等方面。同时，还应根据评估结果及时对机制进行修订和完善，以适应新的情况和需求。

此外，还应加强应急处理机制的宣传教育工作，提高全员的安全意识和应急能力。通过宣传教育可以普及安全知识、掌握应急技能、提高防范意识，为应急处理机制的有效实施提供有力保障。

三、建设工程安全生产事故的调查与分析方法

在建设工程领域，安全生产事故的调查与分析是预防类似事故再次发

生、提高安全管理水平的重要环节。通过科学、系统的方法对事故进行深入剖析，可以找出事故的根本原因，提出有效的改进措施，从而保障施工人员的生命安全和工程项目的顺利进行。以下是对建设工程安全生产事故调查与分析方法的详细探讨。

（一）事故调查的基本步骤

1.事故现场保护与处理

事故发生后，首要任务是保护事故现场，确保调查取证工作的客观性和公正性。这包括：立即救护受伤人员，采取措施防止事故蔓延扩大。认真保护事故现场，不得破坏与事故有关的物体、痕迹、状态。对现场进行标记记录或拍照、录像，并保持记录的准确性。

2.物证收集

物证是事故调查的重要依据，收集范围包括：

现场物证：如破损部件、碎片、残留物、致害物位置等。

其他物件：在现场搜集到的所有物件均应贴上标签，注明地点、时间、管理者。

安全防护：对危害健康的物品，应采取不损坏原始证据的安全防护措施。

3.事故事实材料收集

事故事实材料是还原事故经过、分析事故原因的基础，收集内容包括：

单位信息：发生事故的单位、地点、时间。

人员信息：受害人和肇事者的姓名、性别、年龄、文化程度、职业、技术等级、工龄等。

技术状况：受害人和肇事者的技术状况、接受安全教育情况。

工作细节：受害人和肇事者的工作时间、工作内容、工作量、作业程序、操作时的动作（或位置）。

设备与环境：事故发生前设备、设施等的性能和质量状况；使用的材料，必要时进行物理性能或化学性能实验与分析；工作环境状况，包括照明、湿度、温度、通风等。

个人防护：个人防护措施状况，包括有效性、质量、使用范围。

健康状况：出事前受害人和肇事者的健康状况。

事故记录：受害人和肇事者过去的事故记录。

4.人证材料收集

在事故调查取证时，应尽可能对所有受害人及证人进行询问，记录他们的陈述和观察结果。

5.事故现场摄影与绘图

对事故现场进行摄影、拍照，并绘制事故现场图，以便更直观地展示事故现场情况。

（二）事故调查与分析方法

1.事件树分析法

事件树分析法是一种逻辑演绎方法，通过从初始事件开始，逐步分析事件可能发展的各种途径及其结果，从而找出导致事故发生的所有可能原因。这种方法可以帮助调查人员系统地识别事故发生的所有潜在路径，并评估各路径的严重性和可能性。

2.因果树分析法

因果树分析法又称故障树分析法，是一种从结果出发、逆向追溯原因的分析方法。它通过建立故障树模型，将事故作为顶事件，逐层分析导致事故发生的直接原因和间接原因，直至找到最基本的原因。这种方法有助于揭示事故发生的深层次原因，为制定有效的预防措施提供依据。

3.层次分析法

层次分析法是一种定性与定量相结合的分析方法，通过将复杂问题分解为若干组成因素，并将因素按支配关系分组形成递阶层次结构，通过两两比较的方式确定层次中诸因素的相对重要性次序。在建设工程安全生产事故调查中，可以利用层次分析法对事故原因进行权重分析，确定各因素对事故发生的贡献程度，从而为制定有针对性的改进措施提供指导。

（三）事故原因分析

在事故的调查与分析过程中，需要综合运用上述方法，对事故原因进行深入剖析。一般来说，建设工程安全生产事故发生的原因可以归纳为以下几点：施工人员操作行为不当是引发安全事故的主要原因之一。这包括不遵守安全操作规程、安全意识淡薄、技术水平低下等。机械设备维护不当、防护装置缺失或失效、施工材料质量不合格等不安全状态是导致事故发生的重要原因。缺乏有效的安全管理机制、安全责任不明确、安全教育培训不到位等管理缺陷是事故发生的根源之一。施工环境复杂多变，如高温、大风、严寒、降雨等恶劣自然气候以及施工现场光线不足、视线不畅、通风效果差等环境因素都会对安全生产造成不利影响。

（四）改进措施与建议

提高施工人员的安全意识和操作技能水平是预防事故的重要措施。企业应定期组织安全教育培训活动，确保施工人员熟悉并遵守安全操作规程，增强自我保护能力；建立健全设备设施的维护保养制度，确保机械设备处于良好运行状态；加强对防护装置的检查和维护，确保其有效性。同时，严格把控施工材料的质量，防止因材料问题导致事故发生。建立健全安全生产责任制，明确各级管理人员和岗位员工的安全职责。加大安全监督检查力度，及时发现并纠正安全隐患。完善应急预案体系，定期组织应急演练，提高应对突发事件的能力。

针对施工环境的复杂性，采取有效措施改善施工条件。例如，在高温天气下合理安排作业时间，提供必要的防暑降温设施；在恶劣气候条件下暂停高风险作业，确保施工人员安全。同时，加强施工现场通风、照明等设施的建设，提高作业环境的舒适度。利用现代信息技术手段，如物联网、大数据、人工智能等，提高建设工程安全生产管理的智能化水平。通过实时监测施工现场的安全状况、分析潜在的安全风险，及时发现并预警潜在的安全问题，为安全管理提供有力的技术支持。

第四节　安全生产监管与执法

一、建设工程安全生产监管的主体与职责

在建设工程领域，安全生产监管是确保施工过程安全、保障施工人员生命安全、维护社会稳定的重要环节。明确安全生产监管的主体及其职

责，对构建完善的安全生产管理体系、预防和控制安全生产事故的发生具有重要意义。以下是对建设工程安全生产监管主体与职责的详细探讨。

（一）安全生产监管主体

建设工程安全生产监管主体主要包括政府监管部门、建设单位、施工单位、设计单位、监理单位等。这些主体在安全生产监管中扮演着不同的角色，共同构成建设工程安全生产监管的完整体系。

1.政府监管部门

政府监管部门是安全生产监管的法定主体，负责对建设工程安全生产实施综合监管和指导。具体而言，政府监管部门包括建设行政主管部门、安全生产监督管理部门等。这些部门依据相关法律法规和规章制度，对建设工程的安全生产进行监督检查，督促各责任主体落实安全生产责任，防范和减少安全生产事故的发生。

建设行政主管部门：负责对各类建设工程实施监督管理，对建筑行业安全生产工作负全责。其职责包括制定和执行建筑行业安全生产政策、法规和标准，监督检查施工现场的安全生产状况，查处违法违规行为等。

安全生产监督管理部门：其是对建设工程安全生产实施综合监管的部门，其职责包括指导、协调和监督各有关部门，并加强相应的安全管理工作，研究制定安全生产政策和规划，组织开展安全生产宣传教育等。

2.建设单位

建设单位是建设工程的投资主体和发起者，对建设工程的安全生产负有重要的监管责任。建设单位的职责主要包括：确保建设工程的合法性和合规性，依法取得相关许可和审批。选择具备相应资质和安全生产条件的施工单位、设计单位、监理单位等合作单位。提供符合安全生产要求的设计图纸和技术资料。监督检查施工单位的安全生产管理和施工现场的安全生产状况。组织开展安全生产教育和培训活动，提高全员安全意识。

3.施工单位

施工单位是建设工程的具体实施者，对施工现场的安全生产负有直接责任。施工单位的职责主要包括：制定并执行安全生产管理制度和操作规程。建立健全安全生产责任制和安全生产管理体系。配备合格的安全生产管理人员和安全生产设施。对施工人员进行安全生产教育和培训，确保其具备必要的安全生产知识和技能。定期检查和维护施工设备、设施和材料，确保其处于良好状态。及时发现并消除安全隐患，防止安全生产事故的发生。

4.设计单位

设计单位负责建设工程的设计工作，其设计成果直接影响建设工程的安全性能。因此，设计单位在安全生产监管中也扮演着重要角色。设计单位的职责主要包括：确保设计成果符合国家和地方的安全生产标准与规范。充分考虑施工过程中的安全因素，提出合理的设计方案和措施。配合建设单位和施工单位做好安全生产工作，提供必要的技术支持和指导。

5.监理单位

监理单位负责对建设工程的质量、进度和安全生产进行全面监理。监理单位的职责主要包括：审查施工单位的安全生产管理制度和操作规程是否符合要求。监督施工单位落实安全生产责任制和安全生产管理体系。定期检查施工现场的安全生产状况，发现隐患及时要求施工单位整改。协调解决在施工过程中出现的安全生产问题，确保施工顺利进行。

（二）安全生产监管职责

各安全生产监管主体在履行其职责时，应明确各自的责任范围和具体要求，确保安全生产监管工作的有效性和更具针对性。

1.政府监管部门的职责

政府监管部门应加大对建设工程安全生产的监督检查力度，及时发现并纠正违法违规行为。具体职责包括：制定和执行安全生产政策与法规，完善安全生产监管体系。组织开展安全生产宣传教育活动，提高全社会的安全生产意识。对建设工程进行定期和不定期的安全生产检查，督促各责任主体落实安全生产责任。对发现的安全隐患和违法违规行为进行严肃处理，依法追究相关责任人的法律责任。

2.建设单位的职责

建设单位应加大对施工单位、设计单位、监理单位等合作单位的监督管理力度，确保建设工程的安全生产。具体职责包括：依法取得相关许可和审批手续，确保建设工程的合法性和合规性。选择具备相应资质和安全生产条件的合作单位进行合作。加大对合作单位安全生产管理和施工现场监督检查的力度。组织开展安全生产教育和培训活动，提高全员安全意识。

3.施工单位的职责

施工单位应建立健全安全生产责任制和安全生产管理体系，确保施工现场的安全生产。具体职责包括：制定并执行安全生产管理制度和操作规程，明确各级管理人员的安全生产责任。建立健全安全生产管理机构，配备合格的安全生产管理人员。加大对施工人员的安全生产教育和培训力度，确保其具备必要的安全生产知识和技能。定期检查和维护施工设备、设施和材料，确保其处于良好状态。及时发现并消除安全隐患，防止安全生产事故的发生。

4.设计单位的职责

设计单位作为建设工程设计方案的提供者，其工作直接关系到建设工程的安全性和稳定性。因此，设计单位在安全生产监管中承担着重要的责任。具体职责如下：

严格遵守设计规范：设计单位应严格遵守国家和地方制定的安全生产设计规范、标准和规定，确保设计成果符合安全要求，从源头上预防安全生产事故的发生。

考虑施工安全性：在设计过程中，设计单位应充分考虑施工过程中的安全因素，提出科学合理的施工方案和安全措施，确保施工过程的顺利进行和施工人员的人身安全。

与各方沟通协调：设计单位应加强与建设单位、施工单位、监理单位等各方之间的沟通协调，确保设计方案的顺利实施，并及时解决在施工过程中可能出现的安全问题。

参与安全审查：设计单位应积极参与建设工程的安全审查工作，对审查中发现的问题进行及时整改和完善，确保设计成果的安全性和可靠性。

5.监理单位的职责

监理单位作为建设工程的独立第三方监督机构，其职责是确保建设工程的质量、进度和安全生产符合合同要求和法律法规规定。具体职责如下：

审查安全生产方案：监理单位应审查施工单位提交的安全生产方案，确保其符合国家和地方的安全生产标准和规范，以及设计要求。

监督安全生产实施：监理单位应定期对施工现场进行安全生产检查，监督施工单位落实安全生产责任制和安全生产管理制度，确保在施工过程中采取的安全生产措施得到有效执行。

协调解决安全问题：监理单位应协调解决在施工过程中出现的安全问题，提出合理的解决方案和建议，确保施工顺利进行。

报告安全隐患：监理单位在发现重大安全隐患时，应及时向建设单位和相关部门报告，并协助建设单位和施工单位采取有效措施进行整改。

（三）安全生产监管的协同机制

建设工程安全生产监管是一个系统工程，需要各监管主体之间的密切协作和配合。为了形成有效的安全生产监管合力，应建立以下协同机制：

各监管主体之间应建立信息共享机制，及时共享安全生产监管信息、隐患排查信息和事故处理信息等，确保信息的准确性和时效性。通过信息共享，可以形成对建设工程安全生产的全面了解和掌握，为制定科学合理的监管措施提供依据。

政府监管部门应加大与建设单位、施工单位、设计单位、监理单位等各方之间的联合执法力度，形成对违法违规行为的强大震慑力。通过联合执法，可以及时发现并纠正安全生产中的违法与违规行为，确保法律法规的严肃性和权威性。

各监管主体之间应建立应急联动机制，在发生安全生产事故时能够迅速响应、协同作战。通过应急联动，可以最大限度地减少事故损失和缩小影响范围，保障施工人员和周边群众的生命与财产安全。

二、建设工程安全生产执法的程序与要求

建设工程安全生产执法是确保建设工程施工安全、保障施工人员生命安全、维护社会稳定的重要措施。安全生产执法程序的科学性和规范性对提高执法效率、保障当事人合法权益具有重要意义。以下是对建设工程安

全生产执法程序与要求的详细探讨。

（一）安全生产执法程序

1.立案阶段

安全生产执法部门需要确定检查对象，这通常基于风险评估、举报投诉、日常监管等多种因素。在确定检查对象后，应制订详细的检查计划，明确检查时间、地点、内容、人员等事项。

执法人员在执行检查任务前，应做好充分准备，包括熟悉相关法律法规、了解检查对象的基本情况、准备必要的执法文书和工具等。同时，执法人员应确保自身携带有效的行政执法证件，以证明其执法身份和资格。

2.现场检查阶段

到达检查现场后，执法人员应向被检查单位出示有效的行政执法证件，并说明检查的来意和目的。这是执法程序的必要环节，旨在确保执法的合法性和权威性。执法人员应向被检查单位的主要负责人或相关人员了解单位的安全生产情况，包括安全生产管理制度、安全教育培训、安全隐患排查治理等方面的内容。通过了解情况，执法人员可以初步判断被检查单位的安全生产状况，为后续检查提供依据。

现场检查是安全生产执法的重要环节。执法人员应按照检查计划的要求，对被检查单位的生产现场进行全面、细致的检查。检查内容通常包括安全生产设施设备的完好性、安全操作规程的执行情况、特种作业人员的持证情况、安全隐患的排查治理情况等。在检查过程中，执法人员应认真记录检查情况，发现问题及时指出，并要求整改。检查完毕后，执法人员应制作统一的执法文书，将检查的时间、地点、内容、发现的问题及处理情况等一一记录。执法文书应由参加检查的执法人员签名后送达被检查单位，并要求被检查单位负责人或相关人员在文书上签字确认。执法文书是执法活动的重要记录，也是后续处理违法行为的依据。

3.处理与处罚阶段

在检查过程中，如果发现被检查单位存在违法行为且需要给予行政处罚的，执法人员应依法立案。立案决定应由应急管理部门负责人批准决定，并指定至少两名案件承办人负责案件的后续处理。立案后，案件承办人应开展调查取证工作。调查取证应遵循合法、客观、全面的原则，确保收集的证据真实、有效、充分。调查取证的方式包括询问笔录、现场勘查、物证收集、鉴定结论等。在调查取证过程中，应确保当事人的陈述权、申辩权等合法权益得到充分保障。

在调查取证结束后，应急管理部门应根据调查结果依法做出处罚决定。在作出处罚决定前，应向当事人下达行政处罚告知书，告知其违法事实、处罚理由、处罚依据及依法享有的权利。当事人有权进行陈述和申辩，应急管理部门应充分听取当事人的意见并复核相关证据。最终做出的处罚决定应依法送达当事人，并告知其申请行政复议或提起行政诉讼的途径和期限。当事人应按照处罚决定的要求及时履行处罚义务。如当事人对处罚决定不服并申请行政复议或提起行政诉讼的，在复议或诉讼期间不停止处罚决定的执行（法律另有规定的除外）。处罚执行完毕后，应急管理部门应对案件进行结案处理，并将相关案卷归档保存。

（二）安全生产执法要求

安全生产执法必须严格依照法律法规的规定进行。执法人员应熟悉相关法律法规和规章制度，确保执法行为的合法性和规范性。在执法过程中，应坚持公正、公平、公开的原则，不得徇私舞弊、滥用职权或玩忽职守。安全生产执法应遵循严格的程序要求。从立案、调查取证到处罚决定和执行等各个环节都应按照法定程序进行。执法人员应认真履行各项程序性义务，确保执法程序的完整性和规范性。同时，应注重执法文书的制作和管理工作，确保执法文书的合法性和有效性。

安全生产执法应确保收集的证据真实、有效、充分。在调查取证过程中，应注重证据的合法性和关联性，确保证据能够充分证明当事人的违法事实。对收集到的证据应妥善保管，并妥善保管相关案卷材料，以备后续复查或诉讼之需。安全生产执法应充分保障当事人的合法权益。在执法过程中，应告知当事人相关的执法事实、理由、依据及法定权利和义务等信息；当事人有权进行陈述和申辩，应急管理部门应认真听取并记录在案。对涉及当事人隐私或商业秘密的信息，应严格保密，不得随意泄露。此外，对经济条件困难的当事人，在符合法定条件的情况下，应提供必要的法律援助或减免相关费用。

安全生产执法不仅是对违法行为进行查处和处罚，更重要的是通过执法活动，提高全社会的安全生产意识和能力。因此，在执法过程中，应急管理部门应注重宣传教育和引导工作，向被检查单位普及安全生产法律法规和相关知识，指导其建立健全安全生产管理制度和操作规程，提高安全生产管理水平。同时，对表现良好的企业和个人，应给予表彰和奖励，树立安全生产先进典型，激励全社会共同关注和支持安全生产工作。为了确保安全生产执法的公正性和有效性，应建立健全的监督机制和问责制度。上级应急管理部门应对下级部门的执法活动进行定期检查和评估，及时发现和纠正执法中的问题与不足。同时，对在执法过程中出现的违法违纪行为，应依法依规进行严肃处理，追究相关人员的责任。通过建立和完善监督与问责机制，可以确保安全生产执法工作的规范化和制度化运行。

随着信息技术的快速发展，安全生产执法逐步实现信息化和智能化。通过建立安全生产执法信息系统，可以实现执法信息的实时采集、处理和共享，提高执法效率和准确性。同时，可以利用大数据、人工智能等技术手段对安全生产数据进行分析和预测，及时发现潜在的安全隐患和风险，为科学决策和精准执法提供有力支持。此外，还可以利用信息化手段加强执法过程的监督和记录，确保执法活动的公正性和透明度。

三、建设工程安全生产监管与执法中的法律问题

随着城市化进程的加速和建筑业的蓬勃发展，建设工程安全生产监管与执法工作日益凸显其重要性和复杂性。在这一领域，法律问题不仅关乎施工人员的生命安全和健康权益，也直接关系到社会稳定和经济发展。

（一）法律法规体系

建设工程安全生产监管与执法的法律体系主要由《安全生产法》《建筑法》《建设工程安全生产管理条例》等法律法规构成。这些法律法规为建设工程安全生产提供了基本的法律框架和制度保障。然而，随着建筑技术的不断进步和施工环境的不断变化，现有法律法规体系也面临新的挑战和考验。因此，不断完善和更新法律法规体系，确保其适应时代发展需

求，是保障建设工程安全生产的重要前提。

（二）监管主体职责

在建设工程安全生产监管与执法中，政府监管部门、建设单位、施工单位、监理单位等多方主体共同承担监管职责。各主体之间应明确职责分工，加强协作配合，形成合力。

政府监管部门：作为安全生产监管的主导力量，政府监管部门应制定严格的法规和标准，加大对施工现场的监管和执法力度。监管部门应建立健全监管机制，完善监管手段，确保监管工作的有效性和及时性。同时，监管部门还应加强对监管人员的培训和教育，提高其专业素养和执法水平。

建设单位：作为工程项目的投资主体和管理者，建设单位应依法承担建设工程安全生产的首要责任。建设单位应建立健全安全生产责任制度，加强对施工单位、监理单位等参建单位的安全生产管理和监督。同时，建设单位还应确保施工工期和造价的合理性，避免盲目赶工期、抢进度等行为导致安全事故的发生。

施工单位：作为建设工程施工的直接实施者，施工单位应依法承担施工安全生产的主体责任。施工单位应建立健全安全生产管理体系和应急救援机制，加强对施工人员的安全教育和培训。在施工过程中，施工单位应严格遵守安全生产法律法规和操作规程，确保施工质量和安全。

监理单位：作为建设工程的独立第三方监督机构，监理单位应依法对建设工程安全生产实施监理。监理单位应加强对施工单位安全生产管理体系和施工过程的监督检查，及时发现并纠正安全生产中的违法违规行为。对发现的重大安全隐患，监理单位应及时向建设单位和监管部门报告并协助处理。

（三）执法程序与要求

建设工程安全生产执法应遵循严格的程序要求，确保执法的合法性和公正性。

立案与调查：执法部门在接到举报或发现违法线索后，应依法立案并进行调查取证。调查取证应遵循合法、客观、全面的原则，确保收集的证据真实、有效、充分。

告知与听证：在做出行政处罚决定前，执法部门应依法向当事人下达行政处罚告知书，告知其违法事实、处罚理由、处罚依据及依法享有的权利。当事人有权进行陈述和申辩，执法部门应认真听取并记录在案。对涉及重大利益的处罚决定，执法部门应依法组织听证程序。

决定与执行：执法部门在充分听取当事人意见并复核相关证据后，应依法做出处罚决定并送达当事人。当事人应按照处罚决定的要求及时履行处罚义务。如当事人对处罚决定不服并申请行政复议或提起行政诉讼的，在复议或诉讼期间不停止处罚决定的执行（法律另有规定的除外）。处罚执行完毕后，执法部门应对案件进行结案处理并将相关案卷归档保存。

（四）法律责任

建设工程安全生产监管与执法中的法律责任主要包括行政责任、民事责任和刑事责任三个方面。

行政责任：对违反安全生产法律法规的行为，监管部门应依法给予行政处罚。行政处罚的种类包括警告、罚款、责令停产停业整顿、吊销资质证书等。同时，对监管不力或失职渎职的监管人员应依法追究行政责任。

民事责任：因建设工程安全生产事故造成人身损害或财产损失的，相关责任主体应依法承担民事赔偿责任。赔偿范围包括医疗费、误工费、残疾赔偿金、死亡赔偿金等直接损失，以及精神损害抚慰金等间接损失。

刑事责任：对造成重大安全生产事故或情节特别严重的违法行为，相关责任主体及其直接责任人应依法承担刑事责任。根据《刑法》相关规定，可能涉及的罪名包括重大责任事故罪、强令违章冒险作业罪等。

第五节 安全生产事故法律责任

一、建设工程安全生产事故的法律责任主体

在建设工程的实施过程中，安全生产是重中之重，它不仅关乎施工人员的生命安全与身体健康，也直接影响到工程项目的顺利进行和社会经济

的稳定发展。然而，尽管有严格的法律法规和监管制度，建设工程安全生产事故仍时有发生。当事故发生时，明确法律责任主体，依法追究其责任，是维护公平正义、预防类似事故再次发生的关键所在。

（一）建设单位作为首要责任主体

建设单位作为工程项目的投资主体和管理者，对建设工程的安全生产负有首要责任。根据《安全生产法》和《建设工程安全生产管理条例》等相关法律法规，建设单位应当履行以下安全生产职责：建设单位应当明确各级管理人员和施工人员的安全生产职责，确保安全生产责任到人。建设单位应合理安排施工工期，避免盲目赶工期、抢进度等行为导致安全生产条件恶化。同时，应确保工程造价的合理性，避免因资金不足而减少安全生产投入。建设单位在招标过程中，应严格审查施工单位和监理单位的资质与业绩，确保其具备承担相应安全生产责任的能力。建设单位应定期组织安全生产检查，督促施工单位和监理单位落实安全生产措施，及时发现并纠正安全生产中的违法与违规行为。

当建设工程发生安全生产事故时，如果经调查发现建设单位存在未履行上述安全生产职责的行为，其将作为首要责任主体承担相应的法律责任，包括行政处罚、民事赔偿甚至刑事责任。

（二）施工单位作为直接责任主体

施工单位作为建设工程施工的直接实施者，对施工现场的安全生产负有直接责任。根据相关法律法规规定，施工单位应当履行以下安全生产职责：施工单位应建立健全安全生产责任制、安全生产规章制度和操作规程等管理体系，确保安全生产工作的有序开展。施工单位应对施工人员进行安全教育培训，提高其安全生产意识和技能水平。特别是对新入场人员、转岗人员和特种作业人员，应进行专门的安全教育培训，并考核合格后方可上岗。施工单位应定期对施工设备和材料进行检查与维护保养，确保其处于良好的安全性能状态。对存在安全隐患的设备和材料应及时更换或修复。施工单位应加强对施工现场的安全管理，设置明显的安全警示标志和防护措施，确保施工人员遵守安全生产规定和操作规程。同时，应定期组织安全生产检查和隐患排查治理工作，及时发现并消除安全隐患。

当建设工程发生安全生产事故时，如果经调查发现施工单位存在未履行上述安全生产职责的行为导致事故发生的，其将作为直接责任主体承担相应的法律责任。

（三）监理单位作为监督责任主体

监理单位作为建设工程的独立第三方监督机构，对建设工程的安全生产负有监督责任。根据相关法律法规规定，监理单位应当履行以下安全生产监督职责：监理单位在审查施工组织设计时，应对其中的安全技术措施进行重点审查，确保其符合法律法规和强制性标准的要求。监理单位应加强对施工单位安全生产措施落实情况的监督检查，确保其按照法律法规和合同约定履行安全生产职责。监理单位在监督检查过程中，如发现施工单位存在安全生产隐患，应及时下达整改通知并督促其限期整改。对重大安全隐患，应及时向建设单位和监管部门报告并协助处理。

当建设工程发生安全生产事故时，如果经调查发现监理单位存在未履行上述安全生产监督职责或未及时报告、督促整改安全隐患等行为的，其将作为监督责任主体承担相应的法律责任。

（四）其他相关责任主体

除了上述主要责任主体，在建设工程安全生产事故中还可能涉及其他相关责任主体，如设计单位、勘察单位、设备供应单位等。这些单位在各自的工作范围内可能对安全生产产生影响，因此也应承担相应的法律责任。

例如，设计单位在设计过程中，应充分考虑施工安全和可操作性，避免因设计缺陷导致安全生产事故的发生；勘察单位在勘察过程中，应准确提供地质勘察资料，避免因勘察不准确导致施工方案不合理从而引发安全生产事故；设备供应单位应确保提供的设备符合安全性能要求，避免因设备故障导致安全生产事故的发生。

（五）法律责任的形式与追究

当建设工程发生安全生产事故时，相关责任主体应承担的法律责任形式主要包括行政处罚、民事赔偿和刑事责任等。

政府监管部门应依法对违法违规的责任主体进行行政处罚，如警告、罚款、责令停产停业整顿、吊销资质证书等。行政处罚的目的是惩罚违法行为、震慑潜在违法者，并维护市场秩序和公共利益。因建设工程安全生产事故造成人身损害或财产损失的，受害方有权依法向相关责任主体提起民事诉讼，要求赔偿损失。民事赔偿的目的是弥补受害方的损失并恢复其合法权益。对造成重大安全生产事故或情节特别严重的违法行为，相关责任主体及其直接责任人还可能被追究刑事责任。追究刑事责任是法律对严重违法行为的最为严厉的制裁方式，旨在通过惩罚犯罪者来维护社会秩序和公共安全。

二、建设工程安全生产事故的法律责任形式

在建设工程领域，安全生产是保障施工人员生命安全、维护社会稳定和促进经济发展的基础。然而，由于工程建设的复杂性、多样性和高风险性，安全生产事故时有发生。一旦发生安全生产事故，不仅会给受害者带来无法弥补的伤痛，也会对社会造成巨大的经济损失和负面影响。因此，明确并严格追究建设工程安全生产事故责任人的法律责任，对预防事故、保障权益、维护秩序具有重要意义。

（一）行政责任

行政责任是建设工程安全生产事故中最常见的法律责任形式之一。它主要指行政机关及其工作人员、建设工程的各方责任主体（如建设单位、施工单位、监理单位等）因违反行政法律法规而应承担的法律后果。

行政处罚是行政机关对违法者依其行政责任而实施的强制性惩罚措施。在建设工程安全生产事故中，常见的行政处罚包括警告、罚款、没收违法所得、责令停产停业、暂扣或吊销许可证和执照等。例如，对施工单位违反安全生产规定的行为，监管部门可以给予罚款并责令其限期整改；对情节严重的，还可以吊销其施工资质证书。行政处分是行政机关内部对违法失职的公务员所实施的一种处罚措施。在建设工程监管领域，如果监管部门的公务员因玩忽职守、滥用职权等行为导致安全生产事故发生的，应依法给予其相应的行政处分，如警告、记过、记大过、降级、撤职或开

除等。

行政强制是指行政机关为了实现行政管理目的，而依法对公民、法人或其他组织的财产、人身或自由等实施的暂时性控制或处分的行为。在建设工程安全生产事故中，行政机关可以采取查封、扣押、冻结等措施，对违法施工设备、材料等进行处理以防止事故扩大或再次发生。

（二）民事责任

民事责任是建设工程安全生产事故中涉及民事法律关系时产生的法律责任形式。它主要指因安全生产事故造成他人人身损害或财产损失的责任主体应承担的赔偿义务。

在建设工程安全生产事故中，如果因责任主体的过错导致他人人身损害或财产损失的，就应承担侵权责任。根据《中华人民共和国民法典》的相关规定，侵权责任的构成要件包括侵权行为、损害结果、因果关系和过错。责任主体应依法赔偿受害者的医疗费、护理费、误工费、残疾赔偿金、死亡赔偿金以及财产损失等合理费用。

在建设工程合同中，如果因一方违约导致安全生产事故发生的，违约方就应承担违约责任。违约责任的形式包括继续履行、采取补救措施、赔偿损失等。例如，在施工合同中如果施工单位未按照合同约定采取安全措施导致事故发生的，就应承担违约责任并赔偿建设单位的损失。

在建设工程安全生产事故中，如果存在多个责任主体且各责任主体之间存在一定的关联关系时，就可能产生连带责任。连带责任是指各责任主体对同一债务或损害结果共同承担全部或部分责任的制度。例如，在分包合同中如果分包单位因违反安全生产规定导致事故发生的，而总承包单位未尽到监督管理职责的，则总承包单位与分包单位应承担连带责任。

（三）刑事责任

刑事责任是建设工程安全生产事故中最为严厉的法律责任形式。它主要指因严重违反安全生产法律法规，并构成犯罪的行为人应承担的法律后果。

在建设工程安全生产事故中可能涉及的罪名主要有重大责任事故罪、玩忽职守罪、工程重大安全事故罪等。这些罪名的认定标准、构成要件和刑罚幅度等均在《中华人民共和国刑法》中有明确规定。例如，《中华人民共和国刑法》第一百三十四条规定："在生产、作业中违反有关安全管理的规定因而发生重大伤亡事故或者造成其他严重后果的处三年以下有期徒刑或者拘役；情节特别恶劣的处三年以上七年以下有期徒刑。"

对于涉嫌构成犯罪的建设工程安全生产事故将依法进入刑事诉讼程序。刑事诉讼程序包括立案侦查、审查起诉和审判三个阶段。在立案侦查阶段，公安机关或检察机关将依法收集证据查明犯罪事实；在审查起诉阶段，检察机关将依法审查案件材料决定是否对责任人提起公诉；在审判阶段，人民法院将依法审理案件并对责任人做出判决。对于被判处刑罚的犯罪分子将依法执行刑罚。刑罚的种类包括有期徒刑、无期徒刑、死刑（已极少适用）以及罚金等。在执行刑罚的过程中，监狱等执行刑罚的，机关将依法对罪犯进行教育改造帮助其重新回归社会。

（四）法律责任的综合运用

在建设工程安全生产事故的法律责任追究过程中，往往不是单一地运用某一种责任形式，而是需要根据具体情况综合运用多种责任形式，以达到最佳的法律效果和社会效果。例如，对一起严重的安全生产事故，可能同时会追究相关责任主体的行政责任、民事责任和刑事责任；在追究行政责任时，可能同时给予行政处罚和行政处分；在追究民事责任时，可能同时要求责任主体承担侵权责任和违约责任等。通过综合运用多种法律责任形式，可以更加全面、有效地打击违法违规行为，维护受害者的合法权益和社会公共利益。

第五章　建设工程环境保护法律问题与应对策略

第一节　环境保护法律法规概述

一、环境保护法律法规的体系与框架

环境保护法律法规体系是国家为了维护生态平衡、促进可持续发展而制定的一系列法律、法规、规章和标准的总称。这一体系不仅涵盖了环境保护的基本原则、制度框架，还具体规定了各类环境行为的法律责任和处罚措施。以下是对我国环境保护法律法规体系与框架的详细阐述。

（一）环境保护法律法规体系的构成

我国的环境保护法律法规体系主要由《中华人民共和国宪法》（以下简称《宪法》）、环境保护法律、环境保护法规、环境保护标准、环境保护规章，以及国际环境保护条约等多个层次和方面构成。

《宪法》作为国家的根本大法，为环境保护法律法规的制定提供了基础性的指导和原则。《宪法》第二十六条明确规定："国家保护和改善生活环境和生态环境，防治污染和其他公害。"这一条款不仅确立了环境保护的基本国策，还明确了国家在环境保护方面的责任和义务。此外，《宪法》中的其他相关条款也为环境保护法律法规的制定提供了立法依据和指导原则。

环境保护法律是环境保护法律法规体系中的核心部分，它是对《宪法》中环境保护原则的具体化和细化。我国现行的环境保护法律主要包括《中

华人民共和国环境保护法》《中华人民共和国大气污染防治法》《中华人民共和国水污染防治法》《中华人民共和国海洋环境保护法》等。这些法律不仅规定了环境保护的基本原则、制度框架和法律责任，还针对不同类型的环境污染问题制定了具体的防治措施和监管要求。

环境保护法规是环境保护法律法规体系中的重要组成部分，它由国务院及其有关部门制定并发布实施。这些法规通常是对环境保护法律的进一步细化和补充，旨在解决环境保护中的具体问题。例如，《建设项目环境保护管理条例》《排污费征收使用管理条例》《危险废物经营许可证管理办法》等。这些法规的制定和实施对加强环境监管、规范破坏环境行为具有重要意义。

环境保护标准是环境保护法律法规体系中的技术性规范，它规定了环境质量、污染物排放等方面的具体要求。环境保护标准包括环境质量标准、污染物排放标准以及基础标准和方法标准等。这些标准的制定和实施对保障环境质量、控制污染物排放具有重要意义。例如，《生活饮用水卫生标准》《渔业水质标准》《环境空气质量标准》等均为保障人民群众生命健康和环境质量提供了科学依据。

环境保护规章是环境保护部门根据法律、法规的授权制定的具体管理措施和办法。这些规章通常针对某一特定领域或某一具体问题制定具体的管理措施和监管要求。例如，工业废水处理标准和排放管制要求等。环境保护规章的制定和实施有助于加强环境监管、规范环境行为、提高环境管理水平。我国积极参与国际环境保护合作与交流，加入并批准了一系列国际环境保护条约和协定。这些国际环境保护条约和协定不仅为我国环境保护法律法规的制定提供了参考与借鉴，还促进了我国与其他国家在环境保护领域的合作与交流。例如，《联合国海洋法公约》《控制危险废物越境转移及其处置巴塞尔公约》《保护臭氧层维也纳公约》等均为我国参与国际环境保护合作提供了重要平台。

（二）环境保护法律法规框架的特点

我国环境保护法律法规体系层次分明、结构完整，涵盖了从宪法到地方性法规、从法律到规章，以及国际环境保护条约等多个层次和方面。这一体系不仅具有高度的权威性和约束力，还能够适应不同领域、不同层级的环境保护需求。我国环境保护法律法规体系内容全面、重点突出，不仅规定了环境保护的基本原则、制度框架和法律责任等基础性内容，还针对不同类型的环境污染问题制定出具体的防治措施和监管要求。同时，这一体系还注重加强环境监管、规范环境行为、提高环境管理水平等方面的制度建设。

我国环境保护法律法规体系注重法规之间的衔接和协调统一。在制定新的法律法规时，通常会充分考虑现有法律法规的规定和要求，确保新制定法律法规与现有法律法规之间的协调一致。同时，在执法过程中也会注重不同部门之间的协作配合和信息共享，确保环境监管工作的全面性和有效性。

（三）环境保护法律法规体系的完善与发展

随着环境保护工作的不断深入和环境保护形势的不断变化，我国环境保护法律法规体系也需要不断完善和发展。具体来说，可以从以下方面进行努力：针对当前环境保护中存在的突出问题和薄弱环节，加强立法工作，制定和完善相关法律法规。同时，注重提高法律法规的更具针对性和可操作性，确保法律法规能够得到有效执行和落实。加大环境监管和执法力度，加大对违法行为的打击力度和处罚力度。同时，注重提高执法人员的专业素养和执法水平，确保执法工作公正、公平、有效。加强环境保护法律法规的宣传教育工作，提高全社会的环境保护意识和法律素养。通过多种形式的宣传教育活动，引导公众积极参与环境保护工作，共同营造良好的环境保护氛围。

（四）环境保护法律法规体系的创新与发展趋势

随着全球对可持续发展的深入认识，绿色发展理念已成为环境保护法律法规体系创新的重要方向。这一理念强调经济发展与环境保护的和谐共生，要求在法律法规的制定和实施过程中，充分考虑生态环境的承载能力和自然资源的可持续利用。未来，我国的环境保护法律法规将更加注重促进绿色产业、清洁能源、循环经济等领域的发展，通过法律手段推动经济结构的优化升级和绿色发展模式的形成。公众参与是环境保护工作的重要组成部分，也是提升环境保护法律法规实施效果的关键。未来，我国将进一步完善公众参与机制，拓宽公众参与环境保护的渠道和方式。一方面，通过立法明确公众在环境保护中的权利和义务，保障公众的知情权、参与权和监督权；另一方面，加强环境信息公开和透明度建设，让公众能够及时了解环境状况、参与环境决策并监督环境执法。同时，鼓励和支持社会组织、企业、个人等多元主体参与环境保护工作，形成全社会共同关注、共同参与环境保护的良好氛围。

随着科技的飞速发展，智能化和信息化手段在环境保护领域的应用日益广泛。未来，我国将加强环境保护信息化建设，构建完善的环境监测网络和信息系统。通过大数据、云计算、物联网等现代信息技术手段，实现对环境质量的实时监测、预警和评估，提高环境监管的精准度和效率。同时，推动智能化技术在环境执法、污染治理、生态修复等方面的应用，提高环境保护工作的科技含量和智能化水平。为了更有效地遏制环境违法行为，我国将进一步完善环境保护法律责任体系。一方面，加大对环境违法行为的处罚力度，提高违法成本；另一方面，完善环境公益诉讼制度，鼓励社会组织、检察机关等依法提起环境公益诉讼，维护公众环境权益。同时，加强环境执法队伍建设和管理，提高执法人员的专业素养和执法水平，确保环境法律法规得到严格执行和有效落实。

环境保护是全球性议题，需要各国共同应对。未来，我国将继续深化与国际社会在环境保护领域的合作与交流，积极参与全球环境治理体系的建设和改革。通过加强与国际组织、其他国家和地区在环境保护技术、政策、法律等方面的交流与合作，共同应对全球性环境问题如气候变化、生物多样性保护等。同时，推动构建人类命运共同体理念在环境保护领域的实践落地，为全球环境保护事业贡献中国智慧和力量。

二、环境保护法律法规的核心原则与要求

环境保护法律法规作为保障生态环境、促进可持续发展的重要法律手段，其核心原则与要求不仅体现出国家对环境保护的基本立场和态度，也为环境保护工作提供了明确的方向和准则。以下是对环境保护法律法规核

心原则与要求的深入探讨。

（一）环境保护法律法规的核心原则

环境保护与经济社会协调发展原则是环境保护法律法规的基础。这一原则强调环境保护与经济社会发展不是相互对立的，而是相辅相成、相互促进的。在推动经济社会发展的同时，必须充分考虑生态环境的承载能力和自然资源的可持续利用，确保经济活动的环境友好性和可持续性。这一原则的实现需要政府、企业和公众共同参与，通过制定和实施有利于环境保护的经济政策、技术标准和法律法规，实现经济效益、社会效益和环境效益的有机统一。预防为主、防治结合、综合治理原则是环境保护法律法规的重要原则之一。首先，它要求我们在环境保护工作中，首先要采取预防措施，从源头上减少污染物的产生和排放；其次，对已经产生的污染进行治理，防止污染扩散和加剧；最后，通过综合治理手段，全面改善环境质量。这一原则体现了环境保护工作的前瞻性和系统性，要求我们在环境保护工作中既要注重当前问题的解决，又要关注对长远利益的保护。

"谁污染谁治理、谁开发谁保护"是环境保护法律法规中的原则。它明确了环境污染和生态破坏的责任主体，即造成环境污染和生态破坏的单位和个人应当承担相应的治理与保护责任。这一原则的实施有助于强化环境责任意识，推动企业和个人积极采取措施减少污染排放和生态破坏行为。同时，它也为环境监管部门提供了明确的执法依据，有助于加大环境监管和执法力度。公众参与原则是环境保护法律法规中的民主原则。它强调环境保护工作不仅是政府的责任，也是全社会的共同责任。公众应当积极参与环境保护工作，通过参与环境决策、监督环境执法、参与环境公益活动等方式，共同推动环境保护事业的发展。这一原则的实施有助于增强公众的环境保护意识和责任感，形成全社会共同关注、共同参与环境保护的良好氛围。

"谁损害、谁担责"原则是环境保护法律法规中的追究责任原则。它要求造成环境污染和生态破坏的单位和个人应当承担相应的法律责任与经济赔偿责任。这一原则的实施有助于强化环境违法行为的法律后果和增加震慑力，推动企业和个人严格遵守环境保护法律法规，减少环境违法行为的发生。

（二）环境保护法律法规的具体要求

环境保护法律法规要求严格环境准入标准，从源头上控制污染物的产生和排放。对新建、改建、扩建项目，必须依法进行环境影响评价，并符合国家和地方的环境保护标准与要求。对不符合环境保护标准和要求的项目，一律不得批准建设。此外，对高污染、高能耗、高排放的行业和企业，要实施更加严格的环保标准和要求，推动其转型升级和绿色发展。环境保护法律法规要求加大环境监管和执法力度，确保各项环保措施得到有效落实。各级政府和环保部门要建立健全环境监管体系，加大对重点区域、重点行业和重点企业的监管和执法力度。对环境违法行为，要依法严厉查处，公开曝光典型案例，形成有效的震慑和警示作用。同时，要加强环境执法能力建设，提高执法人员的专业素养和执法水平，确保环境执法工作的公正、公平和有效。

环境保护法律法规要求积极推动环境污染治理和生态修复工作。对已经存在的环境污染问题，要采取综合治理措施进行治理，减少污染物排放和生态破坏。同时，要加强生态修复工作，通过植树造林、湿地恢复、生态修复工程等手段，逐步恢复和改善生态环境质量。此外，还要加强环境污染治理和生态修复的技术研发与推广应用，提升治理效果和修复质量。环境保护法律法规要求加强环境信息公开和公众参与工作。各级政府和环保部门要及时发布环境信息，包括环境质量状况、环境监测数据、环境执法情况等，保障公众的知情权、参与权和监督权。同时，要鼓励公众参与环境保护工作，通过参与环境决策、监督环境执法、参与环境公益活动等方式，共同推动环境保护事业的发展。此外，还要加强环境教育和宣传工作，提高公众的环境保护意识和素养。

环境保护法律法规要求落实环境保护责任制度，明确各级政府、企业和公众在环境保护中的责任与义务。各级政府要切实履行环境保护职责，将环境保护工作纳入国民经济和社会发展规划中，并制定相应的环境保护政策和措施。企业要承担起环境保护的主体责任，采取有效措施减少污染排放和生态破坏行为。公众要积极参与环境保护工作，履行环境保护义务和责任。通过落实环境保护责任制度，形成全社会共同关注、共同参与环境保护的良好氛围。

第二节　建设工程环境影响评价制度

一、环境影响评价制度的定义与目的

（一）环境影响评价制度的定义

作为环境保护领域的一项重要法律制度，环境影响评价制度是指在进行可能对环境造成影响的工程建设、开发活动和各种规划之前，预先进行调查、预测和评价，提出环境影响及防治方案的报告，并经过主管当局批准后，方可进行建设的一整套管理措施和方法。这一制度将环境影响评价工作以法律、法规或行政规章的形式确定下来，使其成为必须遵守的规范。

环境影响评价的对象广泛，包括但不限于各种工程建设项目、开发活动以及可能对环境产生影响的规划。这些对象在实施前都需要进行环境影响评价。评价内容主要包括对建设项目或活动的选址、设计、建设及运营过程中可能对环境产生的各种影响进行调查、预测和评估。这些影响可能涉及大气、水体、土壤、生态、噪声等多个方面。

环境影响评价通常遵循一定的程序，包括环境调查、影响识别、预测评估、提出对策措施、编制环境影响报告书、公众参与、审批等环节。这些程序可以确保环境影响评价的全面性和科学性。环境影响评价制度具有法律强制性，是建设项目或活动获得批准和实施的前提。未经环境影响评价或评价未通过审批的项目，不得擅自开工建设。

（二）环境影响评价制度的目的

环境影响评价制度的目的在于通过科学的手段和方法，预测和评估建设项目或活动可能对环境造成的影响，并提出有效的防治对策和措施，从而实现经济、社会和环境的协调发展。具体来说，其目的可以归纳为以下方面：

环境影响评价制度的核心目的是预防环境污染和生态破坏。通过对建设项目或活动的环境影响进行预测和评估，可以及时发现潜在的环境问题，并采取相应的防治措施，避免或减少环境污染和生态破坏的发生。这有助于保护自然环境的完整性和稳定性，保护生态平衡。环境影响评价制度是实现可持续发展的重要手段之一。通过环境影响评价，可以确保建设项目或活动在经济效益、社会效益和环境效益之间达到平衡，促进经济、社会和环境的协调发展。这有助于实现经济社会的长远利益，保障人民群众的健康和福祉。

环境影响评价制度有助于优化资源配置和布局。通过对建设项目或活动的环境影响进行评价，可以明确其对环境资源的需求和占用情况，从而合理安排资源的使用和布局。这有助于避免资源的浪费和不合理利用，提高资源的使用效率和效益。环境影响评价制度的实施推动了环境管理创新。通过环境影响评价，可以引入先进的环境管理理念和技术手段，推动环境管理模式的转变和升级。这有助于提升环境管理的科学性和有效性，为环境保护工作提供更加有力的支持和保障。

环境影响评价制度有助于提高公众的环保意识。通过公众参与环节，可以让公众了解建设项目或活动对环境的影响情况，并听取公众的意见和建议。这有助于增强公众的环保意识和责任感，推动社会各界共同参与环境保护工作。

（三）环境影响评价制度的实施意义

环境影响评价制度的实施对环境保护和可持续发展具有重要意义。首先，它有助于从源头上控制环境污染和生态破坏的发生，减少环境问题的产生和治理成本。其次，它有助于促进经济、社会和环境的协调发展，实现经济效益、社会效益和环境效益的共赢。最后，它有助于推动环境管理创新和提高公众环保意识，为环境保护工作提供更加有力的支持和保障。

在国际上，环境影响评价制度得到了广泛的认可和应用。许多国家和地区都建立了环境影响评价制度，并将其作为环境保护的重要手段之一。通过加强国际合作和交流，共同推动环境影响评价制度的完善和发展，有助于应对全球性环境问题的挑战和威胁。

二、环境影响评价在建设工程中的实施程序

环境影响评价（EIA）在建设工程中的实施程序是一个复杂而系统的过程，旨在评估建设项目对环境可能产生的影响，并提出相应的预防和减缓措施。以下是对环境影响评价在建设工程中实施程序的详细阐述，内容涵盖从项目启动到最终审批及后续跟踪的各个环节。

（一）项目的准备与启动阶段

在建设项目正式启动前，通常需要经过项目建议书的批准过程。这一阶段，建设单位需明确项目的基本情况、建设目的、规模、投资估算等，为后续的环境影响评价工作奠定基础。

项目建议书批准后，建设单位应根据项目环境影响分类管理名录，确定项目的环境影响评价类别。这有助于明确评价工作的深度和广度，为后续评价大纲的编制和报告书的编写提供指导。

（二）评价大纲的编制与审查阶段

对需要编制环境影响报告书的项目，建设单位应首先编写环境影响评价大纲。大纲应明确评价的目的、原则、范围、内容、方法、技术路线、时间安排等，为后续的详细评价工作提供框架和指导。

评价大纲编制完成后，需提交给环境保护行政主管部门进行审查。审查过程中，行政主管部门会组织专家对大纲的合理性、科学性、可行性等进行评估，并提出修改意见。建设单位需根据审查意见对大纲进行修改完善，直至获得批准。

（三）环境影响报告书的编制与审批阶段

在评价大纲获得批准后，建设单位应委托具有相应资质的环评机构，按照大纲的要求和指导，编制详细的环境影响报告书。报告书应全面、客观地分析建设项目对环境可能产生的影响，包括大气、水体、土壤、生态、噪声等多个方面，并提出相应的预防和减缓措施。

在环境影响报告书编制过程中，建设单位应充分征求公众的意见和建

议。这可以通过召开座谈会、发放调查问卷、设置公示栏等方式进行。公众的意见和建议将作为报告书修改和完善的重要依据。

环境影响报告书编制完成后，需提交给环境保护行政主管部门进行审批。审批过程中，行政主管部门会组织专家对报告书进行评审，并综合考虑公众意见、行业主管部门意见等因素，做出是否批准的决定。未经批准的项目，不得擅自开工建设。

（四）项目的实施与跟踪监测阶段

在环境影响报告书获得批准后，建设单位方可按照批准的内容和要求实施建设项目。在项目实施过程中，建设单位应严格遵守环保法律法规和审批意见，落实各项预防和减缓措施，确保项目对环境的影响在可控范围内。项目实施过程中，建设单位应委托具有相应资质的环境监测机构，对项目的环境影响进行跟踪监测。监测内容应包括项目施工期、运营期对大气、水体、土壤、生态、噪声等方面的环境影响。监测结果应及时报告给环境保护行政主管部门，并作为项目环境管理和后评估的重要依据。

（五）项目后评估与持续改进阶段

项目建成后，建设单位应组织进行项目后评估。项目后评估应全面回顾项目实施过程中对环境的影响情况，评估预防和减缓措施的有效性，并总结经验教训。评估结果将作为今后类似项目环境影响评价的重要参考。

根据项目后评估结果，建设单位应针对存在的问题和不足，制定改进措施并实施。同时，应加强与环境保护行政主管部门的沟通和协作，共同推动环境保护工作的持续改进和发展。

第三节 建设工程环境保护措施与要求

一、建设工程环境保护的基本原则与要求

在建设工程领域，环境保护是一项至关重要的任务，它直接关系到人

类生存环境的可持续性和生态平衡。为确保建设工程与环境保护的协调发展，必须遵循一系列基本原则和要求。以下是对建设工程环境保护基本原则与要求的详细阐述。

（一）环境保护的基本原则

经济建设与环境保护协调发展的原则，是环境保护法必须认真贯彻的基本原则之一。这一原则要求在经济建设的同时，必须充分考虑环境保护的需求，实现经济建设、城市建设、环境建设的同步规划、同步实施、同步发展。这体现了"三同步方针"和"三统一方针"，即经济效益、环境效益、社会效益的统一。在建设工程中，这一原则要求项目选址、设计、施工、运营等各个环节都要充分考虑环境保护因素，避免对生态环境造成破坏。

预防为主，防治结合的原则是环境保护中的核心原则之一。这一原则强调在环境保护工作中，应把重点放在预防上，通过制定和实施具有预防性的环境保护管理制度，从源头上切断环境污染的产生。同时，对已经产生的环境污染，要采取积极有效的治理措施，以减少其对环境的破坏。在建设工程中，这一原则要求项目在规划、设计阶段就要充分考虑环境保护因素，采取科学合理的措施，预防环境污染和生态破坏的发生。同时，在施工过程中要加强环境监管，确保各项环保措施得到有效执行。

污染者付费的原则，也称"谁污染，谁治理""谁开发，谁保护"的原则。这一原则的基本思想是明确治理污染、保护环境的经济责任，即污染者应当承担其污染行为所造成的环境损害赔偿责任。在建设工程中，这一原则要求建设单位必须对其施工过程中产生的环境污染和生态破坏负责，并承担相应的治理费用。这有助于促使建设单位在工程建设过程中更加注重环境保护工作，减少环境污染和生态破坏的发生。

公众参与原则是环境保护中的重要原则之一。它要求在环境保护过程中，任何单位或者个人都可以通过一定程序或途径，平等参与一切与环境利益有关的决策活动。这一原则体现出民主理念在环境管理活动中的延伸，是民主与法治要求在环境法上的集中体现。在建设工程中，公众参与原则要求建设单位在项目规划、设计、施工等各个环节都要充分征求公众的意见和建议，确保公众的环境权益得到保障。

（二）建设工程环境保护的要求

建设工程必须严格遵守国家及地方的环境保护法律法规和标准，确保项目的合法性和合规性。这包括遵守《中华人民共和国环境保护法》《中华人民共和国环境影响评价法》等相关法律法规，以及国家和地方的环境质量标准、污染物排放标准等。在项目实施过程中，建设单位要加强环境监管和执法力度，确保各项环保措施得到有效执行。

建设工程在规划、设计、施工、运营等各个环节都要落实环境保护措施。这包括制订科学合理的环境保护方案，明确环境保护目标和任务；采取有效的污染防治措施，减少污染物排放；加强生态保护和修复工作，维护生态平衡；加强环境管理和监测工作，确保环境质量达到标准要求。在施工过程中，建设单位要加强施工现场的环境管理，减少施工噪音、扬尘等对周围环境的影响；加强废弃物的处理和回收利用工作，减少环境污染和资源浪费。

建设工程在规划阶段就要进行环境风险评估工作，识别项目可能对环境造成的潜在影响和风险。根据评估结果制定相应的应急预案和措施，以应对可能发生的环境污染和生态破坏事件。在项目实施过程中要加强环境风险的监测和预警工作，及时发现和解决潜在的环境风险问题。

建设工程要促进资源节约和循环利用工作。这包括在设计和施工过程中采用节能、节水、节材等环保技术与材料；加强废弃物的分类、收集和处理工作；推动建筑废弃物的资源化利用和再生利用等。通过这些措施减少资源消耗和浪费，减少环境污染和生态破坏的风险。

建设工程要加强环境教育和宣传工作。通过举办培训班、发放宣传资料、设置宣传栏等方式，向建设单位、施工人员和周边群众普及环保知识与法律法规；提高公众的环境保护意识和参与度；形成良好的环保氛围和风尚。这有助于推动建设工程与环境保护的协调发展，实现经济、社会和环境的共赢。

二、建设工程环境保护的具体措施与实施策略

在建设工程领域，环境保护不仅是一项法律义务，也是企业社会责任的体现。为确保建设活动对环境的影响最小化，实现可持续发展目标，必须采取一系列具体且有效的环境保护措施与实施策略。

（一）建设工程环境保护的具体措施

环境影响评价是预防和控制环境污染的重要手段。在建设项目启动前，必须依据相关法律法规要求，进行全面的环境影响评价。这包括识别项目可能对环境造成的各种影响，评估其显著性和可接受性，并提出相应的预防和减缓措施。通过环境影响评价，可以确保项目在设计、施工和运营阶段都要充分考虑环境因素，降低对环境的负面影响。绿色设计是从源头减少环境污染和资源消耗的关键。在建设工程设计阶段，应采用绿色设计理念，注重节能、节水、节材和环保。例如，选择环保材料、优化建筑设计以减少能耗、利用可再生能源等。绿色建筑则是在绿色设计基础上，通过科学施工和运营管理，实现建筑全生命周期内的资源高效利用和环境影响最小化。

施工期间是环境污染和生态破坏的高发期。因此，必须加强施工期间的环保管理。具体措施包括：制订施工环保方案，明确施工过程中的环保要求和责任；加强施工现场的环境监测，确保施工活动符合环保标准；采取有效的污染防治措施，如扬尘控制、噪声管理、废水处理、废弃物分类回收等；加强施工人员的环保教育和培训，提高其环保意识和操作技能。对因建设活动而受到破坏的生态环境，应积极开展生态修复工作。这包括植被恢复、水体净化、土壤改良等。同时，在建设项目选址和设计阶段，应充分考虑生态保护需求，避免对重要生态功能区造成破坏。对无法避免的生态影响，应制订科学合理的生态补偿方案，确保生态功能的恢复和重建。

建设工程应建立完善的环境风险管理体系，包括环境风险评估、预警和应急响应机制。通过定期评估项目可能面临的环境风险，制定相应的预防和应急措施。一旦发生环境污染或生态破坏事件，就能够迅速启动应急

响应机制，采取有效措施控制事态发展，减少影响和损失。

（二）建设工程环境保护的实施策略

政府应通过制定和完善环保政策、法规和标准，为建设工程环境保护提供法律保障和政策支持。同时，加大对违法行为的惩处力度，提高违法成本，形成有效的环保监管和约束机制。此外，政府还应积极推广绿色建筑、绿色施工等环保理念和技术，引导建设行业向环保方向发展。科技创新是推动建设工程环境保护的重要手段。应加大对环保技术的研发投入力度，鼓励和支持环保技术的研发与应用。通过引进和消化吸收国外先进环保技术，结合国内实际情况进行技术创新和改造升级，提高我国建设工程环保技术的整体水平。同时，加强环保技术的推广应用和示范工程建设，形成可复制、可推广的环保技术模式和经验。

公众参与是建设工程环境保护的重要力量。应建立健全公众参与机制，鼓励公众积极参与建设工程环保工作。通过公开透明的方式发布环保信息，接受公众监督；开展形式多样的环保宣传教育活动，提高公众的环保意识和参与度；建立环保投诉举报制度，及时受理和处理公众反映的环保问题。同时，加强与媒体的合作与交流，发挥媒体在环保监督中的积极作用。企业是建设工程环保工作的直接责任主体。应强化企业的环保意识和责任担当意识，推动企业自觉遵守环保法律法规和标准要求。通过建立健全企业内部环保管理体系和制度规范，加强环保管理和监督；加大环保投入力度，提高环保设施和技术水平；积极参与环保公益活动和社会责任项目，树立良好企业形象和品牌形象。

建设工程环保工作具有跨区域、跨流域的特点。因此，应加强区域协同和联防联控机制建设。通过建立跨区域环保合作机制和信息共享平台，加强区域间环保工作的协调配合和资源共享；共同制定区域环保规划和政策措施，推动区域环保工作的协同推进和水平的整体提升；加强跨界环境污染事件的联合应对和处置能力，确保区域环境安全和稳定。

第四节　环境保护事故处理与法律责任

一、建设工程环境保护事故的定义与分类

在探讨建设工程环境保护事故的定义与分类之前，我们首先需要明确环境保护事故的基本概念及其在建设工程领域中的特殊表现。环境保护事故，顾名思义，是指由于某种原因导致的环境污染或生态破坏事件，这些事件可能对人类社会、自然环境以及生态系统造成不良影响。在建设工程领域，环境保护事故往往与施工活动、材料使用、废弃物处理等环节紧密相关。

（一）建设工程环境保护事故的定义

建设工程环境保护事故，是指在建设工程的设计、施工、运营等各个阶段中，因违反环境保护法律法规、操作规程或疏忽大意等原因，导致环境受到污染或生态遭受破坏的突发性事件。这类事故不仅会造成经济损失，还可能对人体健康、生物多样性及生态平衡等产生长期而深远的影响。

具体来说，建设工程环境保护事故可能涉及以下方面：

大气污染：如施工过程中的扬尘、废气排放等导致空气质量下降。

水体污染：如施工废水、废弃物未经处理直接排放至河流、湖泊等水体。

土壤污染：如建筑垃圾、化学品泄漏等污染土壤。

噪声污染：如施工机械、运输车辆等产生的噪声对周边居民生活造成影响。

生态破坏：如施工活动破坏植被、影响野生动物栖息地等。

（二）建设工程环境保护事故的分类

根据环境保护事故的性质、严重程度和影响范围等因素，可以将其划

分为不同的等级或类别。

1.特别重大环境保护事故

特别重大环境保护事故是指造成极为严重后果的环境污染或生态破坏事件。这类事故通常具有以下特征：

人员伤亡重大：如导致30人及以上死亡，或中毒（重伤）100人及以上。

经济损失巨大：如直接经济损失达1000万元以上。

环境影响深远：如因区域生态功能严重丧失或濒危物种使生存环境遭到严重污染，因环境污染使当地正常的经济、社会活动受到严重影响，因环境污染造成重要城市主要水源地取水中断等。

2.重大环境保护事故

重大环境保护事故是指造成较为严重后果的环境污染或生态破坏事件。与特别重大事故相比，其严重程度和影响范围虽有所降低，但仍具有较大的危害性和影响力。这类事故可能涉及：

一定数量的人员伤亡：如导致10人及以上、30人以下死亡，或中毒（重伤）50人及以上、100人以下。

较大的经济损失：如直接经济损失达到一定规模。

显著的环境影响：如因区域生态功能部分丧失或濒危物种使生存环境受到污染，因环境污染使当地经济、社会活动受到较大影响，因环境污染造成重要河流、湖泊、水库及沿海水域大面积污染等。

3.较大环境保护事故

较大环境保护事故是指造成一定后果的环境污染或生态破坏事件。这类事故虽然不如前两类严重，但仍需引起高度重视并及时采取措施加以应对。其包括：

一定数量的人员伤亡或中毒：如导致3~9人死亡，或中毒（重伤）50人以下。

跨行政区域的环境影响：如因环境污染造成跨地级行政区域纠纷，使当地经济、社会活动受到影响。

特定区域的环境污染：如发生在环境敏感区的油品泄漏量为1吨及以上15吨以下，以及在非环境敏感区油品泄漏量为15~100吨等。

4.一般环境保护事故

一般环境保护事故是指造成较轻后果的环境污染或生态破坏事件。这类事故虽然影响范围较小，但仍需加强监管和防范以避免事态扩大。其包括：

少量人员伤亡或中毒：如导致3人以下死亡或中毒。

跨县级行政区域的环境影响：如因环境污染造成跨县级行政区域纠纷，引起一般群体性影响。

局部区域的环境污染：如发生在环境敏感区的油品泄漏量为1吨以下，以及在非环境敏感区油品泄漏量为15吨以下等。

二、建设工程环境保护事故的处理程序与要求

在建设工程领域，环境保护事故的处理是一项复杂而重要的任务，它不仅关系到生态环境的恢复与保护，还将直接影响到人民群众的生命财产安全和社会稳定。因此，建立科学、规范、高效的建设工程环境保护事故处理程序与要求显得尤为重要。以下将从事故报告、应急响应、现场处置、调查评估、恢复重建及后续监管等方面进行详细阐述。

（一）事故报告

立即报告：建设工程一旦发生环境保护事故，事故单位就应立即启动应急预案，并在第一时间向当地环保部门、建设主管部门及相关部门报告。报告内容应包括事故发生的时间、地点、原因、影响范围、已采取的措施及后续处理计划等。

信息准确：报告信息应尽可能详细、准确，避免漏报、误报或瞒报。对可能涉及敏感信息或重大影响的事故，事故单位还应按照相关规定逐级上报至更高层级的政府或监管部门。

多渠道报告：除了向政府部门报告，事故单位还应根据实际情况，通过媒体、社会公告等方式向公众通报事故情况，确保信息透明公开。

（二）应急响应

成立应急指挥机构：事故发生后，应立即成立由建设单位、施工单

位、监理单位及环保部门等组成的应急指挥机构，负责统一指挥、协调事故处理工作。

启动应急预案：根据事故类型和严重程度，迅速启动相应的应急预案，明确各方职责和行动方案，确保应急工作有序进行。

现场封锁与隔离：为防止事故扩大和二次污染，应立即对事故现场进行封锁和隔离，设置警示标志，限制无关人员进入。

紧急救援与处置：迅速组织专业救援队伍和设备，对受伤人员进行救治，同时对污染源进行控制和消除，减少污染物排放和扩散。

（三）现场处置

污染控制：针对不同类型的污染物，采取物理、化学或生物等方法进行控制和消除。例如，对水体污染，可采取围堰截流、吸附沉淀等措施；对大气污染，可采取喷水降尘、吸附净化等措施。

生态修复：对受损的生态环境进行修复和重建，包括植被恢复、土壤改良、水体净化等。修复方案应科学合理，并充分考虑生态系统的自然恢复能力。

废物处理：对产生的废物进行分类收集、安全储存和合规处置。危险废物应交由有资质的单位进行专业处理，防止造成二次污染。

（四）调查评估

事故调查：成立由专家和专业人员组成的事故调查组，对事故原因、责任主体、损失程度等进行全面深入的调查。调查过程中应充分收集证据材料，确保调查结果的客观性和准确性。

损害评估：对事故造成的环境损害、经济损失、社会影响等进行综合评估。评估结果应作为后续处理、赔偿和修复的重要依据。

责任追究：根据调查结果，依法依规对责任主体进行追责问责。对于涉嫌犯罪的，应移送司法机关处理。

（五）恢复重建

制定恢复方案：根据损害评估结果和生态修复原则，制订科学合理的恢复重建方案。方案应明确恢复目标、任务、时间表和责任人等要素。

实施恢复工程：按照恢复方案要求，组织专业队伍和设备实施恢复工程。恢复过程中应注重生态环境保护和可持续发展原则的应用。

效果评估与验收：恢复工程完成后应进行效果评估和验收工作。评估结果应作为工程质量和环境保护效果的重要参考依据。

（六）后续监管

加大监管力度：加大对建设工程环境保护工作的日常监管和执法力度，确保环保法律法规的贯彻执行。

完善监管机制：建立健全建设工程环境保护监管机制和信息共享平台，提高监管效率和水平。

强化宣传教育：加强对建设单位、施工单位及社会公众的环保宣传教育工作，提高全社会的环保意识和责任感。

第五节　环境保护合规性管理

一、建设工程环境保护合规性管理的定义与目标

（一）定义

建设工程环境保护合规性管理，是指在建设工程的全生命周期内，通过一系列有组织、有计划的管理活动，确保工程建设活动符合国家和地方环境保护法律法规、标准、政策，以及企业内部环保规章制度的要求，从而实现对环境的保护和治理，减少或避免对环境造成的不利影响。这一过程涵盖了项目准备、设计、施工、运营等阶段，旨在通过合规性管理手段，促进建设工程与环境保护的协调发展。

建设工程环境保护合规性管理具体包括以下方面：

法律法规遵循：确保工程建设活动严格遵守国家及地方环境保护法律法规，如《中华人民共和国环境保护法》《中华人民共和国水污染防治法》《中华人民共和国大气污染防治法》等，以及相关的环保标准和政策要求。

环保制度建立：建立健全的企业内部环保规章制度，明确各级管理人

员和员工的环保职责与权限，形成完善的环保管理体系。

环保风险评估：在项目准备阶段，对可能产生的环境影响进行预测和评估，识别潜在的环保风险，并制定相应的风险防控措施。

环保措施实施：在工程设计、施工、运营等阶段，采取有效的环保措施，如采用环保材料、节能减排技术、污染物治理设施等，减少或避免对环境的污染和破坏。

环保监督与检查：加强对工程建设活动的环保监督与检查，确保各项环保措施得到有效执行，及时发现并纠正环保违规行为。

环保培训与教育：加强对员工的环保培训与教育，提高员工的环保意识和能力，形成良好的环保文化氛围。

（二）目标

建设工程环境保护合规性管理的目标主要体现在以下方面：

保护生态环境：通过合规性管理，减少或避免工程建设活动对生态环境的破坏，保护生物多样性，维护生态平衡。

减少污染排放：采取有效措施控制污染物排放，确保工程建设活动符合国家和地方环保标准，减少对环境的污染。

节约资源能源：在工程建设过程中，注重资源能源的节约利用，推广节能减排技术，提高资源能源利用效率，减少浪费。

提升企业形象：通过加强环保合规性管理，提升企业的环保形象和社会责任感，增强企业的市场竞争力和可持续发展能力。

促进绿色发展：将环保合规性管理融入企业发展战略，推动绿色设计、绿色施工、绿色运营等绿色发展理念的实施，促进企业与环境的和谐共生。

应对环境风险：通过合规性管理，及时发现并应对潜在的环境风险，减少因环保问题引发的法律纠纷和经济损失，保障企业的稳健运营。

（三）实现路径

为实现上述目标，建设工程环境保护合规性管理需要遵循以下路径：

加强法规学习与宣传：定期组织员工学习国家和地方环保法律法规、标准、政策等，提高员工的环保意识和法律素养。同时，通过宣传栏、网站、微信公众号等多种渠道宣传环保知识，营造良好的环保氛围。

完善环保管理体系：建立健全企业内部环保管理体系，明确各级管理人员和员工的环保职责和权限，形成上下联动、齐抓共管的环保工作格局。同时，加大环保管理制度的落实和执行力度，确保各项环保措施得到有效执行。

强化环保风险评估与防控：在项目准备阶段，对可能产生的环境影响进行全面评估，识别潜在的环保风险，并制定相应的风险防控措施。在施工过程中，加强对环保风险的监测和预警，及时发现并处理环保问题。

推广环保技术应用：积极引进和推广先进的环保技术和设备，如污水处理技术、废气治理技术、噪声控制技术等，提高工程建设项目的环保水平。同时，鼓励员工提出环保创新建议和技术改造方案，促进环保技术的持续改进和创新。

加强环保监督与检查：建立健全环保监督与检查机制，定期对工程建设项目进行环保检查和评估。对发现的环保问题，要及时督促整改并跟踪落实整改情况。同时，加强与环保部门的沟通协调和配合工作，共同推动环保工作的顺利开展。

建立环保激励机制：通过建立环保激励机制，鼓励员工积极参与环保工作并取得优异成绩。对在环保工作中表现突出的个人或团队，给予表彰和奖励；对违反环保规定的行为，给予相应的处罚和警示教育。以此激发员工的环保积极性和创造力，推动环保工作的深入开展。

二、建设工程环境保护合规性管理的内容与要求

随着全球环境问题的日益严峻，环境保护已成为各国政府、企业及社会各界共同关注的焦点。在建设工程领域，环境保护合规性管理不仅是法律法规的强制要求，也是企业履行社会责任、实现可持续发展的内在需求。

（一）建设工程环境保护合规性管理的内容

1.法律法规的遵循与解读

内容：建设工程环境保护合规性管理的首要任务是确保项目全过程应

严格遵守国家和地方的环境保护法律法规、政策、标准以及行业规范。这包括但不限于《中华人民共和国环境保护法》《建设项目环境保护管理条例》等，以及各类环保排放标准、技术规范等。

要求：企业需建立专门的法律法规跟踪与解读机制，及时获取并准确理解最新的环保政策动态，确保项目设计与实施始终符合最新要求。

2.环保管理制度的建设

内容：建立健全内部环保管理制度是保障合规性管理有效实施的基础。这包括环保责任制、环保教育培训制度、环保监督检查制度、环保事故应急管理制度等。

要求：制度应明确各级管理人员和员工的环保职责、权限及考核标准，确保环保工作有章可循、有据可查。同时，制度应具有较强的可操作性和执行力，能够真正落实到项目管理的各个环节。

3.环保规划与设计

内容：在项目规划与设计阶段，需充分考虑环境保护因素，将环保理念融入项目方案之中。这包括项目选址的环保评估、环保设施的设计规划、节能减排措施的应用等。

要求：规划与设计应遵循"预防为主、防治结合"的原则，优先考虑环保效益和社会效益。同时，需加强与环保部门的沟通协调，确保项目方案符合环保审批要求。

4.施工期的环保管理

内容：施工期是环保问题最为突出的阶段，需加强施工现场的环保管理。这包括施工噪声控制、扬尘治理、废水处理、固废处置、生态保护等方面的管理。

要求：企业应制订详细的施工期环保管理方案，明确各项环保措施的实施要求和时间节点。同时，加强施工人员的环保培训，提高环保意识，确保各项环保措施得到有效执行。

5.运营期的环保管理

内容：项目投入运营后，需持续关注环保设施的运行状况及污染物排放情况，确保项目运营符合环保要求。这包括环保设施的定期维护、污染物排放的监测与报告、环保应急预案的演练等。

要求：企业应建立健全运营期环保管理体系，确保环保设施的稳定运行和污染物的达标排放。同时，加强与环保部门的沟通联系，及时报告环保情况，接受监督指导。

6.环保信息的公开与公众参与

内容：企业应主动公开环保信息，接受社会监督。这包括环保政策的执行情况、环保设施的运行状况、污染物排放情况、环保投诉处理情况等。

要求：企业应建立环保信息公开制度，明确信息公开的内容、方式、时间和范围。同时，加强与周边社区、公众及环保组织的沟通联系，积极回应关切，促进环保工作的顺利开展。

（二）建设工程环境保护合规性管理的要求

企业应高度重视环境保护工作，将环保合规性管理纳入企业发展战略之中。明确各级管理人员的环保责任，建立健全环保责任制和考核机制，确保环保工作得到有效落实。

企业应加强对员工的环保培训和教育，提高员工的环保意识和能力。通过举办环保知识讲座、开展环保实践活动等方式，营造浓厚的环保氛围，形成全员参与环保的良好局面。

企业应建立健全环保监管机制，加强对项目全过程的环保监管。通过定期检查、专项检查、随机抽查等方式，及时发现并纠正环保违规行为。同时，加强与环保部门的沟通协调和配合工作，共同推动环保工作的顺利开展。

企业应注重环保工作的持续改进和创新。通过引入新技术、新工艺和新材料等方式，提高环保设施的运行效率和污染物的处理能力。同时，加强环保技术研发和创新能力建设，推动环保技术的升级换代和产业化应用。

企业应积极与政府、社会组织、公众及其他利益相关方建立环保合作机制。通过加强沟通联系、共享信息资源、联合开展环保行动等方式，形成环保工作的合力。同时，注重环保成果的共享和转化，推动环境保护事业的可持续发展。

第六章 建设工程劳动法律问题 与应对策略

第一节 劳动法律法规体系与劳动关系认定

一、劳动法律法规的构成与核心内容

劳动法律法规是维护劳动者权益、规范用人单位行为、促进劳动关系和谐稳定的重要法律基础，其构成复杂而全面，核心内容聚焦保护劳动者的合法权益，确保劳动关系的法治化运行。

（一）劳动法律法规的构成

劳动法律法规的构成主要包括《中华人民共和国宪法》（以下简称《宪法》）、法律、行政法规、部门规章和地方规章等多个层次，它们共同构成了完整的劳动法律体系。

《宪法》是国家的根本大法，也是劳动法律法规的基础，其中规定了公民的基本权利和义务，包括劳动权、休息权、获得物质帮助权等，为劳动法律法规的制定提供了根本遵循。在法律层次上，主要包括《中华人民共和国劳动法》《中华人民共和国劳动合同法》等。这些法律是保护劳动者权益、规范用人单位行为最直接、最重要的法律文件。它们明确了劳动合同的订立、履行、变更、解除和终止等各个环节的法律规定，以及劳动者的各项基本权利，如劳动报酬权、休息休假权、劳动安全卫生权等。

行政法规是国务院根据法律制定的具有普遍适用性的行政规章，如《工伤保险条例》《失业保险条例》等。这些行政法规进一步细化了法律规

定，为劳动者提供了更加具体、可操作的权益保障措施。

部门规章是劳动行业制定的政策性法规，用于对某些问题进行具体的解释和规定。

地方规章则是地方政府制定的地方性法规和规章，主要面向本地区的劳动关系管理和政策实施。这些规章根据本地实际情况，对劳动法律法规在本地区的应用进行了适当的补充和细化。

（二）劳动法律法规的核心内容

劳动法律法规的核心内容主要围绕保护劳动者的合法权益展开，具体包括以下方面：

劳动合同制度是劳动法律法规的核心内容之一。它规范了劳动合同的订立、履行、变更、解除和终止等各个环节，明确了用人单位和劳动者的权利和义务。通过劳动合同的订立，劳动者获得了稳定的就业保障，用人单位获得了合法用工的依据。同时，劳动合同制度还规定了劳动者在劳动关系中的各项基本权利，如劳动报酬权、休息休假权、劳动安全卫生权等。劳动报酬制度是劳动者最为关心的内容之一。它规定了公司按照国家和地区的法律规定，向员工支付的薪酬。劳动报酬应包括基本工资、补贴、奖金、绩效工资、岗位津贴、职务津贴、特别工资等。这一制度可以确保劳动者能够获得与其劳动付出相匹配的报酬，维护了劳动者的经济利益。

劳动安全卫生制度是保障劳动者身体健康和生命安全的重要制度。它要求用人单位采取一系列措施，包括安全生产知识的宣传、员工安全防护用品的配备、工作环境改善、职业病防治等，确保员工参与的各个劳动环节的安全卫生。这一制度对预防工伤事故和职业病的发生具有重要意义。社会保险制度是保障劳动者基本生活和提高生活质量的重要制度。它规定了公司在一定条件下为员工购买生育保险、养老保险、医疗保险、工伤保险、失业保险等种类的社会保险。员工缴纳保险费和公司缴纳保险费共同组成员工的社会保险制度。这一制度可以为劳动者提供在生病、失业、工伤等情况下的经济保障，减轻了劳动者的经济负担。

劳动时间制度是规范劳动者工作时间和工作日的重要制度。它包括接受法定节假日的规定、停产休息的管理等。合理的劳动时间制度有助于保障劳动者的休息权和健康权，提高劳动者的生产效率和工作质量。调解劳动争议制度是解决劳动者与用人单位之间矛盾的重要机制。它包括调解、仲裁和诉讼等多种方式。在发生劳动争议时，双方分别可以依法选择适合的方式进行处理，维护自身的合法权益。这一制度为劳动者提供了有效的维权途径，促进了劳动关系的和谐稳定。

除了上述主要制度，劳动法律法规还涉及劳动基准制度（涉及最低工资、工作时间等）、劳动力市场制度（涉及就业促进、职业培训等）等多个方面。这些制度共同构成完整的劳动法律体系，为调整劳动关系、保护劳动者权益提供了全面的法律保障。

二、劳动关系的定义与认定标准

劳动关系作为现代社会经济生活中不可或缺的一部分，其定义与认定标准对维护劳动者权益、促进企业发展、构建和谐社会具有重要意义。

（一）劳动关系的定义

劳动关系，又称劳资关系，是指劳动者与用人单位在实现劳动过程中建立的社会经济关系。这种关系以劳动力与生产资料相结合为特征，通过劳动合同或其他形式明确双方的权利与义务，旨在实现劳动过程的社会化与生产资料的社会化利用。劳动关系不仅涉及经济利益的分配，还包含劳动条件的设定、劳动关系的调整与解除等多个方面。

从法律角度来看，劳动关系是依法建立的受法律保护的用工关系。劳动者通过提供劳动力获得劳动报酬，用人单位通过支付劳动报酬获得劳动者的劳动力使用权。这种关系建立在平等自愿、协商一致的基础上，具有明确的人身属性和财产属性。

（二）劳动关系的认定标准

劳动关系的认定是处理劳动争议、保障劳动者权益的前提和基础。由于劳动关系的复杂性和多样性，其认定标准也相对复杂。一般来说，劳动关系的认定主要从以下方面进行考量：

　　劳动关系的主体包括劳动者和用人单位。劳动者需具备法定劳动年龄、劳动能力和劳动意愿等条件，而用人单位则需具备合法的用工主体资格，如企业法人、个体工商户、民办非企业单位等。在认定劳动关系时，首先要确认双方是否具备相应的主体资格。劳动关系从属性是认定劳动关系的核心标准之一。它指的是劳动者在劳动过程中需要服从用人单位的管理、指挥和监督，其劳动行为具有明显的人身依附性和经济从属性。具体来说，劳动者需遵守用人单位的规章制度、工作时间安排、工作任务分配等要求，并接受用人单位的考核与奖惩。同时，劳动者的劳动报酬往往与用人单位的经济效益直接相关，体现了经济从属性。

　　在判断劳动关系从属性时，应综合考虑多个因素，如劳动者的工作内容、工作方式、工作时间、工作场所、劳动报酬支付方式等。如果劳动者在劳动过程中表现出高度的从属性特征，那么可以初步认定双方之间存在劳动关系。劳动合同是建立劳动关系的书面依据。根据《中华人民共和国劳动合同法》的规定，用人单位与劳动者建立劳动关系应当订立书面劳动合同。然而，在实际操作中，由于各种原因，有些用人单位并未与劳动者签订书面劳动合同。此时，如果双方之间形成了事实上的劳动关系，即劳动者为用人单位提供了劳动并获得了相应的劳动报酬，且双方之间存在事实上的管理与被管理关系，那么也可以认定双方之间存在劳动关系。在认定事实劳动关系时，应重点考察双方之间是否存在实际用工行为、劳动报酬支付情况、工作证明材料等因素。如果这些因素能够相互印证并形成完整的证据链条，那么就可以认定双方之间存在事实劳动关系。

　　在认定劳动关系时，需要排除其他非劳动关系情形。例如，劳务关系、承揽关系、代理关系等虽然也涉及劳动力的使用与报酬的支付，但其本质特征与劳动关系存在显著的差异。劳务关系通常具有临时性、灵活性等特点，双方之间不存在管理与被管理的关系；承揽关系则是以完成一定工作成果为目的的合同关系，承揽人需自行承担工作风险并享有工作成果的所有权；代理关系是代理人以被代理人的名义从事民事活动并由被代理人承担法律后果的关系。

　　在排除其他非劳动关系情形时，应综合运用法律解释、逻辑推理和证据分析等方法进行综合判断。如果双方之间的关系不符合劳动关系的本质特征，且能够明确归属于其他非劳动关系情形之一，那么就可以排除劳动关系的认定。

（三）劳动关系认定的实践意义

劳动关系的认定不仅关乎劳动者权益的保障，还关系到企业的稳定发展和社会和谐。具体来说其实践意义主要体现在以下方面：

通过准确认定劳动关系，可以明确劳动者与用人单位之间的权利义务关系，从而保障劳动者的合法权益。例如，当劳动者遭遇欠薪、工伤等问题时，可以依据劳动关系认定结果向用人单位主张权利或向有关部门投诉举报。劳动关系的稳定与和谐是企业持续发展的重要保障。通过规范劳动关系的认定，可以促使企业依法用工、诚信经营，从而树立良好的企业形象和品牌形象。同时也有助于减少劳动争议和纠纷的发生，降低企业的运营成本和管理风险。

劳动关系的和谐是社会和谐的重要组成部分。通过加强劳动关系的认定和管理工作，可以维护劳动者的合法权益，促进企业的稳定发展，从而为社会和谐稳定提供有力支撑。同时也有助于推动形成尊重劳动、尊重知识、尊重人才、尊重创造的良好社会氛围。

第二节　建设工程中的劳动权益保护

一、劳动者在建设工程中的基本权益

在建设工程这一庞大而复杂的领域中，劳动者作为项目实施的基础，其权益保障不仅关乎个人的福祉，还直接影响到工程项目的顺利进行与社会的和谐稳定。

（一）劳动安全权益

劳动安全是劳动者最基本也是最重要的权益之一。在建设工程中，由于作业环境复杂多变，高空作业、重物搬运、机械设备操作等高风险作业频繁，劳动者的安全健康面临严峻挑战。因此，确保劳动安全成为保护劳动者权益的首要任务。用人单位应提供符合国家安全生产标准的工作环境，包括安全设施、防护用品、应急救援设备等，确保劳动者在作业过程中的人身安全。同时，应建立健全安全生产责任制，明确各级管理人员和劳动者的安全职责。

用人单位应对劳动者进行必要的安全生产教育和培训，使其掌握本岗位所需的安全生产知识、操作技能和事故预防、应急处理能力。新入职员工必须经过三级安全教育（公司级、项目部级、班组级）后方可上岗作业。用人单位应制订完善的事故预防和应急处理预案，定期组织演练，提高劳动者的应急反应能力。一旦发生事故，就应立即启动应急预案，采取有效措施控制事态发展，最大限度地减少人员伤亡和财产损失。

（二）劳动报酬权益

劳动报酬是劳动者付出劳动后应得的回报，也是劳动者及其家庭生活的重要来源。在建设工程中，确保劳动者获得合理的劳动报酬至关重要。

用人单位应按照劳动合同约定的时间和方式支付劳动者工资，不得克扣或无故拖欠。同时，应建立工资支付台账，如实记录劳动者的工资支付情况，并接受劳动者的查询和监督。劳动者的工资水平不得低于当地最低工资标准。最低工资标准应根据当地经济发展水平、物价水平等因素适时调整，确保劳动者的基本生活需求得到满足。对安排劳动者加班，用人单位应按照国家规定支付加班工资。此外，对完成工作任务或超额完成任务的劳动者，用人单位可给予一定的奖金或奖励，以激励劳动者的积极性和创造性。

（三）工作时间与休息休假权益

合理的工作时间与充足的休息休假是保障劳动者身心健康的重要条件。在建设工程中，应严格遵守国家关于工作时间和休息休假的法律法规。用人单位应合理安排劳动者的工作时间，确保每日工作时间不超过法定标准（一般为8小时），每周工作时间不超过法定上限（一般为44小时）。对需要延长工作时间的，应与劳动者协商并征得同意，并支付相应的加班工资。劳动者享有国家规定的休息日和法定节假日的休息权。在建设工程中，用人单位应确保劳动者能够按时休假，不得以任何理由剥夺劳动者的休息休假权利。同时，对因工作需要不能休假的劳动者，应安排补休或支付相应的加班工资。

（四）社会保险与福利权益

社会保险与福利是劳动者的重要保障制度，对减少劳动者因疾病、工伤、失业等风险造成的经济负担具有重要意义。

用人单位应依法为劳动者缴纳社会保险费，包括养老保险、医疗保险、工伤保险、失业保险和生育保险等。这些保险制度可以为劳动者提供养老、医疗、工伤、失业等方面的保障。除了社会保险，用人单位还可根据自身实际情况为劳动者提供其他福利待遇，如住房公积金、住房补贴、交通补贴、餐饮补贴等。这些福利待遇有助于提高劳动者的生活质量和工作满意度。

（五）职业培训与技能提升权益

职业培训与技能提升是劳动者实现个人成长和发展的重要途径。在建设工程中，加强职业培训与技能提升对提高工程质量、促进技术创新具有重要意义。用人单位应建立健全职业培训制度，为劳动者提供必要的职业技能培训和继续教育机会。培训内容应涵盖岗位所需的知识、技能和职业素养等方面，以满足劳动者职业发展的需要。

用人单位应鼓励劳动者参加技能鉴定和职称评审等活动，对取得相应资格或职称的劳动者给予一定的奖励或晋升机会。这有助于激发劳动者的学习热情和创造力，推动整个行业技能水平的提升。

（六）劳动合同与劳动关系确认权益

劳动合同是劳动者与用人单位之间建立劳动关系的法律凭证。在建设工程中，确保劳动合同的合法性和有效性对维护劳动者的合法权益至关重要。用人单位应与劳动者签订书面劳动合同，明确双方的权利和义务。劳动合同内容应符合国家法律法规的规定和双方协商的结果。未签订书面劳动合同的劳动者在发生劳动争议时将难以维护自己的合法权益。

劳动合同的履行是双方权益得以实现的关键环节。用人单位应严格按照劳动合同的约定履行各项义务，如按时支付劳动报酬、提供安全的工作环境等。同时，劳动者也应按照劳动合同的约定履行工作职责，遵守用人单位的规章制度。在合同履行过程中，如需变更劳动合同内容，应经双方协商一致，并签订书面变更协议。对未签订书面劳动合同但实际存在用工关系的，劳动者有权要求用人单位确认劳动关系。劳动关系确认的依据可以包括工资支付记录、工作证、考勤记录、同事证言等。一旦劳动关系得到确认，劳动者将依法享有与签订书面劳动合同相同的权益保障。

（七）参与管理与民主监督权益

参与管理与民主监督是劳动者参与企业决策、维护自身权益的重要途径。在建设工程中，加强劳动者的参与管理与民主监督有助于提升项目管理水平、促进劳动关系和谐。用人单位应建立健全职工代表大会制度，为劳动者提供参与企业民主管理的平台。职工代表大会可以就企业的生产经营、规章制度、劳动报酬、劳动条件等事项进行讨论和审议，提出意见和建议。用人单位应认真听取职工代表大会的意见，并根据实际情况进行改进和完善。

用人单位应实行信息公开与透明制度，及时向劳动者公布企业的生产经营状况、财务状况、规章制度等重要信息。这既有助于劳动者了解企业的实际情况，增强对企业的认同感和归属感，同时也为劳动者参与管理与民主监督提供了必要的信息支持。用人单位应建立健全劳动者投诉与申诉机制，为劳动者提供便捷的维权渠道。当劳动者的合法权益受到侵犯时，可以通过投诉与申诉机制向用人单位反映问题。用人单位应认真对待劳动者的投诉与申诉，及时调查处理。

二、建设工程中劳动权益的保护措施与要求

在快速发展的建设工程领域，劳动者的权益保护不仅是社会公平正义的体现，也是确保工程质量和进度、促进经济持续健康发展的关键。建设工程涉及复杂的作业环境、高强度的体力劳动以及多变的劳动关系，这使得劳动权益的保护显得尤为重要。

（一）法律法规的完善与落实

建立健全的劳动法律法规体系是保护劳动者权益的基础。国家应不断完善《中华人民共和国劳动法》《中华人民共和国劳动合同法》《中华人民共和国安全生产法》等相关法律法规，明确劳动者的基本权利与义务，规范用人单位的行为，为劳动者提供坚实的法律保障。同时，针对建设工程领域的特殊性，应制定专门的行业规范和标准，如《建筑施工企业安全生产管理规范》《建设工程施工现场管理规定》等，确保劳动权益保护的具体措施有法可依。

法律的权威在于执行。政府相关部门应加大劳动执法力度，对违法用工、拖欠工资、忽视劳动安全等行为进行严厉查处，形成有效的震慑力。同时，建立健全劳动监察体系，加强对建设工程项目的日常巡查和专项检查，及时发现并纠正违法违规行为，保障劳动者的合法权益不受侵害。

（二）制度建设的强化与完善

用人单位应与劳动者依法签订书面劳动合同，明确双方的权利和义务。合同内容应详细具体，包括但不限于工作内容、工作时间、劳动报酬、社会保险、劳动保护等关键条款。同时，建立劳动合同管理台账，实行动态管理，确保劳动合同的合法性和有效性。建立健全工资支付保障制度，确保劳动者按时足额获得劳动报酬。用人单位应制定明确的工资支付制度和流程，按时发放工资，不得克扣或无故拖欠。同时，建立工资保证金制度，为可能出现的工资支付问题提供资金保障。

建设工程领域的安全风险较高，因此必须建立健全劳动安全与健康管理制度。用人单位应制定安全生产责任制，明确各级管理人员和劳动者的安全职责；加强安全生产教育培训，提高劳动者的安全意识和技能水平；定期开展安全隐患排查和治理工作，确保作业环境的安全卫生。

（三）企业责任的明确与履行

企业应树立以人为本的管理理念，尊重劳动者的主体地位和合法权益。在追求经济效益的同时，关注劳动者的生存和发展需求，为劳动者提供良好的工作环境和职业发展机会。企业应建立健全内部管理制度，规范用工行为和管理流程。加强人力资源管理，确保用工合法合规；加强财务管理，确保工资支付和社会保险缴纳的及时性与准确性；加强安全生产管理，确保作业过程安全可控。

企业应积极履行社会责任，关注社会公益事业和劳动者权益保护。积极参与劳动法律法规的宣传教育活动，提高劳动者的法律意识和维权能力；加强与政府、工会组织等的沟通与合作，共同推动劳动权益保护工作的深入开展。

（四）监督机制的建立与健全

政府应加大对建设工程项目的监督力度，确保劳动法律法规的贯彻落实。建立健全劳动监察体系，加强对用人单位的执法检查和监督指导；建立举报投诉机制，鼓励劳动者和社会各界积极参与监督；对违法违规行为进行严厉查处和曝光，形成有效的社会监督氛围。工会作为劳动者的代表组织，应充分发挥其在劳动权益保护中的监督作用。建立健全工会组织体系和工作机制，加强工会干部队伍建设；积极参与企业民主管理和协商谈判工作；加强对劳动者的法律援助和维权服务；及时向政府有关部门反映劳动者诉求和问题。

社会各界应积极参与劳动权益保护的监督工作。新闻媒体应加强舆论监督和宣传报道工作；行业协会应制定行业自律规范并加强行业监管；社会公众应增强法律意识和维权意识，积极参与监督活动并举报违法违规行为。

（五）劳动者自身素养的提升

劳动者应增强法律意识，了解并掌握相关法律法规和政策规定。劳动者应通过参加法律培训、阅读法律书籍等方式，提高法律素养和维权能力；在签订劳动合同时，认真阅读合同条款并保留好相关证据；在权益受到侵犯时，及时寻求法律援助和维权途径。劳动者应不断提高自身的职业技能水平以适应市场需求和岗位要求。劳动者应通过参加职业技能培训、自学等方式掌握新技能、新知识；在工作中积极学习和积累经验，并不断提高工作效率和质量；积极参与职业技能鉴定和职称评审等活动，以获得更多的职业发展空间和机会。

劳动者应增强自我保护意识，并时刻关注自身安全健康状况。在工作中严格遵守安全操作规程和作业纪律；正确佩戴和使用劳动防护用品；注意劳逸结合并保持良好的身心状态；在发现安全隐患时及时报告，并采取措施予以避免事故发生或减少损失。

第三节　劳动争议处理与法律责任

一、建设工程劳动争议的定义与分类

在建设工程领域，劳动争议是不可避免的问题之一，它直接关系到劳动者的权益保障和企业的稳定发展。

（一）建设工程劳动争议的定义

建设工程劳动争议，顾名思义，是指在建设工程项目中，劳动者与用人单位之间因执行劳动法律、法规和履行劳动合同而发生的纠纷。这些纠纷通常涉及劳动关系中的权利义务，包括但不限于劳动报酬、工作时间、休息休假、社会保险、劳动保护等多个方面。建设工程领域的特殊性使得劳动争议往往更加复杂，涉及的法律关系更为广泛，解决难度也相对较大。

（二）建设工程劳动争议产生的原因

建设工程劳动争议产生的原因多种多样，主要包括以下方面：

法律法规不完善：尽管我国已经建立了较为完善的劳动法律体系，但在实际操作中仍存在一些法律空白和"模糊地带"，导致劳动者和用人单位在权益保护上产生分歧。

合同订立不规范：部分用人单位在招用劳动者时，未能按照法律法规要求签订书面劳动合同，或者合同条款不明确、不具体，导致双方在履行过程中产生争议。

权益保障不到位：部分用人单位在追求经济效益的同时，忽视对劳动者的权益保障，如拖欠工资、加班不支付加班费、不提供必要的劳动保护等，从而引发劳动争议。

沟通机制不畅：劳动者与用人单位之间缺乏有效的沟通机制，导致双方在理解和执行劳动法律法规上存在偏差，进而产生争议。

二、建设工程劳动争议的处理程序与要求

在建设工程领域，劳动争议的处理是维护劳动者权益、保障企业稳定发展、促进社会和谐的重要工作。劳动争议的处理程序应当遵循法律法规的规定，确保公正、公平、高效。

（一）处理程序

1.协商阶段

协商是解决劳动争议的首要环节，旨在通过双方友好沟通，就争议事项达成共识，从而避免纠纷的进一步升级。

操作要求：

自愿性：协商应当基于双方自愿，任何一方不得强迫对方进行协商。

平等性：协商过程中，双方地位平等，应充分听取对方的意见和诉求。

保密性：协商内容一般应保密，避免对外泄露。

灵活性：协商可以灵活选择时间、地点和方式，以便双方更好地沟通。

2.调解阶段

调解是在第三方（如劳动争议调解委员会、工会等）的主持下，通过说服、疏导等方式帮助争议双方达成和解协议的过程。

操作要求：

申请与受理：当事人可以向有管辖权的劳动争议调解委员会提出调解申请，调解委员会在收到申请后应及时受理。

调查与核实：调解委员会应对争议事项进行调查核实，了解双方的主张和证据。

组织调解：调解委员会应组织双方进行调解，充分听取双方的意见和

诉求，提出调解方案。

达成协议：如双方同意调解方案，应签订书面调解协议，调解协议对双方具有约束力。

3.仲裁阶段

仲裁是劳动争议的法定处理程序之一，由劳动争议仲裁委员会根据事实和法律对争议事项做出裁决。

操作要求：

申请仲裁：当事人应在法定期限内向劳动争议仲裁委员会提交仲裁申请书及相关证据材料。

受理与通知：仲裁委员会应在收到仲裁申请书后五日内决定是否受理，并通知当事人。

组成仲裁庭：仲裁委员会应依法组成仲裁庭，由仲裁员进行仲裁。

开庭审理：仲裁庭应组织开庭审理，听取双方当事人的陈述和辩论，审查证据。

作出裁决：仲裁庭应在法定期限内做出裁决书，并送达双方当事人。

4.诉讼阶段

诉讼是解决劳动争议的最后手段，当事人对仲裁结果不服的，可以向人民法院提起诉讼。

操作要求：

起诉与受理：当事人应在法定期限内向人民法院提交起诉状及相关证据材料，法院应在收到起诉状后七日内决定是否受理。

开庭审理：法院应组织开庭审理，听取双方当事人的陈述和辩论，审查证据。

作出判决：法院应根据事实和法律做出判决，并送达双方当事人。

（二）处理要求

劳动争议的处理必须遵循法律法规的规定，确保程序合法、结果公正。任何违反法律法规的行为都将受到法律的制裁。劳动争议的处理应当坚持公正公平的原则，保障双方当事人的合法权益。在处理过程中，应充分听取双方的意见和诉求，避免偏袒任何一方。

劳动争议的处理应当注重时效性和效率性，确保争议能够及时得到解决。在处理过程中，应简化程序、加快进度，减少当事人的诉讼成本和时间成本。劳动争议的处理应当尊重事实真相，以事实为依据进行裁决或判决。在调查核实过程中，应客观公正地收集证据材料，确保案件事实的准确性和完整性。在处理劳动争议的过程中，应尊重当事人的隐私权和个人信息保护权。对涉及个人隐私的信息和材料，应予以保密处理，避免对外泄露并造成不良影响。

（三）特殊注意事项

当事人在处理劳动争议时，应注意收集和保存相关证据材料。这些证据材料对证明案件事实、维护自身权益具有重要作用。因此，在纠纷发生时，当事人应及时采取措施收集并保存相关证据材料。当事人在处理劳动争议时，如遇到法律难题或需要法律援助时，可以咨询专业律师或相关机构寻求帮助。律师和法律援助机构可以提供专业的法律意见和建议，帮助当事人更好地维护自身权益。

当事人在参与仲裁和诉讼过程中，应遵守相关的仲裁和诉讼规则。这些规则对保障仲裁和诉讼程序的顺利进行具有重要作用。因此，在参与仲裁和诉讼时，当事人应认真阅读并遵守相关规定和要求。当事人在收到仲裁裁决或法院判决后，应严格履行裁决或判决所确定的义务。无论是劳动者还是用人单位，都应尊重并接受法律裁决的结果，按照裁决或判决的内容执行，以维护法律的权威性和严肃性。尽管仲裁和诉讼是解决劳动争议的有效手段，但和解与调解在解决争议中同样具有重要作用。通过和解与调解，双方不仅可以在相对平和的氛围中解决争议，减少冲突和对抗，降低解决争议的成本，同时也有助于维护双方的长期合作关系。因此，在处理劳动争议时，应积极倡导和解与调解的理念，鼓励双方通过协商和谈判解决争议。

为减少劳动争议的发生，还需要加强预防和教育工作。用人单位不但应建立健全的劳动管理制度，规范用工行为，保障劳动者的合法权益，还应加强劳动者的法制教育，提高劳动者的法律意识和维权能力。政府和社会组织也应积极参与劳动争议的预防工作，通过宣传、培训等方式提高全社会的法律素养和劳动关系的和谐度。

第四节　劳动合同管理与合规性审查

一、建设工程劳动合同的基本构成与主要条款

在建设工程领域，劳动合同作为确立劳动者与用人单位之间劳动关系的重要法律文件，其内容的完备性和合法性直接关系到双方权益的保障及项目的顺利进行。

（一）建设工程劳动合同的基本构成

建设工程劳动合同，作为特殊类型的劳动合同，除了遵循一般劳动合同的基本原则和法律规定，还需结合建设工程的特殊性进行特别约定。其基本构成主要包括以下部分：

合同封面应明确标注"建设工程劳动合同"字样，以及合同编号、签订日期、甲乙双方（即用人单位与劳动者）的名称或姓名、住所地等基本信息。这些信息是识别合同主体、确定合同性质及管辖法院等问题的关键。引言或序言部分通常简要说明合同签订的背景、目的及双方合作的基础和原则，为后续条款的展开奠定基调。虽然这部分内容不直接涉及双方权利与义务的具体规定，但对双方理解合同精神、把握合同全貌具有重要意义。

合同条款应详细列明用人单位和劳动者的具体信息，包括但不限于名称（姓名）、住所、法定代表人（或负责人）姓名及联系方式等。这些信息是确认合同主体身份、确保合同有效性的基础。合同期限条款应明确规定劳动合同的起始日期、终止日期以及可能存在的试用期等时间要素。在建设工程领域，由于项目周期较长，合同期限往往也较长，且可能根据工程进度进行适当调整。

合同条款应详细描述劳动者的工作岗位、职责范围、工作内容以及具体的工作地点等信息。在建设工程中，劳动者的岗位可能涉及设计、施工、监理等多个环节，因此工作内容和地点的明确尤为重要。

合同条款应规定劳动者的工作时间制度（如标准工时制、综合计算工时制等）、加班安排及加班费的计算方式、休息休假制度（包括法定节假日、年休假等）等内容。在建设工程中，由于项目进度的需要，加班可能较为频繁，因此该条款的约定应充分考虑劳动者的休息权。

劳动报酬条款是劳动合同的核心内容之一，它明确了劳动者的工资标准、支付方式、支付时间，以及奖金、津贴、补贴等福利待遇的发放条件和标准。在建设工程中，劳动者的报酬往往与工程进度、质量等因素挂钩，因此该条款的约定应具体明确、可操作性强。

合同条款应规定了用人单位为劳动者缴纳社会保险（包括养老保险、医疗保险、工伤保险、失业保险、生育保险等）的义务以及提供其他福利待遇（如住房公积金、补充医疗保险等）的安排。这些福利待遇是保障劳动者基本生活权益的重要措施。

合同条款应要求用人单位为劳动者提供符合国家规定的劳动安全卫生条件和必要的劳动防护用品，对从事有职业危害作业的劳动者应当定期进行健康检查，并建立职业健康监护档案。在建设工程中，由于施工环境复杂多变，劳动保护和职业危害防护尤为重要。

合同条款应规定合同变更、解除与终止的条件、程序及法律后果。在建设工程中，由于项目变更、合同双方协商一致或法定解除条件出现等原因，合同的变更、解除与终止较为常见，因此该条款的约定应详尽具体、便于操作。此条款明确了合同双方违反合同约定应承担的违约责任以及争议解决的方式（如协商、调解、仲裁或诉讼等）。在建设工程中，由于合同金额大、涉及面广，一旦发生争议往往影响重大，因此该条款的约定应充分考虑合同的严肃性和可执行性。

除了上述基本条款，合同双方还可以根据实际需要约定其他事项，如保密条款、竞业限制条款、培训与服务期条款等。这些条款的约定有助于进一步明确双方的权利与义务关系，保护双方的合法权益。

（二）主要条款的详细解析

在建设工程劳动合同中，工作内容和工作地点是劳动者最为关心的条款之一。用人单位应明确劳动者的具体岗位、职责范围以及工作地点等信息，避免模糊表述导致劳动者权益受损。同时，随着项目进度的推进和工程地点的变化，双方应及时协商调整工作地点和工作内容。劳动报酬条款应具体明确劳动者的工资标准、支付方式及支付时间等要素。在建设工程中，由于项目周期长、资金流动大等特点，用人单位应确保按时足额支付劳动者工资，并明确加班费的计算方式和支付标准。此外，对奖金、津贴、补贴等福利待遇的发放条件和标准也应做出具体约定。

社会保险与福利待遇条款是保障劳动者基本生活权益和提升其工作满意度的重要部分。在建设工程劳动合同中，用人单位应明确承诺为劳动者缴纳国家规定的社会保险费用，包括但不限于养老保险、医疗保险、工伤保险、失业保险和生育保险等。同时，根据企业实际情况和劳动者需求，用人单位还可以提供住房公积金、补充医疗保险、企业年金等额外福利待遇。这些福利的提供不仅有助于吸引和留住人才，也是企业社会责任的体现。

建设工程领域往往伴随着较高的安全风险，因此劳动保护与职业危害防护条款显得尤为重要。用人单位合同应明确约定用人单位需为劳动者提供符合国家标准的劳动安全卫生条件，包括但不限于安全防护设施、个人防护装备、定期的职业健康检查等。对从事特定工种或接触有害物质的劳动者，用人单位还应进行专门的职业危害告知和防护培训，确保劳动者的生命安全和身体健康。由于建设工程项目的复杂性和不确定性，合同的变更、解除与终止条款需要特别关注。合同应明确约定双方可以变更合同内容的情形和程序，以及因不可抗力、严重违约等原因导致合同解除或终止的条件和后果。此外，为了维护劳动者的合法权益，合同还应约定在特定情况下（如用人单位裁员、项目提前终止等）用人单位应提前通知劳动者并支付相应的经济补偿。

违约责任与争议解决条款是保障合同执行力和维护双方权益的关键。合同应明确约定双方违反合同条款时应承担的违约责任，包括但不限于赔偿损失、支付违约金等。同时，为了高效解决可能发生的争议，合同还应明确争议解决的方式和程序，如协商、调解、仲裁或诉讼等。在实际操作中，建议双方优先选择协商或调解方式解决争议，以降低成本、提高效率。在建设工程领域，由于项目涉及的技术、商业秘密等敏感信息较多，保密与竞业限制条款就显得尤为重要。合同应明确约定劳动者在任职期间及离职后一段时间内，应保守用人单位的商业秘密和技术秘密，不得泄露给第三方或用于非工作目的。同时，对于关键岗位的员工，合同还可以约定竞业限制条款，限制其在离职后一定期限内从事与用人单位存在竞争关系的工作或活动。

为了提高劳动者的专业技能和职业素养，用人单位往往会为劳动者提供培训机会。在建设工程劳动合同中，应明确约定培训的内容、方式、费用承担及培训后的服务期限等事项。特别是对于用人单位提供专项培训费用并约定服务期限的情况，合同应明确服务期限的具体要求及劳动者违反服务期约定的违约责任。

二、建设工程劳动合同管理的内容与要求

在建设工程领域，劳动合同管理作为项目管理的重要组成部分，对保障劳动者权益、维护企业利益、促进项目顺利进行具有至关重要的作用。劳动合同管理不仅涉及合同的签订、履行、变更、解除与终止等各个环节，还涵盖合同内容的合法性审查、合同履行的监督与评估、合同争议的预防与处理等多个方面。

（一）建设工程劳动合同管理的内容

1.合同签订前的准备

（1）合同主体的资质审查：在签订劳动合同前，用人单位应对劳动者的身份证明、学历证明、职业资格证书等进行审查，确保其具备从事相应工作的资格和能力。同时，用人单位也要具备合法的经营资质和用工条件，避免签订无效或违法的劳动合同。

（2）合同条款的协商与确定：双方应就工作内容、工作地点、工作时间、劳动报酬、社会保险、劳动保护等核心条款进行充分协商，确保合同条款的合法、合理、明确。对可能产生争议的问题，应提前进行预见性约定，以减少后续纠纷的发生。

2.合同的签订与备案

（1）合同的正式签订：在双方达成一致意见后，应签订书面劳动合

同，明确双方的权利与义务关系。合同应使用规范的文本格式，避免使用模糊、歧义的表述。

（2）合同的备案管理：按照相关规定，部分劳动合同需要向当地劳动行政部门进行备案。用人单位应及时履行备案手续，确保合同的合法性和有效性。

3.合同的履行与监督

（1）合同的履行：双方应按照合同约定全面履行各自的义务。用人单位应按时足额支付劳动报酬，提供劳动保护和劳动条件；劳动者应遵守劳动纪律，完成工作任务。

（2）合同的监督：用人单位应建立健全劳动合同管理制度，对劳动合同的履行情况进行定期检查和监督。对发现的问题，用人单位应及时采取措施予以纠正，确保合同的顺利执行。

4.合同的变更、解除与终止

（1）合同的变更：因客观情况发生变化需要变更合同条款的，双方应协商一致并签订书面变更协议。变更协议应与原合同具有同等法律效力。

（2）合同的解除与终止：双方可依据合同约定或法律规定解除或终止劳动合同。在解除或终止劳动合同时，应依法办理相关手续，如支付经济补偿金、办理社会保险关系转移等。

5.合同争议的预防与处理

（1）争议的预防：用人单位应通过加强内部管理、完善合同条款、提高劳动者素质等方式减少劳动争议的发生。同时，用人单位还应建立健全劳动争议调解机制，及时化解矛盾纠纷。

（2）争议的处理：发生劳动争议时，双方应首先通过协商方式解决。协商不成的，一方可向企业劳动争议调解委员会申请调解；调解不成的，一方可向劳动争议仲裁委员会申请仲裁；对仲裁裁决不服的，一方可依法向人民法院提起诉讼。

（二）建设工程劳动合同管理的要求

1.合法性要求

（1）合同条款合法：劳动合同的各项条款应符合国家法律法规和政策

的规定，不得违反法律规定和公序良俗。

（2）签订程序合法：劳动合同的签订应遵循平等自愿、协商一致的原则，不得存在欺诈、胁迫等违法行为。同时，用人单位在合同签订过程中应充分保障劳动者的知情权、选择权和表达权。

2.公平性要求

（1）权利义务对等：劳动合同应明确双方的权利与义务关系，确保权利与义务对等、合理平衡。用人单位不得利用自身强势地位侵犯劳动者的合法权益。

（2）薪酬待遇合理：劳动报酬的确定应充分考虑劳动者的劳动成果、工作难度、技能水平等因素，确保薪酬待遇合理、公平。同时，用人单位还应建立健全薪酬调整机制，确保劳动者收入水平随企业发展而逐步提高。

3.透明性要求

（1）信息公示：用人单位应公开劳动合同的签订、履行、变更、解除与终止等各个环节的信息，确保劳动者对劳动合同管理情况有充分了解。

（2）沟通顺畅：用人单位应建立与劳动者的有效沟通机制，及时解答劳动者的疑问和关切，确保劳动合同管理的透明度和公信力。

4.动态性要求

（1）灵活应对变化：随着工程项目进度、市场环境等因素的变化，劳动合同管理也需保持灵活性以应对各种挑战。双方应根据实际情况及时协商调整合同条款或签订补充协议，以确保合同的有效性和适应性。

（2）持续改进：用人单位应定期对劳动合同管理制度进行评估和改进，以适应新的法律法规和政策要求以及企业发展的需要。同时用人单位还应关注行业动态和最佳实践，以不断提升劳动合同管理的水平和效率。

5.规范性要求

（1）标准化管理：用人单位应建立标准化的劳动合同管理流程，包括合同签订、履行、变更、解除与终止等各个环节的标准化操作规范，以确保管理的规范性和一致性。

（2）档案管理规范：建立完善的劳动合同档案管理制度，对每份劳动合同的签订、变更、解除、终止等全过程进行记录和归档，确保档案资料的完整性和可追溯性。这不仅有助于解决潜在的劳动争议，还能为用人单位的用工决策提供有力支持。

6.信息化要求

（1）数字化管理：随着信息技术的飞速发展，用人单位应充分利用数字化手段进行劳动合同管理。通过建立劳动合同管理信息系统，实现合同信息的电子化、自动化处理，提高管理效率和准确性。同时，数字化管理还有助于实现合同数据的快速检索和分析，为用人单位决策提供更加科学、精准的依据。

（2）信息安全保障：在推进劳动合同管理信息化的过程中，用人单位必须高度重视信息安全问题。用人单位应建立完善的信息安全管理制度，采取加密、备份、访问控制等有效措施，确保劳动合同信息的保密性、完整性和可用性。同时，用人单位加强对信息系统运维人员的培训和管理，防止因人为因素导致的信息泄露和破坏。

（三）强化建设工程劳动合同管理的措施

定期组织用人单位管理人员和劳动者参加劳动法律法规培训，提高其对劳动合同管理重要性的认识和理解。通过培训，使合同双方都能掌握相关法律法规和政策要求，增强依法签订劳动合同、履行劳动合同的意识和能力。用人单位应建立健全劳动合同管理制度体系，包括合同签订审批制度、履行监督制度、变更解除制度等。通过制度建设，明确用人单位各级管理人员在劳动合同管理中的职责和权限，确保管理活动的有序开展。同时，加强对制度执行情况的监督检查，确保各项制度得到有效落实。

建立健全用人单位与劳动者之间的沟通协调机制，畅通沟通渠道，及时听取劳动者的意见和建议。在劳动合同管理过程中，充分尊重劳动者的主体地位和合法权益，积极回应其合理诉求，增强劳动者的归属感和满意度。通过加强沟通协调，构建和谐的劳动关系，为项目的顺利进行提供有力保障。针对部分用人单位在劳动合同管理方面的不足和短板，可以引入第三方专业机构进行指导和帮助。这些机构通常具备丰富的实践经验和专业知识，能够为用人单位提供全面、专业的劳动合同管理服务。通过引入第三方专业机构，用人单位可以快速提升劳动合同管理水平，降低用工风险，提高用工效率。

政府相关部门应加大对用人单位劳动合同管理的监管和执法力度，对违反法律法规和政策要求的行为进行严肃查处。通过加大执法和惩处力度，形成有效的震慑作用，促使用人单位依法履行劳动合同管理职责，保障劳动者的合法权益。同时，政府应加强对用人单位劳动合同管理工作的指导和帮助，提供政策咨询和技术支持，促进用人单位劳动合同管理工作的规范化、科学化发展。

第五节　劳动力市场风险与应对策略

一、建设工程劳动力市场风险的定义与分类

在建设工程领域，劳动力市场风险是影响项目顺利进行和企业可持续发展的重要因素之一。它涵盖劳动力供应、需求、成本、质量以及相关法律法规等多个方面，将对工程项目的进度、成本和质量产生深远影响。

（一）建设工程劳动力市场风险的定义

建设工程劳动力市场风险是指在建设工程项目实施过程中，由于劳动力市场的波动、不确定性以及不可预测性因素，导致的项目成本增加、进度延误、质量下降等潜在损失或不利后果。这种风险可能来自劳动力供应不足、技能短缺、成本上升、法律法规变化等多个方面，直接影响建设工程的顺利实施和企业的经济效益。

（二）建设工程劳动力市场风险的分类

1.供应风险

（1）劳动力供应不足：在建设工程领域，特别是在高峰期或特定技能需求激增时，劳动力供应可能无法满足项目需求。这可能是由于人口结构变化、劳动力迁移、技能培训滞后等原因导致的。供应不足会导致项目延期、成本上升，甚至影响工程质量。

（2）技能短缺：随着技术的发展和工程项目的复杂化，对高技能人才的需求日益增加。然而，由于教育培训体系与市场需求脱节、技能传承机制不健全等原因，导致某些关键技能岗位出现人才短缺现象。技能短缺会限制项目创新能力和技术水平的提高，增加项目实施的难度和风险。

2.成本风险

（1）工资水平上涨：随着经济的发展和物价的上涨，劳动力成本也在不断提高。工资水平的上涨会增加项目的总成本，对企业的盈利能力产生压力。此外，如果工资上涨速度过快或超出用人单位预期，就可能导致项目预算失控和资金链断裂。

（2）福利待遇压力：除了基本工资，福利待遇也是劳动力成本的重要组成部分。随着员工对工作环境、职业发展、健康保障等方面要求的提高，用人单位需要在福利待遇上进行更多的投入。然而，过高的福利待遇也会增加其运营成本，降低用人单位竞争力。

3.质量风险

（1）技能水平参差不齐：在劳动力市场中，不同劳动者的技能水平存在差异。一些技能水平较低的劳动者可能无法胜任高要求的工作任务，导致工程质量下降。此外，技能水平的参差不齐也会影响团队协作和项目管理的效率。

（2）工作态度与责任心：劳动者的工作态度和责任心是影响工程质量的重要因素。一些劳动者可能缺乏工作热情和责任心，对待工作敷衍了事或粗心大意。这种态度和行为会严重影响工程质量，甚至引发安全事故。

4.法律风险

（1）劳动法规变化：随着社会的进步和法律的完善，劳动法规也在不断更新和完善。这些变化可能会对用人单位的用工政策、薪酬福利等方面产生影响。如果用人单位未能及时调整用工政策和薪酬福利制度以适应法律变化，可能就会面临法律风险和劳动纠纷。

（2）合同管理风险：在劳动力市场中，用人单位与劳动者之间通过签订劳动合同来明确双方的权利和义务。然而，如果合同管理不善或存在漏洞，可能就会导致合同违约、争议和纠纷等问题的发生。这些问题不仅会影响用人单位的声誉和形象，还可能给其带来经济损失和法律风险。

5.竞争风险

（1）人才流失：在激烈的市场竞争中，用人单位面临着人才流失的风险。一些优秀的劳动者可能会因为薪资待遇、工作环境、职业发展等原因离开用人单位。人才流失不仅会导致用人单位人力资源成本增加，还会影响其创新能力和市场竞争力。

（2）劳动力市场波动：劳动力市场的波动会给用人单位带来风险。例如，在经济衰退期，劳动力市场可能会出现供过于求的情况，导致用人单位难以招聘到合适的劳动者；在经济繁荣期间，劳动力市场则可能出现供不应求的情况，导致用人单位面临用工成本上升的压力。

（三）建设工程劳动力市场风险的管理策略

用人单位应密切关注劳动力市场的动态变化，加强预测和规划工作。通过收集和分析劳动力市场的供需信息、价格趋势等数据，制订科学合理的用工计划和人力资源配置方案，确保劳动力供应的稳定性和合理性。用人单位应建立健全的技能培训体系，提升劳动者的技能水平和职业素养。通过加强内部培训、引进外部专家授课、建立技能传承机制等方式，提高劳动者的技能水平和创新能力，满足项目对高技能人才的需求。

用人单位应根据市场变化和自身实际情况，优化薪酬福利制度。通过制定合理的薪酬标准和福利政策，吸引和留住优秀的劳动者；建立激励机制和绩效考核体系，激发劳动者的积极性和创造力，提高工作效率和质量。用人单位应加强合同管理工作，确保合同的合法性和有效性。通过建立健全的合同管理制度和流程，规范劳动合同的签订、履行和解除等环节；加强法律风险防范意识，及时了解和掌握相关法律法规的变化情况，确保其用工政策和薪酬福利制度符合法律要求。

二、建设工程劳动力市场风险在建设工程中的表现形式

在建设工程领域，劳动力市场风险作为项目管理中不可忽视的一环，其表现形式多种多样，直接关联到项目的进度、成本、质量乃至整个项目的成功与否。这些风险不仅源自市场供需的不平衡、技能短缺或成本波动，还涉及政策法规的变动、劳动关系的复杂性以及突发事件的影响等多

个方面。以下将详细探讨建设工程劳动力市场风险在建设项目中的具体表现形式。

（一）项目进度受阻

在工程项目高峰期，尤其是需要大量劳动力的阶段，如基础施工、主体结构建设等，如果劳动力市场无法及时提供足够数量的合格劳动力，项目将不可避免地面临延期风险。这种延期不仅会增加项目的总成本，还可能影响后续工序的顺利进行，甚至导致产生整个项目进度的连锁反应。随着建设工程技术的不断进步和复杂化，对高技能人才的需求日益增加。如果项目所需的关键技能岗位出现人才短缺，将直接导致施工效率下降、质量问题频发。例如，在复杂钢结构安装、高精度测量放线等环节中，若缺乏经验丰富的技术人员，不仅会影响施工进度，还可能对工程质量造成严重影响。

（二）成本超支

劳动力成本是建设工程项目成本的重要组成部分。随着经济发展和生活水平的提高，劳动者对工资的期望和福利待遇要求也在不断上升。如果企业未能及时调整薪酬政策或未能有效控制劳动力成本，将导致项目成本超支。此外，劳动力市场的供需关系也会影响劳动力成本，当劳动力供应紧张时，用人单位往往需要支付更高的工资来吸引和留住劳动力。

由于技术人员短缺或劳动力流失，用人单位可能需要额外招聘新员工并进行培训。这些费用包括招聘广告费、面试成本、培训材料费以及员工在培训期间的工资等。如果新员工无法迅速适应岗位要求或培训效果不佳，将进一步增加用人单位的负担。

（三）质量问题频发

如前所述，劳动力市场中的劳动者技能水平存在差异。如果项目团队中存在大量技能水平较低的劳动者，将直接影响施工质量和工程品质。例如，在混凝土浇筑、钢筋绑扎等关键工序中，如果操作不规范或技能不熟练，将极易出现质量问题，如混凝土强度不足、钢筋错位等。

除了技能水平，劳动者的责任心和工作态度也是影响工程质量的重要因素。一些劳动者可能因为工作量大、工作条件艰苦或薪酬待遇不满意等原因，缺乏工作热情和责任心，对待工作敷衍了事或粗心大意。这种态度和行为将直接导致工程质量下降，甚至引发安全事故。

（四）法律纠纷与合规风险

在建设工程中，用人单位与劳动者之间通过签订劳动合同来明确双方的权利和义务。然而，由于合同条款不明确、双方理解不一致或管理不善等原因，可能导致劳动合同纠纷的发生。这些纠纷不仅会影响用人单位的声誉和形象，还可能给其带来经济损失和法律风险。

随着国家政策法规的不断更新和完善，企业在用工管理、薪酬福利、劳动保护等方面也需要不断适应新的要求。如果用人单位未能及时了解和掌握相关政策法规的变化情况，或未能及时调整用工政策和薪酬福利制度以适应法律要求，将可能面临合规风险。例如，违反劳动法规将受到行政处罚或法律诉讼等后果。

（五）劳动关系紧张与稳定性下降

在建设工程中，由于工作环境艰苦、工作强度大以及薪酬待遇等问题，劳动者与用人单位之间可能产生矛盾和冲突。这些矛盾和冲突如果得不到及时解决和妥善处理，将导致劳动关系紧张甚至恶化。劳动关系紧张不仅会影响员工的工作积极性和创造力，还可能对项目的顺利开展造成不利影响。

劳动力市场的波动性和不确定性可能导致劳动力队伍的稳定性下降。例如，在经济衰退期间，劳动力市场可能会出现供过于求的情况，导致劳动者流动性增加；在经济繁荣期间，则可能会出现供不应求的情况，导致用人单位难以招聘到合适的劳动者。这种稳定性下降将增加用人单位的管理成本和经营风险。

（六）突发事件对劳动力市场的冲击

自然灾害如地震、洪水等突发事件可能对劳动力市场造成严重影响。这些灾害可能导致劳动力伤亡、基础设施损毁和交通中断等问题，从而影响劳动力的供应和流动。例如，在地震灾区，大量劳动力可能因家园受损而无法正常工作；同时，由于交通中断和基础设施损毁，外部劳动力也难以进入灾区支援。

公共卫生事件如疫情暴发可能对劳动力市场造成冲击。在疫情期间，政府可能采取限制人员流动、关闭公共场所等措施来控制疫情蔓延。这些措施将导致劳动力市场的供需关系发生变化，进而影响项目的进度和成本。例如，在疫情期间，由于交通限制和人员隔离措施的实施，部分劳动力可能无法按时到达工地工作；同时，由于疫情对企业经营的影响，部分用人单位可能面临资金压力而不得不削减开支，包括减少劳动力成本。这种情况下，不仅项目进度受到严重影响，还可能加剧劳动力市场的紧张局势，导致技能工人的争夺更加激烈，进而推高劳动力成本。

（七）信息不对称与市场情况的复杂多变

在建设工程劳动力市场中，信息不对称是一个普遍存在的问题。一方面，用人单位往往难以全面掌握劳动力市场的真实情况，包括劳动力的数量、技能水平、薪酬期望等；另一方面，劳动者可能对项目的具体情况、工作环境、福利待遇等缺乏全面了解。这种信息不对称不仅增加了招聘和用工的难度，还可能导致双方在合作过程中出现误解和冲突。

由于劳动力市场的复杂性和多变性，准确预测未来劳动力市场的走势变得尤为困难。政策调整、经济形势变化、技术进步以及突发事件等多种因素，都可能对劳动力市场产生深远影响。因此，用人单位在制订人力资源规划和用工计划时，往往面临较大的不确定性，难以做出准确的判断和决策。

（八）技术与创新的挑战

随着科技的快速发展，建设工程领域也在不断引入新技术和新工艺。这些技术变革不仅可以提高了施工效率和质量，也可以对劳动力市场的结构和需求产生深远影响。一方面，新技术可能替代部分传统劳动力岗位，导致部分劳动者面临失业风险；另一方面，新技术催生了新的劳动力需求，如智能建造、BIM技术等领域的专业人才。这种变化使得用人单位和劳动者需要不断地学习和适应新技术，否则都将面临被淘汰的风险。

　　在建设工程领域，创新驱动的发展已成为不可逆转的趋势。为应对劳动力市场带来的挑战和风险，用人单位需要加强创新能力，推动技术创新和管理创新。通过引入先进的施工技术和管理模式，用人单位可以提高施工效率和质量，降低劳动力成本，从而增强市场竞争力。然而，这也要求用人单位加大研发投入和人才培养力度，为创新提供有力支持。

第七章　建设工程税收法律问题与应对策略

第一节　税收法律法规与纳税义务

一、税收法律法规的构成与核心内容

税收法律法规是国家经济管理制度的重要组成部分，它通过法律规范对纳税人的征税行为进行管理，旨在保障国家税收的正常征收和社会公正。税收法律法规的构成复杂而精细，其核心内容则主要体现在税法的构成要素及税率上。

（一）税收法律法规的构成

税收法律法规的构成主要包括税法的构成要素和税法体系两个方面。

1.税法的构成要素

税法的构成要素是指税法应当具备的必要因素和内容，它们共同构成税法的基本框架。税法的构成要素一般包括总则、纳税义务人、征税对象、税目、税率、纳税环节、纳税期限、纳税地点、减税免税、罚则、附则等项目。

纳税义务人：指依法直接负有纳税义务的法人、自然人和其他组织。他们是税法征税活动的主体，应当依法履行纳税义务。

征税对象：又称征税客体，指税法规定对什么征税。它是各个税种之间相互区别的根本标志，按其性质的不同，通常划分为流转额、所得额、财产、资源及行为五大类。

税目：是指征税对象的具体化，是对征税对象进行分类规定的具体项目或征收品种。

税率：是指应纳税额与课税对象之间的数量关系或比例，是计算税额的尺度。税率的高低直接关系到纳税人的负担和国家税收收入的多少，是税法的核心要素。

纳税环节、纳税期限、纳税地点：分别指商品在整个流转过程中按照税法规定应当缴纳税款的阶段、税法规定的纳税主体向税务机关缴纳税款的具体时间，以及缴纳税款的场所。

减税免税：指税法对某些特定的纳税人或征税对象给予的一种免除规定，包括减免税、税收抵免等多种形式。

罚则和附则：罚则是对违反税法行为的处罚规定，附则是对税法的解释、补充和说明。

2.税法体系

税法体系是指由不同层次、不同类别的税收法律规范组成的有机整体。按照税法的功能作用、权限划分、法律级次的不同，税法体系可分为不同类型的税法。

按职能作用分类：可分为税收实体法和税收程序法。税收实体法主要规定各种税种的征收对象、税目、税率、计税依据等实体要素；税收程序法主要规定税收征收管理的程序、方法、权限等。

按税收管辖权分类：可分为国内税法、国际税法和外国税法。国内税法主要调整国内税收关系，国际税法主要调整跨国税收关系，外国税法则是指外国制定的税收法律规范。

按立法权限或法律效力分类：可分为税收法律、税收行政法规、税收规章和税收规范性文件等。税收法律由全国人民代表大会及其常务委员会制定；税收行政法规由国务院制定；税收规章由国务院部委、省级人民政府等制定；税收规范性文件是由税务机关等制定的具有普遍约束力的文件。

（二）税收法律法规的核心内容

税收法律法规的核心内容主要体现在税法的构成要素上，其中税率是税法的核心要素。

1. 税率

税率是税法中最为关键与核心的要素之一，它直接关系到国家税收的收入和纳税人的经济负担。税率的制定需要科学合理，并要兼顾国家和纳税人的利益。税率的高低不仅会影响纳税人的税负水平，还将直接影响到国家的财政收入和税收政策的效果。

税率的种类多样，主要包括比例税率、累进税率和定额税率三种基本形式。比例税率是对同一课税对象不论数额大小，都按同一比例征税；累进税率是指按课税对象数额的大小规定不同的等级，随着课税数量增大而随之提高的税率；定额税率是指按课税对象的数量单位直接规定固定的税额。不同类型的税率适用于不同的税种和征税对象，以体现税收的公平和效率。

2. 纳税义务人和征税对象

纳税义务人和征税对象是税法另外两个重要的构成要素。作为税法征税活动的主体，纳税义务人应当依法履行纳税义务；征税对象是指税法规定对什么征税的具体内容。纳税义务人和征税对象的明确界定是税法实施的前提与基础。纳税义务人的范围广泛，包括自然人、法人和其他组织等。不同类型的纳税人在税法中享有不同的权利和义务。同时，随着经济社会的发展和税收政策的调整，纳税义务人的范围也会发生相应的变化。

作为税法规定对什么征税的具体内容，征税对象是各个税种之间相互区别的根本标志。不同类型的征税对象对应着不同的税种和税率。因此，在税法的制定和实施过程中，需要明确界定征税对象的范围和标准，以确保税收的公平和效率。

（三）税收法律法规的实施

税收法律法规的实施是税收法律制度得以落实和发挥作用的关键环节。在税收法律法规的实施过程中，需要遵循一定的原则和方法，以确保税法的正确适用和有效执行。

首先，税收法律法规的实施应当坚持合法性原则，即税收法律法规的实施必须严格依照法律规定进行，确保征税行为的合法性和规范性。税务机关和税务人员必须依法履行职责，遵守法定程序和权限，不得超越职权或滥用职权。其次，税收法律法规的实施应当坚持公平性原则。税法作为调节社会财富分配的重要工具，必须确保税收负担的公平分配。这意味着在税法实施过程中，应当平等对待所有纳税人，避免对特定群体或行业的不公平待遇。同时，税法的制定和调整也应当充分考虑社会经济发展的实际情况与纳税人的承受能力，确保税收政策的公平性和合理性。最后，税收法律法规的实施还需要注重效率性。税收是国家财政收入的主要来源，税法的实施应当确保税收的有效征收和及时入库。这要求税务机关在执法过程中加强信息化建设，提高税收征管的科技含量和效率水平。同时，还需要建立健全的税收征管制度和监督机制，加大对税收违法行为的打击力度，确保税法的有效执行。

此外，税收法律法规的实施还需要加强税法宣传和教育。税法宣传和教育是提高纳税人税法遵从度的重要手段。税务机关应当通过多种渠道和方式，向纳税人普及税法知识，增强纳税人的税法意识和自觉性。同时，税务机关还需要加强对税务人员的培训和教育，提高税务人员的业务素质和执法能力，确保税法的正确适用和有效执行。

（四）税收法律法规的完善与发展

税收法律法规是一个不断发展和完善的过程。随着经济社会的发展和税收政策的调整，税法体系也需要不断地进行修订和完善。

一方面，随着经济全球化的发展和国际税收合作的加强，国际税法的制定和完善变得越来越重要。作为世界第二大经济体，中国在国际税收合作中发挥着越来越重要的作用。因此，中国应积极参与国际税收规则的制定和修改，加强与其他国家和地区的税收合作与交流，推动国际税收体系的公平、合理和可持续发展。另一方面，随着国内经济社会的发展和税制改革的深入推进，中国需要不断修订和完善国内税法体系。这包括调整和完善税收法律法规的立法体系、加强税收征管制度的改革和创新、推动税收政策的优化和调整等。通过不断完善税法体系，可以进一步提高税收的公平性和效率性，促进经济社会的持续健康发展。

二、纳税义务的定义与分类

（一）纳税义务的定义

纳税义务，简而言之，是指纳税人依法应当向国家缴纳税款的法律义务。这一义务是国家税收制度的核心组成部分，它基于国家与纳税人之间的法律关系以及将纳税人作为税收义务主体必须履行的法定义务。纳税义务的产生源自国家为了提供公共产品、维护社会秩序和促进经济发展而需要筹集资金的需求，而纳税人则通过缴纳税款来承担这一社会责任。

从法律角度来看，纳税义务具有强制性、无偿性和固定性的特征。强制性意味着纳税人必须按照税法的规定履行纳税义务，否则将受到法律的制裁；无偿性表明纳税人缴纳的税款不直接获得任何形式的对等回报，而是为国家提供公共服务和支持国家发展；固定性是指税法对纳税义务的规定具有稳定性和可预测性，纳税人可以明确知道自己需要缴纳的税款种类、税率和纳税期限等。

（二）纳税义务的分类

纳税义务可以根据不同的标准进行分类，以便更好地理解和执行。以下是一些常见的分类方式：

1.根据纳税主体的不同分类

个人纳税义务：作为纳税人，个人需要承担的个人所得税、房产税、车船税等税种的纳税义务。这些税种通常与个人的收入、财产和消费行为相关。

企业纳税义务：作为纳税主体，企业需要承担的企业所得税、增值税、消费税、关税等税种的纳税义务。这些税种主要与企业的生产经营活动和进出口贸易相关。

其他组织纳税义务：除了个人和企业，还有一些其他组织如社会团体、事业单位等也可能成为纳税人，并承担相应的纳税义务。

2.根据税种的不同分类

流转税纳税义务：包括增值税、消费税、关税等。这些税种主要对商品和劳务的流转额征税，是国家财政收入的重要来源之一。纳税人需要按照税法规定计算并缴纳相应的税款。

所得税纳税义务：包括个人所得税和企业所得税。这些税种主要对纳税人的所得额征税，体现了税收的公平原则。纳税人需要按照税法规定申报自己的所得情况，并缴纳相应的税款。

财产税纳税义务：如房产税、车船税等。这些税种主要对纳税人的财产征税，体现了税收的调节功能。纳税人需要按照税法规定申报自己的财产情况，并缴纳相应的税款。

资源税纳税义务：如各类资源税、土地使用税等。这些税种主要对自然资源的开采和使用征税，旨在保护环境和合理利用资源。纳税人需要按照税法规定缴纳相应的税款。

3.根据纳税期限的不同分类

按期纳税义务：纳税人需要按照税法规定的纳税期限定期缴纳税款。例如，企业所得税通常按季度或年度预缴，年终汇算清缴；个人所得税则按月或按次缴纳。

按次纳税义务：某些特定税种或特定情况下的纳税义务可能按次计算并缴纳税款。例如，印花税、契税等通常按照交易次数或合同份数计算，并缴纳税款。

4.根据纳税地点的不同分类

属地纳税义务：根据纳税人的经济活动所在地或财产所在地来确定纳税地点。例如，企业所得税通常在企业注册地或实际经营地缴纳；房产税则在房产所在地缴纳。

属人纳税义务：根据纳税人的国籍或居住地来确定纳税义务。这项纳税义务虽然在国际税收中更为常见，但在国内某些特定情况下也可能适用。

5.根据是否可转嫁分类

直接税纳税义务：如个人所得税、企业所得税等，这些税种的税负直接由纳税人承担，无法转嫁给他人。

间接税纳税义务：如增值税、消费税等，这些税种的税负可以通过商品和劳务的价格转嫁给最终消费者。虽然从表面上看是生产商或销售商在缴纳税款，但实际上这些税负最终由消费者承担。

（三）纳税义务的意义与影响

纳税义务不仅是国家税收制度的基础，也是维护社会公平和经济发展的重要保障。对国家而言，纳税义务确保国家财政收入的稳定来源，为政府提供公共产品、维护社会秩序和促进经济发展提供了必要的资金支持。同时，通过税收政策的调整和优化，国家还可以引导资源配置、调节收入分配和促进经济结构转型升级。

对纳税人而言，履行纳税义务不仅是法律责任和道德义务的体现，也是享受国家公共服务和保障自身权益的必要条件。通过缴纳税款，纳税人可以间接参与到国家和社会的管理中来，促进政府决策的民主化和科学化。同时，税收也是国家实现社会公平和正义的重要手段之一，通过税收调节可以缓解社会贫富差距、保障弱势群体的基本生活权益。

然而，纳税义务的履行也面临着一些挑战和困难。一方面，由于税法规定的复杂性和专业性较强，部分纳税人对税法的理解和掌握程度有限；另一方面，一些企业和个人为了逃避税收负担而采取各种手段进行偷税、逃税和骗税等违法行为。这些行为不仅损害了国家税收的公平性和效率性，也破坏了市场经济的正常秩序和社会信用体系。

（四）加强纳税义务履行的措施

为了有效加强纳税义务的履行，确保税收制度的健康运行，需要从多个方面入手，采取一系列综合措施：

1.完善税法体系

首先，要不断完善税法体系，确保税法的科学性、合理性和可操作性。这包括及时修订和更新税法条款，以适应经济社会发展的变化；其次，明确界定纳税人的权利和义务，减少税法执行中的模糊地带；最后，加强税法与其他法律法规之间的衔接和协调，形成完整的法律体系。

2.加强税法宣传和教育

通过多种渠道和方式加强税法宣传和教育，提高纳税人的税法意识和遵从度。可以利用媒体、网络等现代传播手段，广泛宣传税法知识和纳税义务的重要性；组织开展税法培训和教育活动，帮助纳税人掌握税法规定和纳税流程；加强对纳税人的咨询服务，及时解答纳税人的疑问和困惑。

3.优化税收征管服务

优化税收征管服务，提高税收征管的效率和质量。可以加强税收征管信息化建设，推广电子税务局等在线服务平台，方便纳税人办理涉税事项；简化办税流程，减少纳税人办税成本和时间；加强税收征管人员的培训和管理，提高他们的业务素质和执法能力；建立健全的税收征管监督机制，确保税收征管的公正性和透明度。

4.加大税收执法力度

加大对税收违法行为的打击力度，维护税收法制的严肃性和权威性。要加大对税收违法行为的监管和查处力度，及时发现和纠正税收违法行为；对偷税、逃税、骗税等严重违法行为依法进行严厉处罚；加强与其他执法部门的协作和配合，形成打击税收违法行为的合力。

5.推进税收信用体系建设

推进税收信用体系建设，建立健全的纳税人信用记录和信用评价机制。通过采集和整理纳税人的涉税信息，建立纳税人信用档案；根据纳税人的信用状况进行分类管理和服务；对信用良好的纳税人给予一定的税收优惠和便利措施，对信用不良的纳税人须加强监管和限制措施。通过税收信用体系的建设，可以激励纳税人诚信纳税、自觉履行纳税义务。

第二节　建设工程中的税收优惠政策

一、税收优惠政策的定义与目的

税收优惠政策，作为国家宏观调控和财政政策的重要组成部分，其定义与目的涉及多个维度，对经济社会发展具有深远的推动作用。简而言之，税收优惠政策是指政府为达到一定社会经济目标，通过法律或行政法规的形式，给予特定纳税人或经济活动以税收上的减免或优惠待遇的一种政策。这种政策不仅体现了国家对经济活动的引导和调控意图，也是促进资源合理配置、优化产业结构、增强企业竞争力、促进社会公平与和谐发展的重要工具。

（一）税收优惠政策的定义解析

税收优惠政策的制定和实施必须遵循国家法律法规，通常以法律、行政法规、部门规章及地方政府规范性文件等形式体现。这些文件明确了享受税收优惠的主体、条件、范围、期限及具体优惠方式，确保政策的权威性和可操作性。

税收优惠政策的对象广泛，包括但不限于企业（如小微企业、高新技术企业、节能环保企业等）、个人（如低收入群体、创新创业者等）、特定行业（如农业、教育、医疗等）及地区（如西部地区、民族地区、经济不发达地区）。优惠内容则涵盖税率降低、税额减免、税收抵免、加速折旧、延期纳税等多种形式，旨在通过减轻税负，激发市场活力，促进经济发展。税收优惠政策的制定往往围绕国家宏观经济政策目标，如促进经济增长、调节经济结构、保护环境资源、鼓励创新创业、促进区域协调发展等。通过这些政策的实施，政府可以引导社会资金流向符合国家战略方向的领域，实现经济社会的可持续发展。

（二）税收优惠政策的目的阐述

经济增长是税收优惠政策的首要目标。通过降低企业税负，增加企业可支配资金，有助于扩大生产规模，提高生产效率，从而推动经济增长。同时，针对高新技术企业、节能环保企业等特定行业的税收优惠政策，能够引导企业加大研发投入力度，推动技术创新和产业升级，实现经济结构的优化和转型升级。小微企业是国民经济的重要组成部分，也是创新创业的主要力量。税收优惠政策通过降低小微企业的税负，减轻其经营压力，提高其生存能力。同时，对于初创期和成长期的企业，通过提供税收减免、延期纳税等优惠政策，可以激发其创新创业热情，促进新技术、新业态、新模式的不断涌现。

税收优惠政策在调节收入分配、促进社会公平方面发挥着重要作用。通过对低收入群体、残疾人等特殊群体的税收减免，可以保障其基本生活需求，缩小贫富差距。此外，通过教育、医疗等领域的税收优惠政策，可以降低民众的教育和医疗成本，提高社会福利水平，增强社会和谐稳定。针对西部地区、民族地区、经济欠发达地区，税收优惠政策可以发挥重要的扶持作用。通过降低这些地区的税负水平，吸引外部投资，促进当地产业发展，加快基础设施建设，提高居民收入水平，从而推动区域经济的协调发展。

随着全球环境问题的日益严峻，环境保护已成为各国政府关注的焦点。税收优惠政策在鼓励环境保护和可持续发展方面发挥着重要作用。通过对节能减排、资源综合利用等环保项目的税收减免和补贴，可以引导企业加大环保投入力度，减少污染物排放，推动绿色低碳发展。

（三）税收优惠政策的深远影响

税收优惠政策的实施，降低了企业和个人的税收负担，提高了其可支配收入水平，从而激发了市场活力和竞争力。企业有更多的资金用于扩大生产、研发创新和市场开拓，个人则有更多的消费能力去满足自身需求，推动了经济的持续增长。税收优惠政策通过引导社会资金流向符合国家战略方向的领域，优化了资源配置。同时，针对特定行业的税收优惠政策，推动了这些行业的快速发展和产业结构的优化升级。例如，对高新技术企业的税收优惠政策可以促进其科技创新能力的提升；对节能环保企业的税收优惠政策可以推动其绿色产业的发展。

税收优惠政策的实施，提高了国内企业和产品的国际竞争力。通过降低企业税负，企业有更多的资金用于技术创新和品牌建设，提高了产品和服务的质量水平。此外，税收优惠政策的实施还可以增强国家对外资的吸引力，促进国际贸易和投资的合作与发展，提升国家的国际影响力和地位。税收优惠政策在调节收入分配、促进社会公平方面发挥着重要作用。通过对低收入群体和特殊群体的税收减免与补贴，保障其基本生活需求和社会福利水平；通过对教育、医疗等领域的税收优惠政策，降低民众的教育和医疗成本，提高社会福利水平和社会和谐的稳定程度。

二、建设工程中税收优惠政策的适用条件与程序

在建设工程领域，税收优惠政策的实施对降低企业成本、促进项目顺

利进行、推动行业健康发展具有重要意义。

（一）建设工程中税收优惠政策的适用条件

首先，享受建设工程税收优惠政策的企业必须为合法注册的建筑企业，拥有建筑工程施工许可证或相关资质证书，以及符合国家关于建筑业管理的各项规定。同时，所建设的工程项目也必须符合国家产业政策和规划要求，不得是违法违规建设项目。在建设工程领域，税收优惠政策的适用还与企业纳税人的类型和规模密切相关。一般纳税人和小规模纳税人在享受税收优惠时存在显著差异。例如，对一般纳税人，提供建筑清包工方式服务时，有权选择简易计税方法计税，即按照较低的征收率（通常为3%）计算缴纳增值税。小规模纳税人则可能享受更直接的免税或减税政策，如月销售额未超过一定限额时免征增值税等。此外，建设工程中的税收优惠政策还针对特定工程项目和业务类型制定了专项措施。例如，对甲供工程项目（即工程发包方自行采购部分或全部设备、材料的建筑工程），一般纳税人同样可以选择简易计税方法。对高新技术企业和双软企业（软件产品和软件企业），在建设工程中涉及的技术研发和创新活动，也享有特定的所得税优惠。

享受税收优惠政策的建设工程企业需具备健全的财务管理制度和良好的税务合规记录。企业需能够准确核算进项和销项税额，及时履行纳税义务，并保留必要的税务文件和记录以备查验。此外，企业还需关注税收政策的变化和更新，确保在符合法律法规的前提下合理享受税收优惠。

（二）建设工程中税收优惠政策的申请程序

企业在申请建设工程税收优惠政策前，需充分了解相关政策的具体内容和适用条件。这包括政策的适用范围、优惠内容、申请条件、申报材料等方面的信息。企业需根据自身实际情况和政策要求进行评估，确定是否符合申请条件并选择合适的优惠政策。在确认符合申请条件后，企业需按照政策要求准备相应的申报材料。这些材料通常包括企业资质证书、建筑工程施工许可证、项目合同、财务报表、税务证明等。企业需确保申报材料的真实性和完整性，并按照规定的时间和方式提交给税务部门或相关部门进行审批。

　　税务部门或相关部门在收到企业的申报材料后，将进行严格的审核和审批程序。审核内容包括企业资质、项目合规性、税务合规情况等方面。对符合政策要求的申请，税务部门将给予批准并办理相关手续；对不符合要求的申请，将予以退回并说明原因。企业获得批准后，需按照要求进行备案和登记手续，以便后续管理和监督。企业在获得税收优惠政策的批准后，即可按照规定享受相应的税收优惠待遇，这包括减免税款、降低税率、延缓纳税等多种方式。企业须严格按照政策规定执行并保留必要的税务文件和记录以备查验。企业需关注政策的变化和更新，确保在享受税收优惠的同时符合法律法规的要求。此外，企业还需积极配合税务部门或相关部门的后续管理和监督工作，确保税收优惠政策的合法性和有效性。

第三节　税收风险识别与防范策略

一、税收风险的定义与分类

（一）税收风险的定义

　　税收风险是指企业在税收过程中可能面临的各种不确定性和潜在损失。这些不确定性主要来自税收政策的变化、企业内部管理的不完善、税务操作的失误，以及外部经济环境的变化等多个方面。税收风险不仅影响企业的财务状况和经济效益，还可能对企业的声誉和长期发展产生深远影响。从广义上讲，税收风险是指在征税过程中，由于制度方面的缺陷、政策和管理方面的失误，以及种种不可预知和控制的因素所引起的税源状况恶化、税收调节功能减弱、税收增长乏力，最终导致税收收入不能满足政府实现职能需要的一种可能性。这种定义强调税收风险对税收体系和政府财政的潜在影响。

　　具体到企业层面，税收风险则更多地体现在企业当遵从税法时的实际表现与应该达到的实际标准之间存在差异上，进而导致损失的不确定性。这种差异可能源自企业对税收政策的理解不足、操作失误或故意逃避税收责任等行为。

（二）税收风险的分类

税收风险可以从多个角度进行分类，以便更好地理解和应对。以下是一些常见的分类方式：

1.根据风险来源分类

政策风险主要源自税收政策的变化。由于税收政策的调整，企业可能面临税负增加或减少的风险。这种风险需要企业密切关注政策动向，及时做好应对措施。政策风险的产生往往与国家宏观经济政策、产业结构调整、财政税收政策等密切相关。操作风险指的是在税收申报、缴纳等过程中因操作不当导致的风险。例如，错误的申报可能导致企业面临罚款或滞纳金等处罚。操作风险通常与企业的内部管理制度、人员素质、信息系统等因素有关。

随着税企关系的密切，信誉风险逐渐凸显。一旦企业在税收方面出现不良记录，不仅会影响企业形象，还可能影响企业的经营和发展。信誉风险往往与企业的纳税遵从度、税务筹划的合法性以及与税务机关的沟通合作情况等因素有关。同时法律风险也是不可忽视的。企业需要了解并遵守相关法律规定，避免违法带来的损失。法律风险主要源自企业对税法规定的不了解或故意违反税法规定等行为。

2.根据风险类型分类

多缴税款风险是指由于经营行为适用税法不准确，导致企业应享受而未享受相关税收优惠政策、错误适用税率多缴税款或应抵扣未抵扣进项税金等，从而使企业承担不必要的税收负担和经济损失。这种风险通常与企业的财务管理水平、税法理解能力和税务筹划能力等因素有关。

少缴税款风险是指企业的纳税行为不符合税收法律法规的规定，应缴税而未缴税、少缴税或未能准确界定增值税进项税的抵扣范围或违规操作抵扣等行为导致的风险。这种风险可能使企业面临税务机关的查处，需要补缴税款、加处罚款和滞纳金，并可能损害企业的声誉。

发票管理风险是企业在发票使用过程中可能面临的风险。企业最大的发票管理风险是虚开发票风险。由于增值税专用发票具有抵扣税款的功能，因此虚开增值税专用发票，不仅是发票管理办法和增值税专用发票使用规定严厉禁止的行为，也是刑法要严惩的犯罪行为。企业发票管理不善，就可能出现虚开发票或取得虚开发票的情况，从而带来违法犯罪的风险。

3.其他分类方式

除了上述分类方式，税收风险还可以根据其他标准进行分类。例如，根据风险的影响程度，可以将其分为重大税收风险和一般税收风险；根据风险的可控性，可以将其分为可控税收风险和不可控税收风险等。这些分类方式有助于企业更全面地了解税收风险的特点和规律，从而制定出更加有效的应对措施。

二、税收风险在建设工程中的表现形式

税收风险是指在征税过程中，由于制度缺陷、政策和管理失误，以及不可预知和控制的因素所引起的税源状况恶化、税收调节功能减弱、税收增长乏力，最终导致税收收入不能满足政府实现职能需要的一种可能性。在建设工程领域，税收风险尤为复杂且多样，涉及多个层面和环节。

（一）企业内部管理风险

企业内部管理是税收风险的重要因素之一。施工企业的涉税风险主要集中在管理层面、财务层面和业务层面。

内部控制是企业管理的基础，但在实际操作中，许多施工企业的内部管理制度较为混乱或形同虚设。例如，发票管理不规范，岗位要求不明确，导致税务风险频发。具体而言，企业人员可能不按规定获取发票，或者开具虚假发票，以逃避税收。此外，企业内部财务管理不透明，资金流动混乱，也增加了税收风险。业务规划是企业经营的重要环节，但在税收风险防控方面，许多施工企业的业务规划未能充分考虑税法规定。例如，在采购货物时，如果企业仅采用单一来源采购，可能就会导致比价不充分，不能充分考虑采购价款加税款的全成本，从而增加了税收成本。此外，在合同签订和履行过程中，企业如果未能充分考虑税收因素，可能就会导致税收风险。

企业决策对税收风险具有重要影响。在资产折旧、成本管理等方面，如果企业未能按照税法规定进行统筹处理，随意进行折旧处理或资本化处理，将直接影响企业的税收负担。例如，一些施工企业为了降低成本，可能采用加速折旧的方法，但这并不符合税法规定，可能引发税务机关的稽查和处罚。

（二）合同履行风险

在建设工程中，合同履行是税收风险的重要来源之一。由于建设工程的特殊性，合同履行过程中往往存在多种不确定因素，导致税收风险增加。

在实际合同履行过程中，甲方由于资金短缺等原因，往往不按照合同约定时间支付工程进度款，而乙方往往在收到款项后才开具发票。这样就会出现了不按合同约定确认增值税收入，而仅仅按照开具发票确认增值税收入的情况，可能会带来延迟确认增值税收入的风险。为了规避这种风险，企业应按照合同确认付款时间节点，并结合监理机构的工程实际进度记录，按照《建设工程价款结算暂行办法》规定进行增值税收入的确认。在年度内，如果企业有已开工工程项目但施工合同未到付款期且未开具发票，可能导致年末没有所得税收入。这种情况下，企业容易疏忽所得税纳税，期末应当按照工程进度确认所得税收入的规定。为了规避这种风险，企业应在期末结合监理记录确认所得税收入，无论是否达到增值税确认收入的条件。

（三）税收政策执行风险

税收政策执行风险主要表现在企业对税收政策的理解和执行上。由于税收政策复杂多变，企业如果不能及时跟进和调整自己的涉税业务，就可能导致税务风险。

税收政策是企业进行税务处理的重要依据。然而，由于税收政策复杂多变，许多施工企业对税收政策的理解存在不足。例如，在挂靠经营过程中，企业可能因对税收政策理解不足而虚开、多开成本发票或虚列、多列工资费用，以套取利润。为了规避这种风险，企业管理人员应加强对税收政策的学习和培训，确保对税收政策有准确的理解。即使企业对税收政策有准确的理解，但在执行过程中也可能出现偏差。例如，在跨区经营过程中，符合预缴规定的建筑企业未按规定在施工地预缴企业所得税、增值税及代扣代缴个人所得税。在这种情况下，企业可能面临税务机关的稽查和处罚。为了规避这种风险，企业应严格按照税收政策进行施工地预缴税款和代扣代缴义务。

（四）跨区经营风险

跨区经营是建设工程中常见的现象之一。然而，跨区经营也带来了税收风险。

符合预缴规定的跨区经营建筑企业未按规定在施工地预缴企业所得税、增值税及代扣代缴个人所得税将导致税收风险。为了规避这种风险，企业应根据自身情况判断是否需要预缴税款以及预缴税款的金额和期限。对独立纳税人（包括法人组织和无法提供相关证明的分支机构），应按照独立纳税人管理征收企业所得税；对分支机构，应根据企业层级判断是否需要就地预缴管理；对于建筑企业总机构直接管理的跨地区设立的项目部，应按照其实际经营收入预缴企业所得税。

在跨区经营过程中，企业可能因对印花税政策理解不够或执行不力而漏报印花税。例如，企业可能只会按照建筑合同申报印花税，而忽略了其他应税业务，如租赁设备等。为了规避这种风险，企业应全面了解并严格执行印花税的相关规定，确保所有应税业务都要及时、准确地申报印花税。

（五）发票管理风险

发票作为税收管理的重要工具，其管理不善将直接导致税收风险。在建设工程中，发票管理风险主要表现为以下方面：

为了降低成本或逃避税收，一些施工企业可能会选择虚开发票。这不仅违反了税收法规，还可能引发税务机关的严厉查处。企业应加强发票管理，确保所有发票都是真实、合法的，严禁虚开发票行为。在建设工程中，发票的流转环节多、涉及人员广，容易发生发票丢失的情况。发票一旦丢失，不仅会给企业带来经济损失，还可能影响企业的纳税信用。企业应建立健全发票管理制度，加强发票的保管和传递，防止发票丢失。发票的开具和接收必须符合税收法规的规定。然而，在实际操作中，一些施工企业可能会因为对发票政策理解不透彻或操作不当而导致开票不合规。例如，发票抬头错误、税率选择不当、发票联次缺失等。这些不合规的发票将给企业带来税收风险。因此，企业应加强对发票的审核和管理，确保所有发票的开具都符合税收法规的规定。

（六）税收筹划风险

税收筹划是企业合法降低税负的重要手段。然而，如果税收筹划不当或过度，就可能引发税收筹划风险。

一些施工企业在制定税收筹划方案时，可能只关注短期的税负降低效果，而忽视长期的税务风险。例如，通过不合理转移定价、虚构业务等方式来降低税负，这些做法虽然能在短期内降低税负，但长期来看可能引发税务机关的稽查和处罚。因此，企业在制订税收筹划方案时，应充分考虑方案的合理性和可持续性。即使税收筹划方案本身合理合法，但在执行过程中也可能出现偏差。例如，由于企业内部管理不善或人员素质不高等原因，导致筹划方案无法得到有效执行。为了规避这种风险，企业应加强对税收筹划方案的执行监督和管理，确保筹划方案得到有效执行。

（七）外部监管风险

外部监管风险是指由税务机关等外部监管机构对企业的税收行为进行监管和稽查所带来的风险。在建设工程中，外部监管风险主要表现为以下方面：

税务机关会定期对施工企业的税收行为进行稽查。如果企业在稽查过程中被发现存在违规行为或税务风险点，就可能面临税务机关的处罚和追缴税款等后果。因此，企业应加强与税务机关的沟通与合作，及时了解税收政策和稽查动态，确保自身的税收行为符合税收法规的规定。随着税收信息化的推进，税务机关对企业的信息披露要求也越来越高。如果企业未能及时、准确地披露相关信息或隐瞒重要信息，就可能引发税务机关的稽查。因此，企业应建立健全信息披露制度，加强信息披露的准确性和及时性。

第四节　税收争议解决与合规性管理

一、税收争议的定义与分类

（一）税收争议的定义

税收争议，也被称为税务争议或税收行政争议，是税收法律关系中各主体之间因税务具体行政行为而产生的纠纷或不同意见。它涉及税务机关、纳税人、扣缴义务人、纳税担保人等多个主体，在税收征收、管理、稽查、处罚等各个环节中均有可能发生。税收争议的产生，往往源自税收法律法规的复杂性、执行过程中的不确定性以及各方对税法理解上的差异。

从广义上讲，税收争议既包括税务机关内部之间的争议，也包括税务机关与外部主体（如纳税人、扣缴义务人等）之间的争议。然而，在大多数情况下，税收争议更多是指后者，即税务机关与外部主体之间因税务具体行政行为而引起的争议。这类争议不仅关系到纳税人的合法权益，也直接影响到税收法律的权威性和公正性。

（二）税收争议的分类

税收争议可以根据不同的标准进行分类，以下从几个主要维度进行分类：

1.根据争议主体的不同

税收争议可以分为内部争议和外部争议。

内部争议：主要发生在税务机关内部，包括两种类型。一是征税行政主体之间的争议，主要是关于税收权限的争议，如国家税务局和地方税务局之间对某项税收事务管理权限的争议。二是征税行政主体与其所属的公务人员之间的争议，主要是关于行政处分的争议，如公务员对税务机关给予的警告处分不服而产生的争议。

外部争议：这是税收争议的主要类型，发生在税务机关与公民、法人或其他组织之间。这类争议涉及税收征收和管理过程中的具体行政行为，如税务登记、征收方式、税收管辖、定税信息、税务检查、税务处理、处罚结果等各个环节。

2.根据争议内容的不同

税收争议根据具体争议的内容进行细分，主要包括以下方面：

纳税义务的争议：涉及纳税人是否应当承担纳税义务，以及纳税义务的具体范围和程度。例如，对某项收入是否应当纳税，或者某项支出是否可以抵扣税款等问题的争议。

税额计算的争议：税额计算涉及应纳税所得额、税率、税收优惠等多个因素。纳税人和税务机关在计算税额时可能会产生争议，如对应纳税所得额的计算方法、税率的适用等问题存在不同意见。

税收征管的争议：主要涉及税务机关的征管行为是否合法、合理。例如，税务机关对纳税人进行的税务检查、税务处罚等行为可能引发纳税人的争议。

税收优惠政策的争议：在享受税收优惠政策的过程中，纳税人和税务机关之间可能会因对政策、适用条件等方面理解的不同产生争议。

涉及债务的税收争议：这类争议不仅涉及税收行政法律关系，还涉及民事法律关系。例如，税务机关与纳税人、扣缴义务人的债权债务人之间，因能够引起债权债务消灭的行为涉及税收问题时所引起的争议。

3.根据争议解决方式的不同

税收争议根据解决方式的不同进行分类，主要包括以下几种：

协商解决：在税收争议发生后，税务机关与争议当事人可以通过协商的方式寻求解决方案。这种方式通常具有成本低、效率高的优点，但需要双方具备一定的合作意愿和协商能力。

行政复议：如果协商无法达成一致，争议当事人就可以向税务机关的上级机关或专门的行政复议机构提出行政复议申请。行政复议机构会对争议进行审查并做出复议决定，该决定对双方具有约束力。

行政诉讼：如果复议决定仍然无法解决争议，争议当事人就可以向人民法院提起行政诉讼。人民法院将依法对争议进行审理并做出判决或裁定，该判决或裁定具有最终的法律效力。

（三）税收争议的特征

税收争议具有以下几个基本特征：

前提是税务争议的存在：税收争议的发生必须基于税务具体行政行为的存在，如果没有具体的税务行政行为就不可能产生税收争议。

主体是有关国家机关：税收争议的主体通常包括税务机关和纳税人、扣缴义务人等外部主体。在内部争议中，主体则可能是税务机关内部的不同部门或人员。

客体是税务行政相对人认为侵犯其合法权益的税务具体行政行为：税收争议的客体是具体的税务行政行为，且该行为被税务行政相对人认为侵犯了其合法权益。

由不服税务行政处理决定的当事人提起：税收争议的提起通常是由对税务行政处理决定不服的当事人进行的，这是税收争议产生的重要前提。

以当事人全面履行税务处理决定为必要条件：在税收争议解决过程中，当事人通常需要全面履行税务处理决定所规定的义务，这是税收争议解决的一个重要条件。

二、税收争议的处理程序与要求

税收争议的处理程序与要求，是确保税收法律关系中各主体权益得到保障、维护税收法律秩序的重要环节。以下将从税收争议的处理程序、具体要求以及相关法律法规依据等方面进行详细阐述。

（一）税收争议的处理程序

税收争议的处理程序通常包括以下三个步骤：

1.协商解决

在税收争议发生后，首先鼓励争议双方通过协商的方式寻求解决方案。协商解决具有成本低、效率高的优点，有助于快速化解矛盾，维护和谐的税收征纳关系。其次，协商过程中，双方应充分表达各自的观点和诉求，通过沟通、妥协，争取达成一致意见。

2.行政复议

如果协商无法达成一致，或者争议一方不愿意通过协商方式解决争议，就可以依法申请行政复议。行政复议是行政机关内部的一种自我纠错机制，通过行政复议程序，可以对税务机关的具体行政行为进行合法性、合理性审查，并做出复议决定。

行政复议的程序一般包括以下几个步骤：

申请：争议当事人应在法定期限内（通常为知道或应当知道具体行政行为之日起60日内）向复议机关提出行政复议申请，并提交相关证据材料。

受理：复议机关在收到复议申请后，应在法定期限内（通常为5日内）进行审查，并决定是否受理。对符合受理条件的申请，应予以受理；对不符合受理条件的申请，应做出不予受理决定并告知申请人。

审查：复议机关受理复议申请后，应对税务机关的具体行政行为进行全面审查，包括事实认定、法律适用、程序是否合法等方面。

决定：复议机关在审查结束后，应根据审查结果做出复议决定。复议决定可以是维持原具体行政行为、变更原具体行政行为或者撤销原具体行政行为等。

3.诉讼解决

如果复议决定无法让争议双方满意，或者复议机关在法定期限内未做出复议决定，争议当事人就可以依法向人民法院提起行政诉讼。行政诉讼是人民法院对行政机关的具体行政行为进行合法性审查的司法活动，通过行政诉讼程序，可以最终解决税收争议。

行政诉讼的程序一般包括以下几个步骤：

起诉：争议当事人应在法定期限内（通常为收到复议决定书之日起15日内或知道或应当知道具体行政行为之日起6个月内）向人民法院提起行政诉讼，并提交起诉状和相关证据材料。

受理：人民法院在收到起诉状后，应在法定期限内进行审查，并决定是否受理。对符合受理条件的案件，应予以受理；对于不符合受理条件的案件，应做出不予受理裁定并告知当事人。

审理：人民法院受理案件后，应依法组成合议庭进行审理。审理过程中，应充分听取双方当事人的陈述和辩论，并依法进行证据调查和认定。

判决：人民法院在审理结束后，应根据审理结果依法作出判决。判决可以是维持原具体行政行为、撤销原具体行政行为或者变更原具体行政行为等。

（二）税收争议处理的具体要求

在税收争议处理过程中，需要遵循以下具体要求：

税收争议处理必须严格遵循法律法规的规定，确保处理结果的合法性和公正性。无论是协商解决、行政复议还是行政诉讼程序，都应遵循法定程序，依法进行。

税收争议处理应坚持公正原则，确保争议双方的权利得到平等保护。复议机关和人民法院在处理税收争议时，应客观、公正地审查案件事实，正确适用法律，避免偏袒任何一方。

税收争议处理应注重效率原则，及时、高效地解决争议。复议机关和人民法院应严格按照法定时限处理案件，避免拖延时间、增加当事人负担。

税收争议处理应尊重事实原则，以事实为依据做出处理决定。在审查案件时，应充分调查取证，核实案件事实，确保处理结果的准确性和可靠性。

税收争议处理应充分保障当事人的合法权益。在处理过程中，应充分听取当事人的陈述和申辩意见，保障其知情权、参与权和救济权等合法权益。

（三）相关法律法规依据

税收争议的处理程序和要求主要依据《中华人民共和国税收征收管理法》及其实施细则、《中华人民共和国行政复议法》及其实施条例、《中华人民共和国行政诉讼法》等法律法规的规定。

《中华人民共和国税收征收管理法》第八十八条规定："纳税人、扣缴义务人、纳税担保人同税务机关在纳税上发生争议时，必须先依照税务机关的纳税决定缴纳或者解缴税款及滞纳金或者提供相应的担保，然后可以依法申请行政复议；对行政复议决定不服的，可以依法向人民法院起诉。"

这一规定体现了行政复议前置原则，即纳税争议必须先经过行政复议程序，然后才能进入行政诉讼程序。

《中华人民共和国行政复议法》第九条规定："公民、法人或者其他组织认为具体行政行为侵犯其合法权益的，可以自知道该具体行政行为之日起六十日内提出行政复议申请；但是法律规定的申请期限超过六十日的除外。因不可抗力或者其他正当理由耽误法定申请期限的，申请期限自障碍消除之日起继续计算。"此条款明确了行政复议的申请期限，为争议当事人提供了明确的法律指引，确保他们能够在规定的时间内行使自己的权利。

在行政复议过程中，复议机关还需遵循以下要求：

中立性：复议机关应保持中立地位，不受任何一方当事人的影响，公正地审查案件事实和证据。

全面审查：复议机关应对税务机关的具体行政行为进行全面审查，包括事实认定、证据采纳、法律适用、程序是否合法等方面。

听取陈述和申辩：复议机关应充分听取争议双方的陈述和申辩意见，确保双方都有机会表达自己的观点和诉求。

依法作出复议决定：复议机关应根据审查结果，依法做出复议决定，并明确告知当事人复议决定的理由和依据。

对行政诉讼，相关法律做出详细规定：

《中华人民共和国行政诉讼法》第六条规定："人民法院审理行政案件，对行政行为是否合法进行审查。"这一条款明确了行政诉讼的审查范围，即人民法院主要审查税务机关的具体行政行为是否合法。

在行政诉讼过程中，人民法院还需遵循以下要求：

依法独立行使审判权：人民法院应依法独立行使审判权，不受行政机关、社会团体和个人的干涉。

全面审查：人民法院应对案件进行全面审查，包括事实认定、证据采纳、法律适用、程序是否合法等方面。

公开审判：除涉及国家秘密、个人隐私和法律另有规定，人民法院审理行政案件应当公开进行。

保障当事人诉讼权利：人民法院应充分保障当事人的诉讼权利，包括起诉权、答辩权、举证权、质证权、辩论权等。

及时审理和判决：人民法院应及时审理行政案件，并在法定期限内做出判决或裁定，避免拖延时间、增加当事人负担。

第五节　税收筹划与税务风险管理

一、税收筹划的定义与目的

税收筹划，作为一种在《税法》规定范围内，通过合法手段优化税务安排以减轻税负、提高经济效益的财务管理活动，其定义与目的深远而广泛。以下是对税收筹划的详细阐述，旨在深入探讨其内涵、方法及最终目标。

（一）税收筹划的定义

税收筹划，又称纳税筹划或税务筹划，是指企业或个人在纳税行为发生之前，在不违反国家税收法律、法规的前提下，通过对经营活动、投资行为等涉税事项进行事先的、科学的规划和安排，以达到降低税收负担、提高经济效益、增强竞争力的目的。这一过程不仅要求纳税人熟悉并灵活运用税法规定，还需要结合自身的经营状况和财务目标，制定出最优的税务策略。税收筹划的核心在于"合法性"与"规划性"。合法性意味着税收筹划的所有行为都必须在《税法》允许的范围内进行，不得采用任何违法手段来逃避或减少纳税义务。规划性则强调税收筹划需要事先进行，通过合理的预测和安排，使纳税人在未来可能面临的税务问题中得到最优解决。

（二）税收筹划的目的

税收筹划的目的多样且复杂，但其核心目标可以归纳为以下方面：

减轻税收负担是税收筹划最直接也是最主要的目的。通过合理利用税法中的优惠政策、减免税条款以及合理的税务安排，纳税人可以在不违反法律的前提下，有效降低自身的税收负担。这不仅有助于增加企业的可支配收入，提高经济效益，还能为企业的发展提供更多的资金支持。涉税零风险是指纳税人在税收方面没有任何法律风险或风险极小可以忽略不计的状态。实现涉税零风险是税收筹划方案的最低目标，也是实现更高层次目标的基础。通过税收筹划，纳税人可以确保自己的账目清楚、纳税申报正确、税款缴纳及时足额，从而避免因税务问题而带来法律风险和经济损失。

资金具有时间价值，税收筹划可以通过合理的安排，使纳税人延缓税款的缴纳时间，从而获得资金的时间价值。例如，通过合理安排企业的收入和支出，使企业能够充分利用资金的流动性，提高资金的使用效率。这种资金的时间价值对企业的长远发展具有重要意义。税收筹划的最终目的是提高企业的经济效益。通过减轻税收负担、实现涉税零风险以及获取资金时间价值等手段，税收筹划可以为企业创造更多的经济效益。这不仅有助于提升企业的市场竞争力，还能为企业的可持续发展提供有力保障。

税收筹划是企业维护自身合法权益的重要手段。在《税法》规定允许的范围内，企业有权通过合理的税务安排来降低税负、提高经济效益。这种权利是法律赋予企业的，也是企业在市场经济中独立自主权利的体现。通过税收筹划，企业可以更好地维护自身的合法权益，实现税收与经济的良性互动。

（三）税收筹划的方法与策略

为了实现上述目的，税收筹划需要采用一系列科学的方法和策略。以下是一些常见的税收筹划方法和策略：

税法中往往包含许多优惠政策，如减免税、税收抵免、加速折旧等。纳税人应充分了解并合理利用这些优惠政策，以降低自身的税收负担。例如，在企业所得税方面，企业可以通过加大研发投入力度、购置环保设备等方式来享受税收优惠政策。企业可以通过调整自身的组织结构和业务模式来优化税务安排。例如，通过设立子公司、分公司等方式来合理分担税负，或者通过改变业务模式来降低增值税等流转税的税负。

同时会计处理方法的选择也会对税务产生影响。纳税人应根据自身的经营状况和财务目标，选择合适的会计处理方法来降低税负。例如，在存货计价方面，企业可以选择先进先出法或加权平均法等不同的计价方法，来影响存货的成本和利润。税收筹划需要与税务机关保持密切的沟通与协调。纳税人应及时了解税务机关的政策动态和执法要求，确保自己的税务安排符合税法规定，并得到税务机关的认可。同时，纳税人还可以通过与税务机关的沟通，来争取更多的税收优惠政策或解决税务争议。

二、税务风险管理的内容与要求

税务风险管理是企业财务管理中至关重要的一环，它涉及对企业经营活动中潜在的税务风险进行识别、评估、控制和监控的一系列过程。有效的税务风险管理不仅能够确保企业合规经营，避免不必要的税务处罚和声誉损失，还能优化税务成本，提高企业整体的经济效益。

（一）税务风险管理的定义与重要性

税务风险管理是指企业在遵守税法规定的前提下，通过系统性的方法识别、评估、控制和监控税务风险，以确保企业税务活动的合规性、准确性和有效性。随着全球经济一体化和税收法规的日益复杂，企业面临的税务风险日益增多，因此，建立健全的税务风险管理体系显得尤为重要。

税务风险管理的重要性主要体现在以下方面：

合规性保障：确保企业遵守税法规定，避免因违法违规行为而受到税务处罚或法律制裁。

成本控制：通过合理的税务筹划和风险管理，降低企业的税务成本，提高经济效益。

声誉维护：税务合规是企业社会责任的重要体现，有助于维护企业的良好形象和声誉。

决策支持：为企业的战略决策和日常经营提供税务方面的专业意见和风险评估，确保决策的科学性和合理性。

（二）税务风险管理的内容

税务风险管理的内容广泛而复杂，主要包括以下方面：

1.税务风险识别

税务风险识别是税务风险管理的第一步，它要求企业全面梳理和识别经营活动中可能存在的税务风险。这包括但不限于：

税收政策变化风险：关注国家税收政策的变化和调整，及时评估对企业的影响。

税务合规性风险：检查企业的税务申报、缴纳、发票管理等环节是否存在不合规行为。

税务筹划风险：评估税务筹划方案的合法性和可行性，避免利用税法漏洞进行不当避税。

税务争议风险：关注与企业相关的税务争议案件，分析其对本企业可能产生的影响。

2.税务风险评估

在识别出潜在的税务风险后，企业需要对这些风险进行定量或定性的评估，以确定其严重程度和发生的可能性。这通常需要企业对风险因素的深入分析、历史数据的比对以及专家意见的咨询等。

3.税务风险控制

根据风险评估的结果，企业需要制定相应的控制措施来降低税务风险。这些措施可能包括：

完善内控制度：建立健全的税务内控制度，明确岗位职责和操作流程，确保税务活动的规范性和准确性。

加强培训教育：定期对财务、税务等相关人员进行税法培训和业务指导，提高其专业素养和合规意识。

优化税务筹划：在合法合规的前提下，优化税务筹划方案，降低企业的税务成本。

建立预警机制：建立税务风险预警系统，对潜在的税务风险进行实时监控和预警。

4.税务风险监控

税务风险监控是税务风险管理的持续过程，它要求企业对已实施的控制措施进行定期检查和评估，确保其有效性和适应性。同时，企业还需要关注外部环境的变化和内部经营的调整，及时调整和优化税务风险管理策略。

（三）税务风险管理的要求

为确保税务风险管理的有效性和高效性，企业需要遵循以下要求：

税务风险管理的首要原则是合法合规。企业在进行税务筹划和风险管理时，必须严格遵守《税法》规定和税收政策，不得利用《税法》漏洞进行不当避税或逃税行为。税务风险管理需要全面覆盖企业的各项经营活动和税务活动，确保不留死角。同时，企业需要建立系统的税务风险管理体系，包括风险识别、评估、控制和监控等各个环节，形成闭环管理。税务风险管理是一个动态的过程，企业需要根据外部环境的变化和内部经营的调整，及时调整和优化税务风险管理策略。例如，随着国家税收政策的调整和企业经营模式的转变，企业需要重新评估税务风险并调整相应的控制措施。

税务风险管理需要企业内部各部门之间的紧密合作和信息共享。财务、税务、法务等部门需要建立有效的沟通机制，共同应对税务风险挑战。同时，企业还需要与外部专业机构保持密切联系，及时获取最新的税收政策和专业意见。税务风险管理是一个持续改进的过程。企业需要定期对税务风险管理工作进行总结和评估，发现问题并及时解决。同时，企业还需要关注行业内的最佳实践和创新案例，不断学习和借鉴先进经验，提升税务风险管理的水平和效果。

第八章 建设工程保险法律问题与应对策略

第一节 保险法律法规与保险合同

一、保险法律法规的基本框架与核心条款

保险法律法规的基本框架与核心条款是确保保险行业健康、有序发展的基础。这些法律法规不仅可以规范保险市场的运作，还可以保护保险活动当事人的合法权益，促进保险业的可持续发展。以下是对保险法律法规基本框架与核心条款的详细阐述。

（一）保险法律法规的基本框架

保险法律法规的基本框架主要由多个层次构成，包括国家层面的法律、行政法规、部门规章以及地方性法规和规范性文件等。这些法律法规相互衔接、相互补充，共同构成了保险行业的法律体系。

国家层面的法律是保险法律法规体系中的最高层次，具有最高的法律效力。在中国，最主要的保险法律是《中华人民共和国保险法》（以下简称《保险法》）。该法于1995年首次颁布实施，并经过多次修订和完善，目前已成为保险行业的基本法。《保险法》确立了保险活动的基本原则、保险合同的订立与履行、保险公司的设立与运营、保险业的监督管理等基本制度，为保险行业的健康发展提供了法律保障。

行政法规是国务院根据宪法和法律制定的规范性文件，其法律效力仅次于法律。在保险领域，国务院及其相关部门制定了一系列行政法规，如

《机动车交通事故责任强制保险条例》《保险公司管理规定》等，这些行政法规对保险市场的特定领域进行了更为详细和具体的规定。

部门规章是国务院各部门根据法律和行政法规制定的规范性文件，其法律效力低于行政法规但高于地方性法规和规范性文件。中国银保监会（原中国保监会）作为保险业的监管部门，制定了大量部门规章，如《健康保险管理办法》《人身保险产品信息披露管理办法》等，这些规章对保险产品的设计、销售、信息披露等方面进行了规范。

地方性法规和规范性文件是地方人大和政府根据本地区实际情况制定的规范性文件，其法律效力仅在本行政区域内有效。在保险领域，一些地方根据自身特点制定出相关地方性法规和规范性文件，以更好地适应本地区保险市场的发展需求。

（二）保险法律法规的核心条款

保险法律法规的核心条款是保险活动必须遵守的基本原则和具体规定，它们直接关系到保险当事人的权利和义务。以下是一些重要的核心条款：

1.保险的定义与基本原则

《保险法》第二条明确规定了保险的定义："本法所称保险，是指投保人根据合同约定，向保险人支付保险费，保险人对于合同约定的可能发生的事故因其发生所造成的财产损失承担赔偿保险金责任，或者当被保险人死亡、伤残、疾病或者达到合同约定的年龄、期限等条件时承担给付保险金责任的商业保险行为。"同时，《保险法》还确立了保险活动应当遵循的诚实信用原则、自愿原则、公平原则和合法原则。

2.保险合同的订立与履行

保险合同是保险活动的基础。《保险法》对保险合同的订立、履行、变更和解除等方面进行了详细规定。其中，保险合同的核心条款包括：保险人的名称和住所；投保人、被保险人的姓名或者名称、住所，以及人身保险的受益人的姓名或者名称、住所；保险标的；保险责任和责任免除；保险期间和保险责任开始时间；保险金额；保险费以及支付办法；保险金赔偿或者给付办法；违约责任和争议处理；订立合同的年、月、日。这些条款共同构成保险合同的基本内容，确保保险活动的顺利进行。

3.保险公司的设立与运营

《保险法》对保险公司的设立条件、程序、业务范围、资金运用等方面进行了严格规定。例如，《保险法》第六十七条规定："设立保险公司应当经国务院保险监督管理机构批准。国务院保险监督管理机构在审查保险公司的设立申请时，应当考虑保险业的发展和公平竞争的需要。"同时，《保险法》还规定了保险公司的偿付能力监管、信息披露等制度，以确保保险公司的稳健运营。

4.保险业的监督管理

《保险法》赋予保险监管机构对保险业的监督管理权。《保险法》第一百一十条规定："国务院保险监督管理机构依照本法负责对保险业实施监督管理。"保险监管机构通过制定监管规则、实施现场检查和非现场监管、处理投诉举报等方式，对保险市场进行全面监管，维护市场秩序和保护消费者权益。

二、保险合同的基本构成与主要条款解析

保险合同作为保险业务的核心法律文件，其基本构成与主要条款对保障保险双方当事人的权益、明确双方责任与义务具有至关重要的作用。

（一）保险合同的基本构成

保险合同通常由多个部分构成，这些部分相互关联、相互补充，共同构成完整的保险合同体系。一般来说，保险合同的基本构成包括以下部分：

保险单是保险合同的主要载体，也是投保人、被保险人和保险人之间权利与义务关系的重要证明文件。保险单上通常载明投保人的基本信息、被保险人的基本情况、保险标的、保险金额、保险期间、保险责任、除外责任等关键信息。投保人在收到保险单后，应仔细核对保险单上的内容，确保与投保时的约定一致。保险条款是保险合同的核心内容，它详细规定了保险双方当事人的权利、义务以及保险责任的具体范围。保险条款通常包括基本条款、附加条款和保证条款等部分。基本条款是保险合同的基本

框架和必备内容，如保险标的、保险责任、除外责任等；附加条款是在基本条款的基础上，根据投保人的特殊需求而增加的额外保障；保证条款是要求被保险人必须遵守的特定条件或行为要求。

投保单是投保人向保险人提出保险申请时填写的书面文件。投保单上通常包含投保人的基本信息、被保险人的基本情况、保险标的的描述、保险金额和保险期间的选择等内容。投保单是保险人审核投保人资格、确定保险费率并决定是否承保的重要依据。在保险合同有效期内，如果需要对保险合同的内容进行修改或补充，通常就会采用批单或批注的形式进行。批单和批注是保险合同的有效组成部分，具有与保险合同正本同等的法律效力。它们可以用于变更保险标的、调整保险金额、延长保险期间或增加附加保障等。

除了上述主要部分，保险合同还可能包含其他相关文件，如保险费的支付凭证、保险标的的证明材料、被保险人的身份证明等。这些文件虽然不属于保险合同的直接组成部分，但对保险合同的履行和争议解决具有重要意义。

（二）保险合同的主要条款解析

保险合同的主要条款是保险双方当事人权利和义务的具体体现，也是保险合同纠纷处理的重要依据。

保险标的是指保险合同中约定的、保险人所承担保险责任的财产或人身利益。在财产保险合同中，保险标的通常是具体的财产或财产利益；在人身保险合同中，保险标的是指被保险人的生命或身体。明确保险标的是保险合同成立的前提和基础。

保险责任是指保险人在保险合同约定的范围内，对被保险人因保险事故遭受的损失或伤害所承担的赔偿或给付责任。保险责任是保险合同的核心内容之一，也是投保人购买保险的主要目的。在保险合同中，保险责任通常以列举的方式明确列出，包括哪些风险或事故属于保险责任范围，以及赔偿或给付的具体方式和标准。

除外责任是指保险合同中明确列出的、保险人不承担保险责任的风险或事故范围。除外责任是保险人对特定风险或事故进行免责的约定，旨在限制保险责任的无限扩大。在保险合同中，除外责任通常以列举的方式明确列出，并注明其适用的条件和范围。投保人应仔细阅读除外责任条款，避免在发生保险事故后因不了解除外责任而引发纠纷。保险金额是指保险合同中约定的、保险人在保险事故发生时应当赔偿或给付的最高限额。保险金额是确定保险人赔偿或给付责任的重要依据之一。在保险合同中，保险金额通常由投保人和保险人根据保险标的的实际价值或双方协商确定。投保人应根据自身需求和实际情况合理选择保险金额，以确保在其发生保险事故时能够得到充分的保障。

保险期间是指保险合同中约定的、保险人对被保险人承担保险责任的起止时间范围。保险期间是保险合同有效期限的具体体现之一。在保险合同中，保险期间通常以年、月、日等时间单位明确列出，并注明其起始和终止日期。投保人应根据自身需求和实际情况合理选择保险期间，以确保在需要保障的时间段内得到充分保障。保险费是指投保人为获得保险保障而应当向保险人支付的费用。在保险合同中，保险费及其支付方式通常以条款的形式明确列出，并注明其金额、支付期限和支付方式等内容。投保人应按照保险合同的约定及时足额地支付保险费，以确保保险合同的持续有效。同时，保险人也有权在投保人未按时支付保险费时，采取相应的法律措施来维护自身权益。

违约责任与争议处理是保险合同中关于当事人违约行为的处理方式及争议解决机制的约定。这些条款对维护保险合同的严肃性和保护双方当事人的合法权益具有重要意义。

保险合同中通常会规定双方当事人在违反合同条款时应承担的违约责任。对投保人而言，常见的违约行为包括未按时支付保险费、提供虚假信息或故意隐瞒重要事实等。对这些违约行为，保险人可能采取的措施包括解除合同、不承担保险责任、要求投保人支付违约金或赔偿损失等。对保险人而言，其违约行为可能表现为未按约定支付保险金、无故拒绝承保或解除保险合同等。此时，投保人同样有权要求保险人承担相应的违约责任。保险合同中通常会约定争议解决的方式，以便在发生纠纷时能够迅速、有效地解决。常见的争议解决方式包括协商、调解、仲裁和诉讼等。协商是双方当事人在平等自愿的基础上，通过友好协商达成和解协议；调解是在第三方（如保险行业协会、消费者协会等）的主持下，通过调解员的协助促使双方达成和解；仲裁是根据双方事先或事后达成的仲裁协议，将争议提交给独立的仲裁机构进行裁决；诉讼是通过向人民法院提起诉讼的方式解决争议。保险合同中通常会明确约定一种或多种争议解决方式，以便在发生纠纷时能够迅速确定解决途径。

第二节　建设工程中的保险种类与选择

一、建设工程中常见的保险种类及其特点

在建设工程领域，保险作为一种重要的风险管理类别，对于保障工程顺利进行、减轻潜在损失具有重要意义。建设工程中常见的保险种类繁多，每种保险都有其特定的适用范围和特点。

（一）建设工程中常见的保险种类

1.建筑工程一切险（Construction All Risks Insurance，CAR）

建筑工程一切险是建设工程中最基本的保险之一，它承保建筑工程在建造过程中因自然灾害和意外事故造成的物质损失，以及被保险人依法应承担的第三者人身伤亡或财产损失的民事损害赔偿责任。该险种具有广泛的保障范围，涵盖从施工准备到竣工验收的全过程，是大多数大型建设工程的标配。

特点：

综合性强：既承保财产损失风险，又承保责任风险。

保障范围广：覆盖整个施工过程，包括施工设备、建筑材料、临时工程等。

灵活性强：可根据工程特点和需要，附加特定条款以扩大保障范围。

2.安装工程一切险（Erection All Risks Insurance，EAR）

安装工程一切险是建筑工程一切险的姊妹险种，主要承保各种设备、装置的安装工程（包括电气、通风、给排水以及设备安装等工作内容）在

施工过程中因自然灾害和意外事故造成的物质损失，以及被保险人依法应承担的第三者责任。

特点：

针对性强：专注安装工程的风险保障。

技术色彩浓：承保风险多为人为风险，并具显著技术色彩。

风险分布阶段性：安装工程的风险分布具有明显的阶段性特征。

3.雇主责任险（Employer's Liability Insurance）

雇主责任险承保雇主可能遭受的对雇员的经济赔偿责任，包括因雇员在工作过程中遭受意外伤害或职业病导致的医疗费用、残疾赔偿金、死亡赔偿金等。该险种对减轻雇主的经济负担、维护企业稳定具有重要意义。

特点：

法定性：在某些国家和地区，雇主责任险是法律规定的强制性保险。

保障范围广：覆盖雇员在工作过程中的各种意外伤害和职业病风险。

赔偿直接：保险公司直接向受害雇员或其家属支付赔偿金。

4.人身意外伤害保险（Personal Accident Insurance）

人身意外伤害保险是为建筑业的职工提供的保障，承保被保险人因意外伤害导致的死亡、残疾或医疗费用等损失。该险种具有保费低廉、保障灵活的特点，是建筑业职工的重要福利之一。

特点：

保费低廉：相对其他险种，人身意外伤害保险的保费较为低廉。

保障灵活：可根据职工的实际需求和工种特点选择不同的保障方案。

快速理赔：一旦发生保险事故，保险公司将迅速进行理赔处理。

5.工程质量保险（Engineering Quality Insurance）

工程质量保险是对已竣工交付使用的建筑进行保险，承保因工程质量潜在缺陷所导致的投保建筑物损坏风险。该险种有助于提高建筑物整体质量控制与管理水平，保障购房者和使用者的合法权益。

特点：

长期性：保险期限通常较长，覆盖建筑物的整个使用寿命。

预防性：通过保险机制促进建设单位加强工程质量管理和控制。

赔偿性：对因工程质量缺陷导致的损失进行赔偿、维修或重置。

6.承包商机械设备保险（Contractor's Plant and Machinery Insurance）

承包商机械设备保险承保施工过程中使用的各种机械设备因自然灾害和意外事故造成的物质损失。该险种既可以单独投保，也可以附加于建筑工程一切险和安装工程一切险中。

特点：

针对性强：专注施工机械设备的风险保障。

灵活性高：可根据机械设备的种类、价值和使用特点选择不同的保障方案。

附加性强：可与其他险种组合投保以扩大保障范围。

（二）总结

建设工程中常见的保险种类多种多样，每种保险都有其特定的适用范围和特点。建筑工程一切险和安装工程一切险作为建设工程中最基本的保险之一，具有广泛的保障范围和灵活的保障方案；雇主责任险和人身意外伤害保险则专注为职工提供保障；工程质量保险有助于提高建筑物整体质量控制与管理水平；承包商机械设备保险专注施工机械设备的风险保障。这些保险种类相互补充、相互衔接共同构成建设工程风险管理的完整体系。

在实际操作中，建设单位应根据工程特点和实际需求，选择合适的保险种类和保障方案，以最大限度地降低潜在风险。同时，建设单位还应加强保险知识的学习和宣传，提高职工的保险意识和风险意识，共同构建安全、稳定、和谐的建设环境。

二、不同保险种类在建设工程中的适用场景

在建设工程领域，不同种类的保险各自扮演着不可或缺的角色，根据特定的适用场景和需求，为工程项目的顺利进行提供了坚实的保障。以下将详细探讨几种主要保险种类在建设工程中的适用场景，以期更全面地理解这些保险的作用和价值。

（一）建筑工程一切险（CAR）的适用场景

对如桥梁、隧道、高速公路等大型基础设施项目，建筑工程一切险是

不可或缺的。这些项目通常投资巨大、建设周期长、风险复杂多样，包括自然灾害（如洪水、地震）、施工事故、材料损失等多种潜在风险。CAR能够全面覆盖这些风险，确保在发生意外时，项目能够迅速恢复，减少经济损失。

高层建筑和复杂结构项目（如摩天大楼、大型综合体等）同样需要CAR的保障。这些项目不仅施工难度大，而且对安全性和质量要求极高。一旦发生事故，不仅会造成巨大的经济损失，还可能影响社会稳定和公共安全。CAR能够为这些项目提供全面的物质损失和第三者责任保障，确保项目在遭遇意外时能够有序应对。跨国和跨境建设项目由于涉及不同国家和地区的法律、法规、文化等差异，风险更加复杂多变。CAR能够在全球范围内提供统一的保障标准，帮助项目方更好地管理风险，确保项目顺利开展。

（二）安装工程一切险（EAR）的适用场景

机电设备安装工程是EAR的主要适用场景之一。这些工程包括电力、通讯、暖通、给排水等系统的安装和调试，对技术和安全要求极高。EAR能够覆盖安装过程中因自然灾害、人为失误、设备故障等原因造成的物质损失和第三者责任，确保工程的顺利进行和设备的正常运行。

石油化工和能源项目通常涉及大型设备的安装和调试，这些设备价值高昂且对安全性能要求极高。一旦发生事故，不仅会造成巨大的经济损失，还可能引发严重的环境污染和人员伤亡。EAR能够为这些项目提供全面的风险保障，确保在发生意外时能够及时采取应对措施，减少损失。

精密仪器和设备（如科研设备、医疗设备、精密加工设备等）的安装过程对精度和稳定性要求极高。针对这些特殊需求提供定制化的保障方案，EAR能够确保在安装过程中因各种原因造成的物质损失能够得到及时赔偿和修复。

（三）雇主责任险的适用场景

对需要大量劳动力的建设项目（如建筑工地、制造业工厂等），雇主责任险尤为重要。这些项目中的工人面临较高的职业风险，如高空坠落、机械伤害、触电等。雇主责任险能够为这些工人提供必要的医疗保障和工伤赔偿，减轻雇主的经济负担和社会责任。

在存在高风险作业环境的项目中（如矿山、化工、冶金等），工人面临更高的职业风险。雇主责任险能够为这些工人提供更加全面的保障，包括职业病防治、伤残赔偿、死亡赔偿等，确保工人在遭遇意外时能够得到及时救助和合理赔偿。

跨国和跨境劳务合作项目由于涉及不同国家和地区的法律、法规差异，雇主在承担员工保障责任时面临更多挑战。雇主责任险能够为这些项目提供统一的保障标准，帮助雇主更好地履行对员工的各项保障责任，减少因法律差异引发的纠纷和损失。

（四）人身意外伤害保险的适用场景

人身意外伤害保险是工人个人自愿购买的保险产品，旨在为工人提供额外的保障。在建设工程中，工人面临各种职业风险，人身意外伤害保险能够为他们提供额外的医疗费用、伤残赔偿和死亡赔偿等保障，减轻个人和家庭的经济负担。

对从事特殊工种和岗位的工人（如电工、焊工、高空作业工等），他们面临更高的职业风险。人身意外伤害保险能够为他们提供更加全面的保障，确保在遭遇意外时能够得到及时救助和合理赔偿。

在建设工程中，临时用工和劳务派遣现象较为普遍。这些工人往往缺乏长期稳定的保障，人身意外伤害保险能够为他们提供必要的保障支持，确保他们在工作期间的人身安全和权益得到保障。

第三节　保险事故处理与赔偿程序

一、建设工程保险事故的定义、分类与通知程序

（一）建设工程保险事故的定义

建设工程保险事故，是指在建设工程项目进行过程中，由于自然灾害、

意外事故、人为因素等原因导致的财产损失、人身伤害或第三者责任损失等事件，且这些事件属于保险合同约定的保险责任范围。建设工程保险事故的发生，不仅会对工程项目的进度和质量造成影响，还会给相关方带来经济损失。因此，及时、准确地定义和识别保险事故，对保障工程顺利进行、维护各方权益具有重要意义。

（二）建设工程保险事故的分类

建设工程保险事故可以根据不同的标准进行分类，以下是从常见角度进行的分类：

1.按事故原因分类

自然灾害：包括地震、海啸、雷电、飓风、台风、龙卷风、风暴、暴雨、洪水、水灾、冻灾、冰雹、地陷下沉、山崩、雪崩、火山爆发等人力不可抗拒的破坏力强大的自然现象。这些自然灾害往往具有突发性、不可预测性和破坏性强的特点，对建设工程项目的威胁巨大。

意外事故：指不可预料的以及被保险人无法控制，并造成物质损失或人身伤亡的突发性事件，如火灾、爆炸、飞机坠毁或物体坠落等。这些事故往往是由于外部因素或偶然因素引起的，对工程项目的安全构成威胁。

人为因素：包括盗窃、工人或技术人员缺乏经验、疏忽、过失、恶意行为等。人为因素导致的保险事故往往与工程管理、人员素质、操作规范等方面有关，需要通过加强管理和培训来预防。

2.按损失类型分类

物质损失：指建设工程项目中的建筑物、机器设备、施工材料等因保险事故而遭受的直接损失。这些损失通常可以通过修复、更换或重置等方式进行赔偿。

人身伤害：指在建设工程项目中，因保险事故导致的人员伤亡或残疾。这些损失通常包括医疗费用、残疾赔偿金、死亡赔偿金等。

第三者责任：指在保险期间因建筑工地发生意外事故造成工地及邻近地区第三者人身伤亡和财产损失，依法应由被保险人承担的赔偿责任，以及事先经保险人书面同意的被保险人因此而支付的诉讼费用和其他费用。

第三者责任损失是建设工程项目中常见的风险之一，需要通过购买相应的保险来转移风险。

（三）建设工程保险事故的通知程序

建设工程保险事故发生后，及时、准确地通知保险公司是保障各方权益的重要步骤。以下是一般的建设工程保险事故通知程序：

保险事故发生后，被保险人应立即向保险公司报案。报案时应提供详细的事故经过、损失情况、现场照片等相关资料。报案方式可以是电话报案、网络报案或现场报案等。保险公司接到报案后，会安排专业人员前往事故现场进行勘查。勘查人员会对事故现场进行拍照、录像、测量等工作，以了解事故的真实情况和损失程度。同时，勘查人员还会与被保险人进行沟通交流，了解事故发生的具体原因和经过。

在勘查工作完成后，保险公司会组织专业人员对损失进行评估。评估工作会根据保险合同的约定和相关法律法规的规定进行。评估结果将作为赔偿的依据和标准。

被保险人需要按照保险公司的要求提交索赔材料。索赔材料通常包括索赔申请书、事故证明、损失清单、发票单据等。被保险人应确保索赔材料的真实性和完整性，以便保险公司及时、准确地处理索赔。

保险公司在收到索赔材料后，会进行理赔处理。理赔处理过程中，保险公司会根据保险合同的约定和相关法律法规的规定进行审核和调查。如果索赔符合保险合同的约定和法律法规的规定，保险公司将及时支付赔款给被保险人。在赔款支付完成后，保险公司会进行结案处理。结案处理过程中，保险公司会与被保险人进行沟通和确认，确保赔款已经到位并已解决相关问题。同时，保险公司还会对保险事故进行总结和分析，以便今后更好地为被保险人提供保险服务。

二、建设工程保险事故的勘查、定损与理赔流程

在建设工程领域，保险事故的勘查、定损与理赔流程是确保工程项目顺利进行、保障各方权益的重要环节。以下将详细阐述这一过程，以便更好地理解和应对建设工程中的保险事故。

（一）保险事故勘查

当建设工程发生保险事故时，被保险人应第一时间向保险公司报案，并简要说明事故的时间、地点、原因、损失情况等基本信息。保险公司接到报案后，会立即启动勘查程序，并与被保险人保持密切联系，了解事故的初步情况。

现场勘查是保险事故勘查的核心环节。保险公司会派遣专业的勘查人员前往事故现场，对事故现场进行全面、细致的勘查。勘查人员会采用多种方法，如测量、清点、拍照、摄像等，以记录事故现场的概貌、损失情况、重点损失部位及损失财产品牌名称等关键信息。同时，勘查人员还会收集与事故相关的账册、设计图纸、记录及合同等资料，以便后续分析。

在勘查过程中，勘查人员可能会询问事故目击者、被保险人代表等相关人员，了解事故的详细经过和损失情况。对需要权威部门证明的事故，如火灾、地质灾害等，勘查人员还会向相关部门取证，以确保勘查结果的准确性和权威性。

为了便于后续分析和处理，勘查人员会根据勘查结果绘制现场平面图。现场平面图能够直观地展示事故现场的地形、地貌、建筑物布局及损失情况等关键信息，为后续的定损和理赔工作提供重要依据。

（二）定损

在勘查工作完成后，保险公司会组织专业人员对损失进行评估。评估工作会根据保险合同的约定和相关法律法规的规定进行。评估人员会综合考虑事故原因、损失程度、修复或重置成本等因素，对损失进行客观、公正的评估。根据损失评估结果，保险公司会制订定损方案。定损方案会明确损失的具体金额、赔偿方式及赔偿标准等关键信息。在制订定损方案时，保险公司会与被保险人进行充分沟通，确保定损方案的合理性和可行性。

定损方案制订完成后，保险公司会与被保险人进行确认。被保险人需要对定损结果进行认真核对，并签署确认书。如果双方对定损结果存在异议，就可以通过协商或仲裁等方式解决。

（三）理赔

在定损结果确认无误后，被保险人可以向保险公司提出理赔申请。理赔申请应包括详细的理赔申请书、事故证明、损失清单、发票单据等相关资料。被保险人应确保理赔申请的真实性和完整性，以便保险公司及时、准确地处理理赔。

收到理赔申请后，保险公司会进行严格的审核。审核工作会围绕事故的真实性、损失的合理性及赔偿的合法性等方面进行。保险公司会仔细核对理赔申请书、事故证明、损失清单等资料的真实性和完整性，并根据保险合同的约定和相关法律法规的规定进行审查。

在审核通过后，保险公司会根据定损结果和保险合同的约定，向被保险人支付赔款。赔款支付通常采用银行转账等方式进行。在支付赔款前，保险公司会与被保险人确认赔款金额和支付方式等关键信息，并确保赔款能够准确、及时地到达被保险人指定的账户。

赔款支付完成后，保险公司会进行结案处理。结案处理过程中，保险公司会与被保险人进行沟通和确认，确保赔款已经到位并已解决相关问题。同时，保险公司还会对保险事故进行总结和分析，以便今后更好地为被保险人提供保险服务。

（四）注意事项

被保险人在发生保险事故后应第一时间向保险公司报案，以便保险公司及时启动勘查和理赔程序。延误报案可能会影响勘查和理赔的时效性与准确性。

被保险人在处理保险事故时应保留好相关证据，如事故现场照片、损失清单、发票单据等。这些证据是后续勘查、定损和理赔的重要依据。被保险人在勘查过程中应积极配合勘查人员的工作，提供必要的协助和支持。这有助于勘查人员更全面、准确地了解事故情况和损失情况。

被保险人在收到定损结果后应认真核对，确保定损结果的准确性和合理性。如果存在异议，应及时与保险公司沟通解决。被保险人在处理保险事故时应遵守相关法律法规的规定，确保理赔申请的合法性和合规性。

三、建设工程保险赔偿的协商、支付与后续跟踪机制

随着建筑行业的快速发展，建设工程保险作为风险管理和经济补偿的重要手段，其重要性日益凸显。建设工程保险不仅能够有效分散项目风险，还能在事故发生时为各方提供及时的经济补偿，保障项目的顺利进行。同时，保险赔偿的协商、支付及后续跟踪机制是确保这一目的实现的关键环节。

（一）保险赔偿的协商机制

保险赔偿协议是保险合同的重要组成部分，规定了保险公司在发生保险事故时的赔偿责任和赔偿方法。在签订保险合同时，保险公司与投保人应就赔偿范围、赔偿限额、赔偿方式等关键条款进行明确约定，确保双方权益得到保障。

事故发生后，受损方需及时向保险公司提交事故报告，详细描述事故经过、损失情况等。保险公司收到报告后，应迅速组织专业人员进行现场勘查和损失评估，以确定事故原因和损失程度。在调查过程中，保险公司与受损方应保持密切沟通，确保信息的准确性和完整性。

根据保险合同的约定和事故调查结果，保险公司需确定是否属于保险责任范围。对属于保险责任的案件，保险公司应明确赔偿金额和赔偿方式，并与受损方进行协商。在协商过程中，双方应充分沟通，尊重彼此利益，力求达成共识。

（二）保险赔偿的支付机制

保险公司在支付赔偿时，可根据实际情况选择多种支付方式。常见的赔偿方式包括现金赔付、修复或重建、补偿费用等。对小额案件，保险公司可直接向受损方支付现金；对损坏的建筑工程，保险公司可负责修复或重建；对无法直接修复的损失，保险公司可按照实际损失向受损方支付一定的补偿费用。

为了提高理赔效率，保险公司应建立快速理赔机制。对事故真实、责任明确的小额案件，保险公司可简化理赔流程，按照法律规定或合同约定

先行垫付赔偿金。同时，保险公司应设立绿色理赔通道，确保在收到完整索赔资料或监管单位出具的事故认定文件后，能够迅速启动赔付机制。

在确定赔偿金额时，保险公司需根据事故调查结果和保险合同的约定进行核算。对符合保险责任且赔偿金额在2000元以下的案件，保险公司应简化理赔资料，确保在3个工作日内完成赔款支付或安排专业公司进行维修。对赔偿金额较大的案件，保险公司应在三十日内做出核定，并在达成赔偿协议后十日内履行赔偿义务。

（三）保险赔偿的后续跟踪机制

对需要维修的建筑工程，保险公司应督促承包人尽快完成维修工作，并做好记录。在维修过程中，保险公司可派遣专人进行现场监督，确保维修工作符合合同约定和工程质量要求。同时，保险公司应建立跟进机制，对维修进度和质量进行定期检查与评估。

在支付赔偿金后，保险公司有权向责任方进行追偿。对故意拖延或不履行维修义务的投保单位，保险公司应及时上报至属地建设行政主管部门进行处理。同时，保险公司应建立追偿机制，对追偿过程进行记录和跟踪，确保追偿工作顺利进行。

保险公司应定期将理赔信息整理上报至相关监管部门，包括但不限于案件数量、已决赔款金额、未决金额、索赔资料等内容。通过上报理赔信息，保险公司可以向监管部门反映保险市场的运行情况和存在的问题，为制定和完善相关政策提供参考依据。

（四）完善保险赔偿机制的建议

完善相关法律法规是保障保险赔偿机制有效运行的基础。政府应加快制定和完善专门针对工程保险的法律法规，明确保险公司、投保人和受益人的权利与义务，规范保险市场的运作秩序。保险公司应提高服务质量，加强业务培训和人才队伍建设，提高理赔效率和准确性。同时，保险公司应建立完善的客户服务体系，加强与投保人的沟通与合作，提升客户满意度和忠诚度。

保险公司应建立完善的风险管理体系，加强对投保项目的风险评估和监控。通过风险评估和监控，保险公司可以及时发现和应对潜在风险，降低赔付率和提高经营效益。行业协会应发挥自律作用，制定行业标准和规范，推动行业健康发展。同时，监管部门应加大对保险市场的监管力度，严厉打击违法违规行为，维护市场秩序和消费者权益。

第四节　保险纠纷解决与合规性管理

一、建设工程保险纠纷的协商、调解与仲裁解决途径

在建设工程领域，作为一种重要的风险管理工具，保险被广泛用于保障工程项目的顺利进行和维护各方利益。然而，由于工程复杂性和不确定性，建设工程保险纠纷时有发生。为有效解决这些纠纷，协商、调解和仲裁成为主要的解决途径。

（一）协商解决途径

协商是解决建设工程保险纠纷最直接、最经济的方式。在纠纷发生时，各方应秉持实事求是的原则，保持真诚的态度进行磋商，通过相互妥协和让步，共同达成和解协议。协商的主要方式包括自行和解和第三者主持和解。自行和解是指无第三方介入，由双方当事人直接展开交涉，通过友好协商达成一致意见。这种方式具有灵活性和高效性，能够迅速解决纠纷，减少时间和经济成本。在自行和解过程中，双方应充分了解彼此的立场和需求，寻求双方都能接受的利益点，通过协商找到双方都能接受的解决方案。

当双方自行和解难以达成一致时，可以寻求第三方的帮助，由第三方居中调停，推动双方达成和解协议。第三方可以是专业的调解机构、行业协会或具有公信力的个人。第三方可以根据纠纷的具体情况，提供专业的意见和建议，帮助双方找到合理的解决方案。通过第三方的主持，可以增加协商的公正性和权威性，提高和解的成功率。

（二）调解解决途径

调解是在双方当事人之外的第三方应纠纷当事人的请求，以法律、法

规和政策或合同约定以及社会公德为依据，对纠纷双方进行疏导、劝说，促使他们相互谅解，进行协商，自愿达成协议，解决纠纷的活动。调解具有灵活性和高效性，能够在较短时间内解决纠纷，同时维护双方的良好关系。调解相比诉讼和仲裁具有显著的优势。首先，调解程序简便快捷，能够迅速解决纠纷，减少时间和经济成本。其次，调解过程以双方当事人自愿为基础，有利于维护双方的合法权益和良好关系。最后，调解结果通常具有较高的执行率，因为双方是在自愿的基础上达成的协议，更容易得到履行。

调解适用于各种类型的建设工程保险纠纷，包括工程延误、质量缺陷、损失赔偿等。在调解过程中，调解员会根据纠纷的具体情况，结合相关法律法规和合同约定，提出合理的解决方案，并引导双方进行协商。通过调解，双方可以在互谅互让的基础上达成共识，避免发生进一步的法律诉讼。

（三）仲裁解决途径

仲裁是指合同双方当事人在争议发生前或发生后达成书面协议，自愿将争议提交至双方均认可的第三方进行裁决。仲裁具有专业性和权威性，能够保障当事人的合法权益得到有效维护。作为一种非诉讼的纠纷解决方式，仲裁具有以下几个特点：首先，仲裁具有自愿性，即双方当事人必须自愿达成仲裁协议，才能将纠纷提交仲裁机构裁决。其次，仲裁具有独立性，仲裁机构独立于行政机关和司法机关之外，独立行使仲裁权。再次，仲裁还具有保密性，仲裁过程不公开进行，有利于保护当事人的商业秘密和隐私。最后，仲裁裁决具有强制执行力，当事人必须履行仲裁裁决，否则可以申请人民法院强制执行。

仲裁适用于建设工程保险纠纷的解决，但需要满足一定的条件。首先，双方当事人必须签订有效的仲裁协议或条款，明确约定将纠纷提交仲裁机构裁决。其次，仲裁协议或条款必须明确仲裁机构的名称和仲裁事项。再次，仲裁协议或条款必须符合相关法律法规的规定，否则可能导致仲裁协议无效。仲裁程序一般包括申请和受理、组成仲裁庭、开庭审理、做出裁决等阶段。在申请和受理阶段，当事人需要向仲裁机构提交仲裁申请书和相关证据材料。仲裁机构在收到申请后，会进行审查并决定是否受理。在组成仲裁庭阶段，仲裁机构会根据仲裁协议或条款的约定，指定或选定仲裁员组成仲裁庭。在开庭审理阶段，仲裁庭会组织双方当事人进行陈述、举证和质证等程序。最后，在查明事实、分清责任的基础上，仲裁庭会做出裁决书并送达双方当事人。

（四）协商、调解与仲裁的比较与选择

协商、调解和仲裁作为建设工程保险纠纷的解决途径，各有优缺点。协商虽具有灵活性和高效性，但可能缺乏权威性和强制力；调解虽具有简便快捷、自愿协商等优势，但也可能因调解员的素质和经验不同而导致结果差异；仲裁则具有专业性和权威性，能够保障当事人的合法权益得到有效维护，但程序相对复杂且成本较高。

在选择解决途径时，当事人应根据纠纷的具体情况、争议金额、时间成本等因素进行综合考虑。对争议较小、关系较为简单的纠纷，可以选择协商或调解解决；对争议较大、关系复杂且涉及重要权益的纠纷，则可能需要考虑仲裁解决。以下是对这三种解决途径进一步的分析与选择建议：

1.综合考虑因素

争议金额：争议金额较小的案件，通过协商或调解可能更为经济高效。争议金额较大的案件，可能需要通过仲裁来确保裁决的权威性和可执行性。

时间成本：如果项目时间紧迫，需要快速解决纠纷以避免延误，协商和调解就可能是更合适的选择。仲裁虽然专业性强，但程序相对复杂，可能需要较长时间。

关系维护：如果双方希望在未来继续合作或保持友好关系，协商和调解就可能更为有利，因为它们更注重双方之间的协商和妥协。

证据充分性：如果案件事实清楚、证据确凿，仲裁就可能是一个快速且有效的解决方式。如果证据不足或存在争议，协商和调解就可能有助于双方通过沟通来填补证据空白或达成共识。

2.协商、调解与仲裁的互补性

在实际操作中，协商、调解和仲裁并不是孤立的选择，它们之间可以

相互补充、相互转化。例如，在协商或调解过程中，如果双方发现难以达成一致，就可以约定将纠纷提交仲裁解决；在仲裁过程中，如果双方愿意妥协并达成和解协议，就可以终止仲裁程序。

3.专业建议与法律援助

面对复杂的建设工程保险纠纷，当事人往往难以独立做出决策。因此，寻求专业建议和法律援助是非常重要的。律师、法律顾问或专业调解机构可以根据纠纷产生的具体情况，为当事人提供专业的分析和建议，帮助他们选择最合适的解决途径。

4.预防措施与风险管理

除了解决已经发生的纠纷，预防纠纷的发生同样重要。建设工程项目各方应加强风险管理意识，通过完善合同条款、明确权利义务、加强沟通协调等方式来预防纠纷的发生。同时，购买合适的保险产品也是降低风险、保障利益的重要手段。

二、建设工程保险纠纷的诉讼解决程序与法律依据

在建设工程项目中，保险作为风险管理的重要手段，对保障项目顺利进行、减少潜在损失具有重要意义。然而，由于工程项目的复杂性和不确定性，建设工程保险纠纷时有发生。当协商、调解等非诉讼手段无法有效解决争议时，诉讼成为解决纠纷的最后一道防线。

（一）诉讼解决程序概述

诉讼是指当事人将争议提交给人民法院，由人民法院依法进行审理并做出判决的纠纷解决方式。在建设工程保险纠纷中，诉讼程序通常包括起诉、受理、审理、判决和执行等阶段。

1.起诉阶段

起诉是诉讼程序的开始，当事人需要向有管辖权的人民法院递交起诉状，并按照被告人数提出副本。起诉状应当载明原被告的基本信息、诉讼请求、事实和理由等内容。根据《中华人民共和国民事诉讼法》（以下简称《民诉法》）第一百一十九条的规定，起诉必须符合以下条件：原告是与本案有直接利害关系的公民、法人和其他组织；有明确的被告；有具体的诉

讼请求和事实、理由；属于人民法院受理民事诉讼的范围和受诉人民法院管辖。

在建设工程保险纠纷中，原告通常为被保险人或其代表，被告则为保险公司。根据《民诉法》第二十六条，保险合同争议由被告住所地或保险标的所在地法院管辖。对涉及人身保险的争议，可由保险公司或被保险人居住地法院审理；涉及财产保险的，需考虑运输工具登记地、运输目的地和保险事件发生地等因素。

2.受理阶段

人民法院在收到起诉状后，会对起诉进行审查，决定是否受理。如果起诉符合法定条件，人民法院就会在七日内立案并通知当事人；如果不符合法定条件，人民法院就会裁定不予受理，并告知当事人可以上诉。

3.审理阶段

审理阶段是诉讼程序的核心，包括开庭审理、举证质证、辩论等环节。在开庭审理前，人民法院会组织双方当事人进行证据交换，明确争议焦点。在开庭审理过程中，双方当事人可以就案件事实、证据和法律适用等问题进行陈述、举证和质证，并发表辩论意见。人民法院会根据双方当事人的陈述和证据，查明案件事实，分清责任。

4.判决阶段

经过审理后，人民法院会根据查明的案件事实和适用的法律，做出判决或裁定。判决是对双方当事人权利与义务关系的最终确定，具有法律约束力。当事人必须履行判决确定的义务，否则将面临强制执行的法律后果。

5.执行阶段

如果一方当事人不履行判决确定的义务，另一方当事人就可以向人民法院申请强制执行。人民法院会根据执行程序的规定，采取查封、扣押、拍卖等措施，强制被执行人履行义务。

（二）法律依据

建设工程保险纠纷的诉讼解决程序受到多部法律法规的规范，主要包括《中华人民共和国民事诉讼法》《中华人民共和国保险法》（以下简称《保险法》）以及相关的司法解释和规范性文件。

《民诉讼法》是民事诉讼程序的基本法律，对起诉、受理、审理、判决和执行等各个阶段都作了详细规定。在建设工程保险纠纷中，该法律为当事人提供了诉讼的基本框架和程序保障。《保险法》是规范保险市场行为、保护保险消费者合法权益的重要法律。该法律对保险合同的订立、履行、变更和解除等方面做出详细规定，为处理建设工程保险纠纷提供了法律依据。例如，《保险法》第一百三十五条规定："保险人应当按照约定的时间开始承担保险责任。"这一规定为被保险人在发生保险事故后要求保险公司承担保险责任提供了法律支持。

除了上述两部法律，最高人民法院还发布了一系列司法解释和规范性文件，对建设工程保险纠纷的诉讼解决程序进行了进一步细化和规范。例如，《最高人民法院关于审理建设工程施工合同纠纷案件适用法律问题的解释》等司法解释，对建设工程施工合同纠纷的诉讼解决程序进行了详细规定，为处理建设工程保险纠纷提供了有益的参考。

第五节　保险风险管理与优化策略

一、建设工程保险风险管理的定义、目标与重要性

在快速发展的建设工程领域，风险管理作为项目管理的重要组成部分，对确保项目的顺利进行、保障各方利益具有重要意义。其中，建设工程保险风险管理作为风险管理的一个关键环节，更是发挥着不可替代的作用。

（一）建设工程保险风险管理的定义

建设工程保险风险管理，顾名思义，是指在建设工程项目中，通过保险手段对可能发生的各种风险进行识别、评估、控制和转移的过程。这一管理过程旨在减轻或消除因风险事件给项目带来的经济损失和不良影响，确保项目按计划顺利进行，并保障投资者的利益。

具体而言，建设工程保险风险管理包括以下关键步骤：

风险识别：首先，需要对建设工程项目中可能存在的各种风险进行全面、系统的识别。这些风险可能来自自然环境、社会环境、技术条件、合同条款等多个方面，如自然灾害、政治变动、技术难题、合同违约等。

风险评估：在识别出潜在风险后，需要对其发生的可能性、影响程度以及可能造成的损失进行量化评估。这有助于确定风险的优先级和应对策略，为后续的保险选择和风险管理提供依据。

保险选择：根据风险评估结果，选择合适的保险产品和保险公司进行投保。建设工程保险通常包括工程一切险、责任险、保修险等多种类型，投保人需根据项目的实际情况和需求进行选择。

风险控制：在保险投保后，仍需继续对风险进行监控和控制。这包括加强项目管理、提高技术水平、完善合同条款等措施，以降低风险发生的可能性和减轻其影响。

风险转移：当风险事件发生时，通过保险理赔机制将部分或全部损失转移给保险公司承担。这是建设工程保险风险管理的核心目的之一。

（二）建设工程保险风险管理的目标

建设工程保险风险管理的目标主要包括以下方面：

保障项目顺利进行：通过保险手段对风险进行识别、评估和转移，确保项目在遭遇风险事件时能够迅速恢复并继续推进，避免因风险导致的项目中断或延误。

减轻经济损失：当风险事件发生时，通过保险理赔机制为项目提供经济补偿，减少因风险事件造成的经济损失。这有助于维护投资者的利益，保持项目的财务稳定。

提高风险管理水平：通过实施建设工程保险风险管理，促进项目各方对风险管理的重视和投入，提高整个项目的风险管理水平。这有助于提升项目的竞争力和可持续发展能力。

维护社会和谐稳定：建设工程保险风险管理不仅关注项目本身的利益，还关注社会和谐稳定。通过减轻因风险事件引发的社会矛盾和冲突，维护社会稳定和公共利益。

（三）建设工程保险风险管理的重要性

建设工程保险风险管理的重要性不言而喻，具体体现在以下方面：

降低不确定性：建设工程项目具有投资大、周期长、风险高的特点。通过保险手段对风险进行管理和转移，可以降低项目面临的不确定性因素，提高项目的可预测性和可控性。

保护投资者利益：建设工程项目的投资者往往面临巨大的经济压力和风险。通过购买适当的保险产品并实施有效的风险管理措施，可以保护投资者的利益免受风险事件的侵害。

促进项目合作：建设工程项目涉及多个参与方和复杂的合同关系。通过保险手段对风险进行管理和转移，可以增强各方之间的信任和合作意愿，促进项目的顺利推进。

提升行业形象：购买并有效实施建设工程保险风险管理，是企业负责任和专业化的体现。这有助于提升企业在行业内的形象和声誉，增强市场竞争力。

推动行业可持续发展：建设工程保险风险管理不仅关注当前项目的利益，还关注行业的可持续发展。通过提高整个行业的风险管理水平和竞争力，推动行业的健康、稳定和可持续发展。

二、建设工程保险风险管理的具体流程与方法介绍

在建设工程领域，保险风险管理是确保项目安全、顺利进行的重要一环。通过科学、系统的管理流程与方法，可以有效降低项目风险，保障各方利益。

（一）建设工程保险风险管理的具体流程

建设工程保险风险管理的具体流程通常包括风险识别、风险评估、风险应对和风险监控四个关键步骤。

1.风险识别

风险识别是建设工程保险风险管理的第一步，也是最为基础的一步。在这一阶段，项目团队需要全面、系统地收集与项目相关的各种信息，包

括但不限于项目背景、地理环境、施工图纸、合同条款等。通过信息分析，识别出可能对项目造成不利影响的风险因素。

风险识别的具体方法包括专家调查法、头脑风暴法、德尔菲法（Delphi法）等。这些方法可以帮助项目团队从不同角度、不同层面挖掘潜在的风险因素，确保识别的全面性和准确性。

2.风险评估

风险评估是在风险识别的基础上，对识别出的风险因素进行进一步的量化分析。通过评估风险因素的发生概率、影响程度以及可能造成的损失，确定风险的优先级和应对策略。

风险评估的常用方法包括概率评估法、风险矩阵法、敏感性分析等。这些方法可以帮助项目团队更加科学地评估风险，为后续的保险选择和风险管理提供依据。

3.风险应对

风险应对是针对评估出的风险因素，制定具体的应对策略和措施。在建设工程保险风险管理中，风险应对通常包括风险规避、风险减轻、风险转移和风险接受四种策略。

风险规避：通过调整项目计划、改变施工方法等方式，避免风险的发生。

风险减轻：通过采取预防措施、加强管理等手段，降低风险发生的概率或减轻其影响程度。

风险转移：通过购买保险等方式，将部分或全部风险转移给保险公司承担。这是建设工程保险风险管理的核心目的之一。

风险接受：对无法规避、减轻或转移的风险，项目团队需要采取接受策略，做好应对措施和预案，以减少风险发生时的损失。

在风险应对阶段，项目团队需要根据风险评估结果和项目的实际情况，选择合适的应对策略和措施，并制定出相应的实施方案和时间表。

4.风险监控

风险监控是对风险应对措施的实施情况进行跟踪和监督，确保风险得到有效控制和管理。在项目实施过程中，项目团队需要定期收集和分析与风险相关的各种信息，评估风险应对措施的有效性和适用性，并根据实际情况进行调整和优化。

风险监控的具体方法包括定期报告、现场检查、数据分析等。这些方法可以帮助项目团队及时发现和解决潜在问题，确保项目按计划顺利进行。

（二）建设工程保险风险管理的方法

除了上述的具体流程，建设工程保险风险管理还涉及一系列具体的方法和技术手段。以下是一些常用的方法：

1.建立风险管理体系

建立健全的风险管理体系是建设工程保险风险管理的基础。体系应包括风险管理的组织结构、职责分工、工作流程、制度规范等方面内容。通过体系的建设和完善，可以确保风险管理工作的有序进行和持续推进。

在风险管理体系中，应明确项目团队各成员在风险管理中的职责和角色，确保风险管理工作能够得到有效开展。同时，还应建立风险管理的信息交流平台，促进信息的共享和沟通，提升风险管理的效率和效果。

2.加强风险管理培训

风险管理培训是提高项目团队风险管理能力的重要途径。通过培训，可以提高项目团队成员的风险意识和管理能力，使其能够更好地识别和应对项目中的风险。

风险管理培训的内容应涵盖风险管理的理论知识、实践案例、操作技能等方面内容。培训方式可以采用课堂讲授、案例分析、模拟演练等多种形式。通过培训，使项目团队成员能够熟练掌握风险管理的各种方法和工具，提高风险管理的专业性和实效性。

3.运用信息技术手段

信息技术手段在建设工程保险风险管理中发挥着越来越重要的作用。通过运用信息技术手段，可以实现对项目风险的实时监控和预警，提高风险管理的准确性和及时性。

常用的信息技术手段包括风险管理信息系统（RMIS）、大数据分析、人工智能（AI）等。这些技术手段可以帮助项目团队更好地收集和分析与风险相关的信息，提高风险评估的准确性和可靠性。同时，还可以实现风险信息的共享和传递，促进项目团队之间的沟通和协作。

4.加强与保险公司的合作

保险公司是建设工程保险风险管理的重要参与方。通过加强与保险公司的合作，可以获得更加全面和专业的风险管理服务。

在与保险公司合作过程中，项目团队应充分了解保险公司产品和服务的特点，选择适合自身需求的保险产品。同时，项目团队还应积极与保险公司沟通协作，共同制订风险管理方案和实施计划。在风险事件发生时，及时与保险公司联系并申请理赔支持，减少经济损失。

参考文献

［1］王乾廙.建设工程法律疑难问题 专题实务［M］.北京：中国法制出版社，2017.

［2］郑静昊，高建平，吴银书.房地产与建设工程法律问题及解决之道［M］.北京：法律出版社，2021.

［3］范大平，戈运龙.住房和城乡建设领域十四五热点培训教材 建设工程法律问题精解［M］.北京：中国建筑工业出版社，2021.

［4］彭钊.建设工程法律实务热点问题研究［M］.北京：法律出版社，2021.

［5］杜玉明.建设工程疑难法律问题解答［M］.北京：法律出版社，2020.

［6］孔令昌.建设工程纠纷案件疑难法律问题及案例精析［M］.北京：中国法制出版社，2022.

［7］史鹏舟.建设工程实际施工人法律问题深度解析［M］.北京：法律出版社，2022.

［8］应秀良，应旭升.建设工程常见法律实务问题全解答［M］.北京：法律出版社，2021.

［9］林鲁海.建设工程法律服务产品 典型问题解决之道［M］.北京：法律出版社，2021.

［10］李俊晔，王继玉.《最高人民法院关于审理建设工程施工合同纠纷案件适用法律问题的解释1》理解与适用［M］.北京：法律出版社，2021.

［11］谭敬慧.建设工程疑难问题与法律实务［M］.北京：法律出版社，2016.

［12］王建东.建设工程合同法律问题释疑［M］.杭州：浙江大学出版社，2005.

［13］盛雷鸣.市政工程建设法律问题研究［M］.北京：法律出版社，
2008.

［14］王文杰.建设工程法律实务操作及疑难问题深度剖析［M］.北京：
法律出版社，2012.

［15］张晓君.涉外工程承包法律实务［M］.厦门：厦门大学出版社，
2017.

［16］丁万星.建设工程法律实务与案例分析［M］.北京：中国政法大学
出版社，2019.

［17］李巧玲.建设工程法律实务［M］.武汉：武汉大学出版社，2015.

［18］刘炫麟.法律战"疫"［M］.北京：中国政法大学出版社，2020.

［19］柯洪.建设工程计价［M］.北京：中国计划出版社，2019.

［20］闻捷，谢仁海.电力建设工程法律风险与防控［M］.南京：东南大
学出版社，2018.

［21］兰文斌.建设工程项目审计［M］.武汉：武汉大学出版社，2019.

［22］刘钟莹.建设工程招标投标［M］.南京：东南大学出版社，2020.